KANT
e a dignidade da legislação

910

M527k Mello, Cláudio Ari
 Kant e a dignidade da legislação / Cláudio Ari Mello. – Porto Alegre: Livraria do Advogado Editora, 2010.
 183 p.; 23 cm.
 ISBN 978-85-7348-656-8

 1. Direito positivo. 2. Teoria do direito. 3. Direito natural. I. Título.

CDU – 340.13

Índices para catálogo sistemático:
Teoria do direito	340.12
Direito natural	340.12
Direito positivo	340.13

(Bibliotecária responsável: Marta Roberto, CRB-10/652)

CLÁUDIO ARI MELLO

KANT
e a dignidade da legislação

Porto Alegre, 2010

© Cláudio Ari Mello, 2010

Capa, projeto gráfico e diagramação
Livraria do Advogado Editora

Revisão
Rosane Marques Borba

Direitos desta edição reservados por
Livraria do Advogado Editora Ltda.
Rua Riachuelo, 1338
90010-273 Porto Alegre RS
Fone/fax: 0800-51-7522
editora@livrariadoadvogado.com.br
www.doadvogado.com.br

Impresso no Brasil / Printed in Brazil

Abreviaturas

As obras de Kant que foram mais extensamente utilizadas ao longo do trabalho aparecem quase sempre citadas através das abreviaturas relacionadas abaixo. A *Doutrina do Direito* foi sempre citada como parte da *Metafísica dos Costumes*. No entanto, eventualmente, houve a necessidade de citar o texto original da *Rechtslehre*. Como utilizamos a edição de Bernd Ludwig dos *Metaphysische Anfangsgründe der Rechtslehre*, nesse caso a abreviatura refere-se exclusivamente à *Rechtslehre*. As demais obras de Kant, usadas na elaboração da tese, foram citadas por extenso. As citações da *Crítica da Razão Pura* referem-se ao texto traduzido indicado na bibliografia e, entre parênteses, à paginação da primeira e da segunda edições da Academia de Berlim. As citações da *Crítica da Razão Prática*, da *Metafísica dos Costumes*, de *Teoria e Prática*, das *Vorlesungen über Ethik* e das *Reflexionen zur Moralphilosophie* referem-se às traduções indicadas na bibliografia e, entre parênteses, à edição da Academia de Berlim. As citações de *À Paz Perpétua* referem-se à segunda edição da obra, de 1796.

A	Antropologia de um Ponto de Vista Pragmático
CF	O Conflito das Faculdades
CRP . . .	Crítica da Razão Pura
CRPr . .	Crítica da Razão Prática
FMC . . .	Fundamentação da Metafísica dos Costumes
IHU	Idéia de uma História Universal de um Ponto de Vista Cosmopolita
LE	Lectures on Ethics
MC	Metafísica dos Costumes
PP	À Paz Perpétua
R	A Religião nos Limites da Simples Razão
RL	Metaphysische Anfangsgründe der Rechtslehre
TP	Sobre a expressão corrente: isto pode ser verdadeiro na teoria, mas nada vale na prática

Sumário

Apresentação 9
1. Introdução 13
2. Kant e o positivismo jurídico 23
   2.1. Introdução 23
   2.2. Jeremy Waldron e o elogio ao Positivismo Kantiano 32
   2.3. Michel Villey e a crítica ao Positivismo Kantiano 45
   2.4. A tese da independência da Doutrina do Direito 49
   2.5. Considerações finais 57
3. O sistema de direito de Kant 59
   3.1. Introdução 59
   3.2. A década crítica 62
   3.3. Os ensaios políticos tardios 69
   3.4. A doutrina do Direito 83
      3.4.1. Legislação jurídica e legislação ética 86
      3.4.2. O conceito de Direito 89
      3.4.3. O Direito Privado 94
      3.4.4. O Direito Público 104
4. Direito natural e direito positivo em Kant 111
   4.1. Introdução 111
   4.2. O direito natural e a legislação 113
      4.2.1. O conteúdo do direito natural 118
      4.2.2. A relação do direito natural com a legislação jurídica 123
      4.2.3. A vinculatividade do direito natural 125
   4.3. O direito positivo e a autoridade do legislador 128
   4.4. O direito e a história do gênero humano 141
   4.5. Considerações finais 153
5. Conclusão 157
   5.1. Considerações gerais 157
   5.2. A supremacia da legislação 159
   5.3. Os limites do poder judiciário 167
Referências 177

Apresentação

O livro que o leitor tem em mãos corresponde basicamente à tese de doutorado que defendi na Faculdade de Direito da Universidade Federal do Rio Grande do Sul, em agosto de 2008, em Porto Alegre. Entre os dois textos existem apenas algumas pequenas diferenças, a maior parte delas introduzidas acatando sugestões da própria banca. Muito embora a obra tenha sido produzida em um contexto particularmente solitário para os padrões da produção acadêmica contemporânea, pelo fato de eu residir em uma cidade distante dos grandes centros universitários, muitas pessoas participaram decisivamente desse percurso.

Quando ingressei no curso de doutorado em Direito da UFRGS em 2004, eu reencontrei no programa de pós-graduação da Faculdade de Direito um ambiente completamente diferente daquele que testemunhara no então já longínquo ano de 1992, quando, ainda muito jovem, cursara apenas um ano do curso de mestrado em Direito, do qual abdiquei no ano seguinte para me concentrar nas minhas então recém-iniciadas atividades de Promotor de Justiça. Se em 1992 o peso intelectual de ícones jurídicos tão imponentes como Clóvis do Couto e Silva, Ruy Rosado de Aguiar Júnior e Judith Martins-Costa davam ao curso um acento fortemente dogmático, com ênfase no direito privado, em 2004 eu me deparei com uma atmosfera já amplamente contagiada pelos estudos de filosofia e teoria geral do direito.

Nesse novo cenário, destacavam-se dois jovens e extremamente talentosos professores e filósofos do direito, os Doutores Luís Fernando Barzotto e Cláudio Fortunato Michelon Júnior, que haviam criado em torno de si uma legião de admiradores e discípulos. Teria sido uma honra receber a orientação de qualquer um deles, mas o próprio programa indicou o Professor Michelon como meu orientador na tese, de modo que foi com ele que o tema e a pesquisa foram discutidos e finalmente definidos. Entretanto, apesar do ambiente intelectualmente sofisticado e altamente estimulante da filosofia do direito no programa de pós-graduação em

Direito da UFRGS, dois fatores complicaram o desenvolvimento do projeto.

O primeiro e mais relevante desses fatores esteve em que, nesse período, as atenções teóricas dos Professores Michelon e Barzotto estavam voltadas basicamente para o estudo das interseções entre o direito e as obras filosóficas da tradição aristotélico-tomista, enquanto minha tese dedicava-se quase exclusivamente a pesquisar essa mesma interseção na filosofia de Immanuel Kant. O segundo entrave foi a partida do Professor Michelon, no ano de 2006, para a Universidade de Edimburgo, no Reino Unido, onde, para orgulho de todos nós, ele assumiu uma posição como professor de *legal theory*. Conquanto as facilidades da comunicação moderna tenham permitido levar adiante a orientação, a distância evidentemente dificultou o tipo de contato pessoal que é sem dúvida imprescindível para o bom desenvolvimento de uma tese de doutorado.

Mas quando tudo insinuava que a pesquisa seria levada adiante em condições acadêmicas pouco propícias, um golpe de sorte mudou os ventos a meu favor. Um amigo e à época colega do Campus de Uruguaiana da Pontifícia Universidade Católica do Rio Grande do Sul, o Professor Caesar de Souza, então doutorando em filosofia na PUCRS, sugeriu-me que assistisse algumas das aulas que o Professor Zelyko Loparic estava a ministrar, uma semana ao mês, no Campus Central da PUCRS. Nos anos de 2006 e 2007 o Professor Loparic lecionou no programa de pós-graduação em filosofia da PUCRS justamente sobre a filosofia prática de Kant. Nesse período, pude acompanhar o exímio domínio que o Professor Loparic reconhecidamente detém sobre a filosofia kantiana ser aplicado para interpretar obras como *Teoria e Prática*, *À Paz Perpétua*, *O Conflito das Faculdades* e *Religião nos Limites da Simples Razão*, todas fundamentais para compreender o pensamento político e jurídico do filósofo alemão. Como ficará evidente para o leitor, em virtude desse feliz acaso, este estudo foi profundamente determinado pelo modo como o Professor Loparic compreende a obra de Kant, embora ele não tenha, é claro, nenhuma responsabilidade pelos equívocos e insuficiências que o leitor mais experimentado ou atento fatalmente encontrará no texto.

Por fim, foram igualmente decisivas para a forma final do livro as críticas e observações feitas pelos Professores Humberto Ávila (UFRGS) e César Saldanha de Souza Júnior (UFRGS), na fase de qualificação, e Cláudio Fortunato Michelon Júnior (University of Edinburgh/UFRGS), Luís Fernando Barzotto (UFRGS), José Reinaldo de Lima Lopes (USP), Fernando Atria Lamaitre (Universidad de Chile), Wladimir Lisboa (UNISINOS) e Nelson Boeira (UFRGS) na defesa oral da tese. Sinto-me no dever de agradecer a todos eles pela extrema seriedade científica e pela cordialidade com que analisaram e criticaram a tese.

No plano mais pessoal, tenho uma dívida de gratidão com José Guilherme Giacomuzzi, pela amizade fraterna e generosa durante esses anos todos, Caesar de Souza, companheiro de estudos com quem aprendi os fundamentos da filosofia kantiana, e Ricardo Gick, meu assessor na Promotoria de Justiça de Uruguaiana, que não apenas escutou pacientemente a gestação das ideias que conduziram ao texto, mas prestou um apoio técnico que me permitiu produzir o trabalho com o mínimo possível de afastamento de minhas funções públicas. A minha esposa, Nádia, e minhas filhas, Ana Luíza e Maria Claudia, me deram aquele tipo de carinho e acolhimento afetivo que tornam mais aquecida a gélida trilha que temos que percorrer para produzir uma obra intelectual. Esse livro é dedicado aos meus pais, Ary Mello (*in memoriam*) e Sônia Maria Pinheiro de Mello, por terem me ensinado, em nossos longos e diários debates familiares, o valor das ideias da razão.

Uruguaiana, junho de 2009.

1. Introdução

A evolução das sociedades modernas é permeada pela ideia de que os Estados e a humanidade em geral acreditam que podem progredir na sua organização política e jurídica, e que esse progresso está essencialmente associado à consolidação e à expansão do governo republicano, da democracia e da noção de que as normas jurídicas que regulam os comportamentos dos membros da comunidade devem ser de alguma forma o produto da livre escolha dos seus próprios membros, em processos deliberativos abertos a todos, ou ao menos ao maior número possível deles. Em outras palavras, uma característica constitutiva das sociedades políticas contemporâneas é a crença de que a legislação criada por mecanismos republicanos e democráticos é uma conquista particularmente importante dessa evolução. Pois bem, se de fato a ideia de legislação democrática e republicana é um elemento central do processo evolutivo das sociedades políticas modernas, então todos deveríamos nos preocupar em defendê-la de ataques que possam representar um retrocesso na sua posição proeminente como principal fonte do direito.

Este estudo tem como ponto de partida justamente a preocupação teórica e prática com o ataque sistemático e abrangente que a autoridade da legislação vem sofrendo nos últimos anos. O paradigma do Estado de direito fundado na legislação democrática perdeu espaço para um novo paradigma jurídico e político: o Estado de direito ancorado nos princípios e direitos fundamentais inscritos nas constituições. O *império do direito* vinculado à ideia de autoridade da legislação foi sendo gradualmente substituído pelo *império da constituição*. O subproduto até certo ponto surpreendente dessa "revolução" jurídico-política é a migração do centro de referência da produção do direito dos parlamentos para o poder judiciário. Esse fenômeno tem ocorrido em grande parte dos Estados chamados "ocidentais". No Brasil, embora tenha demorado a chegar, ele tem avançando com uma velocidade desconsertante.

Para demonstrar a incidência desse fenômeno no cenário jurídico brasileiro, podemos começar com um recente e notável exemplo. Em maio de 2008, o Supremo Tribunal Federal encerrou o julgamento daquela que foi amplamente proclamada a mais importante decisão da sua história.[1] Julgando a Ação Direta de Inconstitucionalidade nº 3.510, os ministros da Suprema Corte brasileira, por uma maioria de seis votos a cinco, consideraram constitucionais os dispositivos da Lei de Biossegurança (Lei nº 11.105, de 24.04.2005) que permitem e regulam a realização de pesquisas científicas e terapêuticas com células-tronco embrionárias obtidas de embriões humanos. Jamais um julgamento da Corte havia despertado tanto interesse em setores tão diferentes da sociedade brasileira, inclusive por parte da imprensa. Uma revista semanal de grande circulação nacional considerou o julgamento "memorável", porque os ministros não se renderam a argumentos metafísicos, religiosos ou científicos, como se temia que ocorresse, mas trataram o "enigma milenar da gênese da vida" como uma questão técnica, uma mera questão de interpretação das leis e da Constituição.[2]

Vista aos olhos de uma geração de juristas formada após a redemocratização do país e a promulgação da Constituição Federal de 1988, a decisão do *caso das células-tronco embrionárias* parece marcar o ingresso definitivo do direito brasileiro em uma nova fase, inédita na sua história. Após dois séculos de modéstia institucional, que, por vezes, flertava com a indiferença política e o sujeitava a um constrangedor ostracismo na cena pública brasileira, finalmente o Supremo Tribunal Federal decidira aceitar de vez o papel de árbitro das grandes questões morais e políticas que dividem a nação e que, ao menos desde a Constituição de 1988, haviam se tornado também questões constitucionais. Os juristas brasileiros dessa geração, que é, aliás, a do próprio autor desse trabalho, não tinham afinal nenhum caso *Brown v. Board of Education* ou *Roe v. Wade* com base no qual pudessem respaldar a aplicação das suas teorias filosófico-constitucionais no plano mais abrangente, concreto e também mais glamouroso da Suprema Corte.

É verdade que, nos últimos anos, o Supremo Tribunal Federal vinha sinalizando claramente que poderia vir a exercer na plenitude a sua função de guardião soberano dos valores constitucionais, inclusive em face do poder legislativo, e que, portanto, estava disposto a reverter o seu histórico bicentenário de autorrestrição diante dos demais poderes do Estado. A decisão em que se declarou competente para julgar a cons-

---

[1] O próprio relator da ADIN 3.510, ministro Carlos Ayres Britto, reconheceu em seu voto que se tratava da causa mais importante da história da corte, inclusive porque, lembrou o relator, foi provavelmente a primeira vez que um tribunal constitucional enfrentou a questão do uso científico-terapêutico de células-tronco embrionárias. Já o ministro Celso de Mello afirmou que o julgamento era histórico porque nele se discutiu "o alcance e o sentido da vida e da morte" (www.stf.gov.br, Notícias, 29.05.2008).

[2] Revista Veja, edição n. 2063, ano 41, n. 22, 4.6.2008, p. 65.

titucionalidade de emendas constitucionais,³ o *caso Mira Estrela*, em que os ministros do Supremo Tribunal Federal "emendaram" o artigo 29 da Constituição Federal, regulando detalhadamente qual é a proporcionalidade correta para a composição das Câmaras de Vereadores nos mais de cinco mil Municípios brasileiros,⁴ e o grupo de decisões em que o tribunal impôs a fidelidade partidária aos detentores de mandato eletivo⁵ foram alguns desses sinais evidentes de avanço na direção do ativismo e do protagonismo judicial no arranjo institucional na república brasileira. Mas seguramente nenhum desses casos possui elementos para ter a repercussão pública e a transcendência moral e política do julgamento do caso das células-tronco embrionárias, ou de outros que estão por vir em um futuro próximo, como o julgamento da constitucionalidade do crime de aborto de fetos anencéfalos e das leis que instituem cotas raciais para ingresso nas universidades públicas brasileiras.

Na carência de decisões constitucionais sobre grandes questões morais e políticas, a doutrina constitucional brasileira foi obrigada a permanecer no terreno meramente especulativo da teoria ou a recorrer a análises das mais importantes decisões da Suprema Corte dos Estados Unidos da América ou do Tribunal Constitucional Federal da Alemanha. Segura em um ambiente acadêmico altamente homogêneo e com poucas vozes dissonantes, a doutrina constitucional brasileira acolheu o programa do neoconstitucionalismo transnacional de forma basicamente acrítica. O neoconstitucionalismo, ou qualquer das suas outras denominações, tornou-se a doutrina oficial da teoria constitucional brasileira. O programa neoconstitucional se caracteriza por propor a supremacia do poder judicial na interpretação da constituição e por uma certa indiferença em relação ao papel dos parlamentos na concretização dos valores constitucionais. Outras características essenciais do neoconstitucionalismo, especialmente nas abordagens recebidas no Brasil, são a crítica ao positivismo jurídico enquanto teoria explicativa do direito e um indisfarçado desdém pelo direito positivo infraconstitucional.⁶

---

³ Supremo Tribunal Federal, Ação Direta de Inconstitucionalidade nº 939, julgada em 15.12.1993, que declarou a inconstitucionalidade da Emenda Constitucional nº 3, de 17.03.1993. Para uma análise crítica da revisão judicial de emendas constitucionais pelo Supremo Tribunal Federal, ver Conrado Hübner Mendes, *Controle de Constitucionalidade e Democracia*, p. 137-196.

⁴ Supremo Tribunal Federal, Recurso Extraordinário nº 197.917/SP, julgado em 24.03.2004, publicado no Diário da Justiça de 07.05.2004.

⁵ Supremo Tribunal Federal, Mandados de Segurança nº 26.602, 26.603 e 26.604, julgados em 04.10.2007, publicados no Diário da Justiça de 19.10.2007.

⁶ Sobre o neoconstitucionalismo no Brasil, ver Écio Oto Duarte e Susana Pozzolo, *Neoconstitucionalismo e positivismo jurídico*, e a coletânea de artigos coordenada por Dimitri Dimoulis e Écio Oto Duarte, *Teoria do direito neoconstitucional: superação ou reconstrução do positivismo jurídico?*. Na literatura internacional, ver as coletâneas editadas por Miguel Carbonell, *Neoconstitucionalismo(s)* e *Teoria del neoconstitucionalismo*, e Ran Hirschl, *Towards Juristocracy: The Origins and Consequences of the New Constitutionalism*.

Mas a falta de experiência mais concreta e pessoal com uma jurisdição constitucional efetivamente ativa e protagonista pode também ter imunizado os teóricos do direito brasileiro contra algumas suspeitas teóricas que vêm sendo levantadas nos países em que a supremacia política do poder judiciário está implantada há mais tempo. Pergunta-se: qual é, afinal, o limite da atuação do poder judiciário no controle da constitucionalidade da legislação, a partir do qual a própria democracia pode estar em risco? Quem deve deter a primazia na interpretação e na concretização dos princípios e valores constitucionais: os representantes do povo ou os juízes? Que relação a resposta a essas questões tem com a consolidação da democracia e da cultura republicana em um Estado de direito? Talvez seja possível responder a essas e outras questões semelhantes com juízos objetivos e *a priori*, isto é, independentes de contextos reais de aplicação, e de certo modo é isso que tentaremos fazer nesta obra sobre a dignidade da legislação na filosofia do direito de Immanuel Kant. Mas a experiência concreta pode também nos despertar de "sonos dogmáticos", das certezas confortáveis que o distanciamento acadêmico e literário nos oferece.

No julgamento do caso das células-tronco embrionárias, estava em jogo uma legislação aprovada no ano de 2005 com folgada maioria no Congresso Nacional, após um amplo debate no âmbito parlamentar.[7] A Constituição Federal de 1988 protege o direito à vida, mas não dá nenhuma pista que indique a partir de quando existe uma vida humana que deve ser juridicamente protegida. Pois bem, o Congresso Nacional aprovou uma Lei de Biossegurança autorizando a pesquisa científica para fins terapêuticos com células-tronco de embriões humanos obtidos mediante fertilização *in vitro* e descartados no respectivo processo, desde que sejam embriões inviáveis, ou, ainda, embriões viáveis que já estivessem congelados há mais de três anos na data de publicação da lei, ou que, congelados na data de publicação da lei, completarem os três anos a partir do congelamento. A lei condicionou o uso científico dos embriões ao consentimento dos genitores e criminalizou a comercialização do material produzido a partir dessas células-tronco e a utilização de embriões humanos em desacordo com os parâmetros nela fixados. Não seria uma heresia dizer, portanto, que o parlamento nacional exerceu a sua prerrogativa constitucional de legislar concretizando os princípios e os direitos fundamentais da Constituição, realizando os seus próprios juízos de ponderação entre os diferentes direitos e valores que inevitavelmente entram

---

[7] O projeto de lei foi aprovado no Senado com 53 votos favoráveis, dois contrários e três abstenções (96% de votos favoráveis à aprovação), e na Câmara de Deputados com 352 votos favoráveis, 60 contrários e uma abstenção (85% de votos favoráveis à aprovação). Durante a tramitação do projeto, o Congresso realizou audiências públicas de discussão e esclarecimento das questões éticas e científicas envolvidas na questão, nas quais participaram diversos membros da comunidade científica, favoráveis e contrários às pesquisas com células-tronco.

em confronto quando se trata de legislar sobre questões de grande relevância moral e política.

Na exposição de seus argumentos, a maioria dos ministros do Supremo Tribunal Federal que participaram da decisão praticamente ignorou a liberdade de conformação legislativa das normas constitucionais, que se supõe seja uma prerrogativa do poder legislativo em uma democracia constitucional, como uma razão jurídica e política válida para não ingressar no exame do mérito da arguição de inconstitucionalidade. Não se pode negar a extrema seriedade e profundidade com as quais os juízes da Suprema Corte trataram o caso. Muitos dos votos analisaram primorosamente os argumentos jurídicos, morais e científicos envolvidos na questão. Entretanto, a maioria dos ministros julgou o caso com base em suas próprias concepções jurídicas, morais e científicas, sem dar maior relevância ao fato de que a lei bem poderia ser o resultado de uma interpretação constitucional realizada legitimamente pelo Congresso Nacional no processo de deliberação parlamentar.[8]

Alguns dos ministros foram ainda mais longe e propuseram sentenças modificativas ou aditivas do conteúdo legal. Conforme noticiou a mesma revista semanal, que, de modo geral, se mostrou simpática à decisão, cinco dos onze ministros da Suprema Corte "propuseram acréscimos à lei – ou, dito de outra maneira, *pretenderam legislar por meio de suas sentenças*, adicionando cláusulas ao seu texto em vez de apenas interpretá-la" (grifei). A revista cita ainda a defesa que um desses ministros, o Presidente Gilmar Mendes, fez dessas "sentenças aditivas": "Já nos livramos do dogma da atuação restritiva. Uma atuação criativa vai nos permitir suprir muitas lacunas da lei".[9] Não são esses sinais evidentes de que o tempo da supremacia judicial na concretização da constituição e do direito chegou ao Brasil? Não estamos vendo, enfim, o triunfo do neoconstitucionalismo, há tempos defendido pelo *mainstream* da doutrina constitucional brasileira? Mas não é, também, com uma certa vertigem que recebemos essa investida tão firme do Supremo Tribunal Federal no coração do ideal democrático? É possível, inclusive, que, entre a presumível legião de entusiastas da decisão, muitos tenham reagido à experiência

---

[8] Os ministros Ellen Gracie e Marco Aurélio de Mello foram os únicos a encaminharem seus votos na direção de uma autorrestrição judicial em face do princípio da separação dos poderes.

[9] Revista Veja, edição citada, p. 68. Essa declaração consta da matéria jornalística publicada no semanário. Em seu voto, o ministro Gilmar Mendes afirmou o seguinte: "É em momentos como este que podemos perceber, *despidos de qualquer dúvida relevante*, que a aparente onipotência ou o caráter contra-majoritário do Tribunal Constitucional em face do legislador democrático não pode configurar subterfúgio para restringir as competências da Jurisdição na resolução de questões socialmente relevantes e axiologicamente carregadas de valores fundamentalmente contrapostos" (grifei). Ao final do seu voto, ele advertiu: "é possível antever que o Supremo Tribunal Federal acabe por se livrar do vetusto dogma do legislador negativo e se alie à mais progressista linha jurisprudencial das decisões interpretativas com eficácia aditiva, já adotadas pelas principais Cortes Constitucionais européias".

de acompanhar as longas horas de votação transmitidas ao vivo pela televisão com um confuso e desconfortável sentimento de perda – o próprio autor desse trabalho reagiu assim.

Alguns anos atrás, o jusfilósofo neozelandês Jeremy Waldron publicou duas obras que visavam a formular uma crítica à teoria constitucional contemporânea e ressuscitar o interesse pelos estudos sobre a legislação como fonte primordial de direito.[10] Waldron pretende recuperar a dignidade da legislação, perdida para um modo de pensar o direito que cada vez mais outorga ao raciocínio judicial a supremacia das atenções da ciência jurídica e que desvaloriza o papel do poder legislativo no concerto institucional das democracias constitucionais contemporâneas. Na exposição de seu projeto teórico, Waldron defendeu a tese de que o filósofo alemão Immanuel Kant, juntamente com Aristóteles e John Locke, deve ser considerado um dos grandes fundadores do positivismo jurídico na sua feição legalista. Waldron não foi evidentemente o primeiro a apontar o filósofo alemão como um dos precursores da concepção positivista. Ao menos desde Gustav Hugo, já em 1809, tem-se argumentado nesse sentido, embora Kant permaneça sendo considerado por muitos um teórico conspícuo do jusnaturalismo moderno. De fato, não estamos acostumados a ver Kant na lista dos mais ilustres advogados do positivismo jurídico e do direito positivo, normalmente preenchida por nomes como Thomas Hobbes, Jeremy Bentham, John Austin, Hans Kelsen e Herbert Hart.[11] Contudo, a hipótese de Waldron pareceu a princípio bem fundamentada nos textos kantianos, e sugeria um campo de pesquisa desafiador.

Nos anos anteriores, eu havia passado algum tempo investigando e refletindo sobre a relação entre direitos fundamentais e democracia no contexto do constitucionalismo contemporâneo, e naquele período me pareceu evidente que algumas das mais intrincadas aporias que esse tema hoje apresenta ao estudioso remontam às origens do constitucionalismo e do direito moderno, de modo que um estudo compreensivo de alguns autores canônicos da filosofia política e jurídica poderia revelar aspectos, nuanças e quem sabe, soluções para lidar com essas aporias.[12] As ideias de Kant ocupam um ponto estratégico na trajetória do pensamento jurídico moderno, e muito especialmente nas reflexões sobre a relação entre direitos, jurisdição e legislação. Afinal, Kant é um filósofo que pertence a uma tradição que se inicia com Guilherme de Ockham e prossegue com Thomas Hobbes, John Locke e Jean-Jacques Rousseau, filósofos que não

---

[10] *Law and Desagreement* e *The Dignity of Legislation*, ambos publicadas em 1999.

[11] John Gardner, por exemplo, considera esses cinco autores "as figuras históricas dominantes da tradição do positivismo jurídico; v. "Legal Positivism: 5 ½ Miths", p. 199-200.

[12] O resultado desses estudos encontra-se na obra *Democracia Constitucional e Direitos Fundamentais*, de 2004.

apenas colocaram essas questões no centro de suas preocupações, como criaram conceitos e esquemas de pensamento que permanecem decisivos nos debates atuais. Além disso, Kant escreve a sua obra em um momento histórico em que, por um lado, eclodia o movimento da codificação da legislação, que coroaria a glória do jusnaturalismo moderno, e, por outro, surgia a doutrina do positivismo jurídico, que logo obteria a hegemonia teórica e ideológica no domínio da filosofia do direito.

O desafio fundamental desta obra consistiu, assim, em investigar se a filosofia política e jurídica de Kant pode ser uma fonte de ideias para um projeto teórico que visa primordialmente a recuperar a autoridade e a dignidade da legislação no pensamento jurídico contemporâneo. O trabalho procura mostrar que o filósofo alemão elaborou uma teoria do Estado de direito que associa uma inovadora e consistente *teoria metafísica do direito*, fundada em bases puramente racionais, a uma *teoria política do direito* que desvincula a validade e a autoridade do direito positivo da sua conformidade com os seus próprios princípios metafísicos do direito. Paralelamente, a teoria do Estado de direito de Kant está fundada na ideia de que a legitimidade moral do direito está associada à garantia da autonomia pública do indivíduo e da comunidade política, e esta só pode ser efetivamente assegurada e exercida em um modelo republicano de Estado, no qual o direito seja produzido por instituições e procedimentos parlamentares capazes de expressar a vontade geral da comunidade. Portanto, o estudo que se segue corrobora a proposta de Waldron de arrolar Kant como um defensor da dignidade da legislação como fonte primária do direito.

É esta a principal contribuição que o trabalho pretende fazer à teoria do direito contemporânea: trazer a filosofia política e jurídica de Kant para os debates sobre os limites entre democracia e jurisdição e, através das ideias do filósofo alemão, colocar sob suspeita algumas convicções daqueles que defendem a supremacia judicial na interpretação constitucional e que postulam um ativismo judicial imoderado na concretização dos princípios, valores e direitos constitucionais. A recuperação da dignidade da legislação não tem necessariamente que recusar pura e simplesmente a legitimidade do controle judicial de constitucionalidade, e há boas razões para não acompanhar Waldron na sua rejeição radical à revisão judicial das leis. É perfeitamente possível que esse programa teórico busque apenas devolver ao poder legislativo o seu lugar de honra como órgão supremo de criação do direito em uma democracia constitucional, sem eliminar o controle judicial da constitucionalidade das leis, mas impedindo, com argumentos filosóficos consistentes, que o poder judiciário se converta no tutor moral e político incontrolável da nação.

Em obra anterior dizíamo-nos convencidos de que a ascenção da jurisdicional constitucional como instância de tutela efetiva e coercitiva dos direitos fundamentais do homem é a característica mais importante do constitucionalismo moderno, mas que isso não deveria nos levar a aceitar que o poder judiciário assuma uma postura onipotente e onisciente e ignore a legitimidade primária da deliberação democrática na concretização das normas constitucionais. Em suma, pensávamos que o modelo ideal do Estado democrático-constitucional exige que a expansão da jurisdicional constitucional, em nome da proteção dos direitos fundamentais, não asfixie a democracia e coloque em risco a própria estrutura da democracia constitucional, fundada justamente no delicado, difícil, porém necessário equilíbrio entre direitos, jurisdição e soberania popular.[13] Não vemos motivo para alterar essa posição teórica de defesa de um equilíbrio institucional entre jurisdição constitucional e órgãos de representação democrática.[14]

Ocorre que, desde aquela obra, o direito brasileiro, seguindo a tendência de grande parte das democracias constitucionais contemporâneas, encaminha-se para um preocupante desequilíbrio em desfavor do poder legislativo e da legislação, como Jeremy Waldron e tantos outros têm denunciado. Esse grave problema estrutural das democracias constitucionais pode ser analisado a partir de diferentes perspectivas, metodologias e finalidades. A ciência política e a sociologia do direito, por exemplo, certamente têm muito a contribuir para esse debate. Neste trabalho, contudo, levamos adiante a proposta teórica de Waldron de escrutinarmos essa questão a partir de uma das mais influentes concepções filosóficas da história da filosofia política e da filosofia do direito. Pois bem, o estudo da obra de Kant, a partir da perspectiva sugerida por Waldron, nos convenceu de que os argumentos filosóficos apresentados pelo filósofo alemão para fundamentar a ideia de constituição republicana revelam o que está em jogo e o que podemos perder, caso prossigamos nessa trajetória de minar a autoridade do poder legislativo e conceder ao poder judiciário uma supremacia incontrastável na concretização da constituição.

---

[13] Cláudio Ari Mello, *Democracia Constitucional e Direitos Fundamentais*, p. 305.

[14] Nesta mesma linha teórica de defesa de um modelo de equilíbrio reflexivo entre jurisdicional constitucional e democracia deliberativa no direito brasileiro, ver a obra de Cláudio Pereira de Souza Neto, *Teoria Constitucional e Democracia Deliberativa*, na qual o autor afirma que "a democracia deliberativa defende que sobrecarregar o Judiciário com a expectativa de que possa figurar como 'protagonista' do processo de transformação social gera não só decepções inevitáveis, mas também, em certos casos, percepções elitistas de nossa estrutura institucional. Para a perspectiva democrático-deliberativa, a solução dos problemas da democracia não pode ser senão o aprofundamento das próprias práticas democráticas, e não a transferência do poder decisório a elites, sejam econômicas ou culturais. No entanto, essa ressalva não significa que a democracia deliberativa deixe de atribuir ao Judiciário um papel fundamental no regime democrático" (p. 302).

A realização deste projeto, entretanto, exigiu o estudo sistemático e compreensivo do conjunto da obra filosófica de Kant. Conquanto a *Rechtslehre* seja de fato o texto fundamental para compreender a sua filosofia do direito, o pensamento jurídico e político do filósofo alemão encontra-se disperso por toda a sua obra. Para entendê-lo, é preciso embrenhar-se em anotações breves e caóticas espalhadas ao longo das várias décadas da sua atividade acadêmica e literária, em registros de aula feitos por alunos mais ou menos fiéis aos ensinamentos do mestre, em textos escritos sem disciplina e já em uma fase da vida do autor em que, assim dizem os seus biógrafos, as suas faculdades mentais se encontravam em franco declínio. São textos difíceis, densos, obscuros, frequentemente contraditórios, mas que ao fim e ao cabo conformam um conjunto de abordagens teóricas ao problema do direito absolutamente único na história da filosofia. Uma segunda contribuição que este estudo pretende oferecer é, pois, uma apresentação sistemática da teoria do direito de Kant que seja compreensível para juristas não versados na obra do filósofo alemão, e que possa facilitar a sua assimilação nos debates teóricos contemporâneos sobre o problema dos limites entre democracia e jurisdição.

Este trabalho foi produzido na convivência com filósofos e estudantes de filosofia e baseou-se extensamente em autores especializados em Kant, que em regra não estão familiarizados com as preocupações jurídicas que mobilizaram o estudo. Esse fato representou uma dificuldade adicional à realização da obra, já que a metodologia de exposição adotada, com o amplo recurso a citações do autor estudado, e a própria linguagem hermética do texto, são típicas da literatura kantiana, mas estranhas ao universo jurídico. Tentou-se fazer uma mediação possível entre a metodologia e a linguagem dos estudos kantianos e o estilo de escrita da teoria do direito, mas é certo que essa mediação encontrou limites na própria capacidade do autor desta obra e na necessidade de explorar rigorosamente as ideias kantianas. Como não há uma tradição de estudos kantianos entre os filósofos e teóricos do direito, não havia muitos modelos com base nos quais pudéssemos nos guiar.

Por fim, gostaria de advertir que este estudo é, fundamentalmente, um trabalho sobre a teoria do direito de Immanuel Kant, e não a exposição de uma tese kantiana sobre a teoria do direito. Alguns especialistas na filosofia moral kantiana têm proposto uma distinção entre "a ética de Kant", composta de textos como a *Fundamentação da Metafísica dos Costumes*, a *Crítica da Razão Prática* e a *Metafísica dos Costumes*, e a "ética kantiana", que são as obras escritas por teóricos da filosofia moral baseadas nos conceitos e ideias centrais do filósofo alemão, mas não necessariamente restritas ao que ele defendeu em seus textos.[15] Essa mesma distinção pode ser feita no âmbito da filosofia do direito. Kant elaborou uma teoria do direito nas obras escritas na última década da sua vida, sobretudo em *Teoria e Prática*, *À Paz Perpétua* e *A Doutrina do Direito*, de modo que um trabalho sobre "a teoria do direito de Kant" deve se ater ao estudo e à interpretação desses textos, sem propor reformulações ou correções no seu pensamento jurídico. Essa é a linha de estudo que adotamos. O objetivo é tentar aprender como a filosofia do direito de Kant pode nos ajudar a resolver nossos próprios problemas de teoria do direito, e não especularmos sobre como o próprio Kant teria resolvido esses nossos problemas.

O texto está dividido da seguinte forma. No primeiro capítulo, examina-se a tese de Jeremy Waldron, contextualizando-a em seu programa teórico como um todo, e analisam-se ainda outras posições doutrinárias que respaldam a ideia de que a filosofia jurídica de Kant pertence à tradição positivista. No segundo capítulo, o sistema de direito de Kant é exposto com base em um critério basicamente cronológico, ou seja, a exposição segue a ordem das suas reflexões sobre o direito desde a *Crítica da Razão Pura*, de 1781, até a *Doutrina do Direito*, de 1797. No terceiro capítulo estudam-se os conceitos de direito natural e direito positivo formulados pelo filósofo alemão e procura-se mostrar como o conflito entre eles parece se resolver no âmbito da sua filosofia da história. Por fim, na conclusão é apresentada uma resposta sobre a hipótese de Waldron, propondo que Kant pode ser considerado um fundador do positivismo jurídico legalista sem deixar de ser um cânone do jusnaturalismo.

---

[15] V. Onora O'Neill, *Contructions of Reason: Explorations of Kant's Practical Philosophy*, e Allen W. Wood, *Kantian Ethics*, p. 1-4.

2. Kant e o positivismo jurídico

2.1. Introdução

A ideia de direito e o problema da instituição de uma constituição republicana foram temas que preocuparam intensamente o filósofo alemão Immanuel Kant nas duas últimas décadas de sua vida. Não seria exagero afirmar que o problema da instituição de uma constituição perfeita havia se transformado em um tema central de Kant neste período crucial de sua longa trajetória filosófica. Essa preocupação manifestou-se de forma mais evidente já em *Idéia de uma História Universal de um Ponto de Vista Cosmopolita*, de 1784, seu primeiro escrito sobre filosofia da história, quando, em sua quinta proposição, afirma que "o maior problema para a espécie humana, a cuja solução a natureza o obriga, é alcançar uma sociedade civil que administre universalmente o direito", e "uma *constituição civil* perfeitamente justa deve ser a mais elevada tarefa para a espécie humana, porque a natureza somente pode alcançar seus outros propósitos relativamente à nossa espécie por meio da solução e cumprimento daquela tarefa".[16] A publicação desse texto seminal na filosofia política e jurídica kantiana visava a responder a uma nota breve que apareceu na edição de 11 de fevereiro daquele ano do *Gothaische Gelehrte Zeitungen*, cujo texto é o seguinte:

> Uma idéia cara ao senhor professor Kant é a de que o fim último da espécie humana é alcançar a mais perfeita constituição política, e ele deseja que um historiador-filósofo queira empreender uma história da humanidade deste ponto de vista, mostrando-nos o quanto a humanidade aproximou-se ou afastou-se deste fim último nas diferentes épocas, e o que é preciso fazer ainda para alcançá-lo.[17]

---

[16] Kant, IHU, p. 10.
[17] Idem, ibidem, p. 1. Para uma história da publicação da *Idéia de uma História Universal de um Ponto de Vista Cosmopolita*, ver Manfred Kuehn, *Kant: A Biografy*, p. 288-295.

Embora esse ensaio pertença aos anos iniciais da década em que Kant concebeu suas obras críticas e tenha sido escrito logo após a finalização da *Fundamentação da Metafísica dos Costumes*, foi somente após completar seu projeto filosófico central, com a publicação das três *Críticas*, em 1781 (*Crítica da Razão Pura*), 1787 (*Crítica da Razão Prática*) e 1790 (*Crítica da Faculdade do Juízo*), que ele se voltou à exposição da sua filosofia política e jurídica e à definição dos seus conceitos de direito e de constituição republicana. Por isso, as principais obras políticas e a *Doutrina do Direito* pertencem ao período final tanto do projeto filosófico quanto da própria vida de Kant, tendo sido publicadas entre 1793 e 1798. Como se sabe, esse fato não ficou sem consequências na recepção da filosofia político-jurídica de Kant. Muitos veem, nessa parte de sua obra, sinais de declínio intelectual e de senilidade mental que a tornam indigna das elevadas alturas filosóficas atingidas pelos textos fundacionais do idealismo transcendental. Hannah Arendt, por exemplo, nega que Kant tenha realmente escrito uma filosofia política, sugerindo que o único livro seu sobre o tema que merece ser estudado é *À Paz Perpétua*, de 1795. Em passagem que se tornou célebre, Arendt chega a afirmar que a *Doutrina do Direito* é um livro aborrecido e pedante, e que por isso seria difícil não concordar com Shoppenhauer, quando ele diz que esta obra "parece não a obra de um grande homem, mas o produto de um homem comum". Mais ainda, ela diz que, conquanto o conceito de direito seja de grande importância para Kant, não é para ele que devemos nos voltar se queremos estudar a filosofia do direito em geral, mas para Pufendorf, Grotius ou Montesquieu.[18]

Os estudos biográficos sobre Kant revelam que, quando da publicação da sua principal obra de filosofia do direito, a *Metafísica dos Costumes*, de 1797, Kant efetivamente padecia já de sérios comprometimentos de suas funções intelectuais, sobretudo em relação à memória, embora àquela altura ainda preservasse a capacidade de escrever textos novos. O lançamento do livro coincide com a decisão de interromper mais de quatro décadas de magistério diário e de se dedicar apenas a ordenar o material já escrito e encaminhá-lo à publicação.[19] Os conhecidos problemas de edição da *Metafísica dos Costumes* e a apontada corrupção do próprio texto, que levaram recentemente Bernd Ludwig a publicar uma edição reordenada da primeira parte da obra, intitulada *Os Princípios Metafísicos*

---

[18] Hannah Arendt, *Lectures on Kant's Political Philosophy*, p. 7-8.

[19] Manfred Kuehn, *Kant: A Biografy*, p. 393. Para Kuehn, "comparada à *Fundamentação* e à segunda *Crítica*, a *Metafísica dos Costumes* é desapontadora. Ela nada exibe do vigor revolucionário e da novidade dos dois trabalhos anteriores. Na verdade, ela parece apenas a compilação de velhas notas de aula que de fato ela é. Dadas a dificuldade e a fraqueza de Kant, não surpreende que muitas partes permaneçam crípticas e que outras estejam corrompidas. Kant simplesmente não tinha energia para controlar satisfatoriamente as diferentes linhas dos seus argumentos, quanto menos polir o trabalho" (p. 396).

da Doutrina do Direito, podem ter sido consequência do declínio da saúde de Kant.[20] No entanto, a preocupação com a definição do conceito de direito e a busca por um ideal de constituição de uma sociedade política já estavam presentes ainda antes da *Idéia de Uma História Universal*, de 1784. De fato, já na primeira edição da *Crítica da Razão Pura*, de 1781, Kant havia antecipado os temas que conformariam o eixo central da sua filosofia política e jurídica na década seguinte, mostrando que as ideias expostas no período final de sua existência não foram concebidas de forma apressada ou irrefletida, em uma fase em que o próprio autor reclamava do declínio das suas faculdades mentais. É sintomático que, quando começa sua exposição sobre "os conceitos da razão pura" e, mais especificamente, sobre as "ideias em geral", no livro primeiro da Dialética Transcendental, Kant utilize a ideia de constituição como um exemplo de ideia necessária da razão:

> Uma constituição, que tenha por finalidade a máxima liberdade humana, segundo leis que permitam que a liberdade de cada um possa coexistir com a de todos os outros (não a constituição da maior felicidade possível, pois esta será a natural consequência), é pelo menos uma idéia necessária, que deverá servir de fundamento não só a todo o primeiro projeto de constituição política, mas também a todas as leis, e na qual, inicialmente, se deverá abstrair dos obstáculos presentes, que talvez provenham menos da inelutável natureza humana do que de terem sido descuradas as idéias autênticas em matéria de legislação.[21]

Nessa breve passagem estão já contidos os argumentos essenciais que serão retomados em alguns textos ainda da década de 80, mas fundamentalmente desenvolvidos na década de 90. Portanto, a despeito de todas as deficiências e complexidades que os textos efetivamente apresentam ao leitor, não se pode dizer que a estrutura do seu pensamento político e jurídico seja o resultado de reflexões feitas tardiamente, quando Kant não podia mais contar com todo o seu vigor mental. Ao contrário, ela é claramente o produto de uma longa gestação intelectual, de um processo de amadurecimento de ideias consistentes e coerentes sobre questões centrais da política e do direito. Se considerarmos o fato de que Kant falou pela primeira vez em publicar uma metafísica dos costumes já em 1768, em correspondência endereçada a Herder,[22] e que desde esta época

---

[20] Ver a *Einleitung* da edição de Bernd Ludwig dos *Metaphysische Anfangsgründe der Rechtslehre*. Ludwig, no entanto, sustenta que os defeitos encontrados na obra não se devem à saúde mental de Kant à época da sua preparação, como é comum afirmar, mas a erros editoriais no momento da impressão, sobre o qual Kant não tinha controle. Todavia, a pesquisa biográfica de Manfred Kuehn revela que, a despeito das distorções no estágio de impressão do texto, a saúde mental de Kant pode sim ter colaborado para o estado final da obra.

[21] Kant, CRP, p. 310-311 (A316-7, B373-4)

[22] Ver Bernd Ludwig, *Einleitung* da sua edição dos *Metaphysische Anfangsgründe der Rechtslehre*, XV; Manfred Kuehn, *Kant: A Biografy*, p. 179-180; e, a apresentação de José Lamego a sua tradução da *Metafísica dos Costumes*, XIII-XVI.

Kant manifestou diversas vezes a intenção de escrever a obra,[23] além de haver lecionado sobre o tema durante muitos anos, podemos supor que os conceitos e ideias expostos na sua obra política e jurídica tardia foram sendo elaborados ao longo de, pelo menos, três décadas, apesar da publicação ter ocorrido já no final da vida do filósofo. Conforme assinalou Manfred Kuehn, "as idéias que Kant apresentou [na *Metafísica dos Costumes*] remetem aos seus anos mais produtivos".[24]

Outra evidência de que a filosofia jurídico-política de Kant foi elaborada gradualmente, ao longo de várias décadas de investigação, é a presença recorrente de alguns de seus conceitos centrais nas suas *Reflexionen zur Moralphilosophie* já desde a década de 60. Um exemplo marcante disso reside nas diversas aparições de definições ainda embrionárias do conceito de direito que ele apresentará na sua forma final apenas na *Doutrina do Direito*, como coexistência das liberdades individuais sob uma lei universal da liberdade: "a regra de direito é: não obstaculizar a ninguém no uso de seu livre arbítrio contido sob a lei do arbítrio comum" (Reflexão nº 6597, datada do período entre 1764-1768);[25] "aquilo que contém as condições mediante as quais se faz possível que uma vontade possa coincidir com outras, é direito" (Reflexão nº 6845, 1776-1778);[26] "o direito consiste no fundamento da limitação da liberdade de alguém mediante as condições de validade universal de cada um dos arbítrios" (Reflexão nº 7026, 1776-1778);[27] "toda obrigação é a limitação da liberdade às condições da coincidência universal consigo mesma. Daí que tudo o que impede a universalidade da liberdade esteja sujeito a uma coação legal, visto que está permitido aquilo que está de acordo com a universalidade da liberdade" (Reflexão nº 7250, 1780-1798).[28]

A partir dessa contextualização histórica dos escritos jurídicos e políticos de Kant, de fato é possível afirmar que a ideia de uma constituição política, como conceito *a priori* da razão, foi mesmo uma das "ideias favoritas" do filósofo alemão nas suas duas últimas décadas. Kant claramente pensava que a instituição de uma constituição republicana, que coloque em prática a ideia de direito fundada na coexistência das liberdades de todos segundo leis universais, é a verdadeira e necessária solução para o problema da razão de como instituir uma sociedade política justa. No mesmo parágrafo da passagem citada acima, ele antecipa o que será ex-

---

[23] Em 1773 Kant volta a referir a intenção de publicar uma metafísica dos costumes na famosa carta endereçada a Marcus Herz. Ver B. Ludwig, ob. cit., p. XVI.

[24] Manfred Kuehn, ob. cit., p. 396.

[25] Kant, *Reflexiones sobre Filosofia Moral*, p. 43 (Ak 19.101-102).

[26] Idem, ibidem, p. 103 (Ak 19.176-177).

[27] Idem, ibidem, p. 144 (Ak 19.228-229).

[28] Idem, ibidem, p. 194 (Ak 19.293-294).

posto não apenas na *Idéia de uma História Universal*, mas em vários outros textos posteriores: "Embora tal não possa nunca realizar-se, é todavia perfeitamente justa a ideia que apresenta este *maximum* como um arquétipo para, em vista dele, a constituição legal dos homens se aproximar cada vez mais da maior perfeição possível".[29]

Porém, mesmo que rejeitemos as acusações e desconfianças impostas à filosofia política e jurídica de Kant, é inegável que o seu legado nestas áreas do conhecimento é nitidamente inferior à enorme influência que suas concepções exerceram na filosofia especulativa e na filosofia moral nos séculos XIX e XX. Ao passo que nestes ramos da filosofia, Kant é certamente um autor canônico e provavelmente só rivaliza em importância histórica com pensadores como Platão, Aristóteles e Tomás de Aquino, na filosofia política e jurídica, ele não pertence ao *pantheon* dos autores clássicos, como Hobbes, Locke, Montesquieu e Rousseau. E se as suas reflexões sobre filosofia política podem ser apontadas como um marco decisivo para a construção de uma teoria do liberalismo político, a repercussão de suas ideias sobre o conceito do direito na história da filosofia jurídica parece muito mais modesta. Não é fácil perceber a presença direta de Kant nos grandes debates jusfilosóficos dos séculos XIX e XX.[30] Nenhum grande filósofo do direito pode ser considerado um verdadeiro herdeiro da *Doutrina do Direito*. O próprio Hans Kelsen, frequentemente citado como sendo um pensador influenciado por Kant, na verdade concebe a sua teoria pura do direito a partir dos fundamentos filosóficos da *Crítica da Razão Pura*, ou seja, da teoria do conhecimento de Kant, e não de sua teoria jurídica, que é claramente ignorada na obra do jusfilósofo austríaco.[31]

Sem embargo, a história da filosofia do direito kantiana mudou sensivelmente ao longo das últimas três décadas do século XX. Como tem sido sistematicamente apontado na literatura especializada, essa mudança teve como protagonistas centrais os filósofos John Rawls e Jürgen Habermas, que apresentaram concepções teóricas fortemente marcadas não apenas pelas obras políticas de Kant, mas também pelos conceitos expostos na *Doutrina do Direito*.[32] De qualquer modo, quaisquer que tenham sido o impacto e a influência de Rawls e Habermas na redescoberta

---

[29] Kant, CRP, p. 311 (A 317, B374).

[30] Ernst Weinrib comenta essa indiferença da moderna filosofia do direito em relação a Kant dizendo que, embora recordemos de suas ideias mais notáveis ou provocativas, "para nós (jusfilósofos modernos) ele é como um pai senil que se transformou em um embaraço: nós lembramos fragmentos da sua sabedoria e caçoamos das suas opiniões mais absurdas, mas não temos mais simpatia com o que deu ao seu pensamento jurídico sua vitalidade distintiva". Cf. "Law as Idea of Reason", p. 15.

[31] Sobre a influência de Kant na teoria do direito de Kelsen, ver Simone Goyard-Fabre, *Kelsen e Kant: saggi sulla dottrina pura del diritto*, e Alexandre Travessoni Gomes, *O Fundamento de Validade do Direito: Kant e Kelsen*.

[32] John Rawls, *Uma Teoria da Justiça*, e Jürgen Habermas, *Faktizität und Geltung*.

da filosofia do direito kantiana, é inegável que o interesse despertado por esta parte da obra de Kant nos autores contemporâneos não encontra paralelo na história. Desde então, foram escritas obras fundamentais para a compreensão da filosofia jurídica kantiana e para investigar a sua validade para os problemas contemporâneos da filosofia do direito. Podem ser lembrados, como representativos de uma espécie de neokantismo jurídico, autores como Otfried Höffe, Bernd Ludwig, Leslie Mulholland, Wolfgang Kersting, Thomas Pogge, Georg Geismann e Katrin Flikschuh. Mesmo autores especializados em estudos kantianos, mas que não se dedicam especialmente à obra jurídica de Kant, como Allen Wood e Paul Guyer, têm escrito textos importantes sobre a *Doutrina do Direito*.

A despeito da consistência desse movimento de recuperação da teoria jurídica kantiana, é fácil perceber que os estudos produzidos sobre o tema não têm despertado atenção dos autores do *mainstream* da filosofia do direito contemporânea. Os debates jusfilosóficos foram pautados, nos últimos quarenta anos, por juristas tributários da filosofia analítica do direito. Obras canônicas da filosofia jurídica contemporânea, como a *Teoria Pura do Direito*, de 1960 (2ª edição) e *O Conceito de Direito*, de 1961, escritas respectivamente por Hans Kelsen e H.L.A. Hart, dois jusfilósofos de orientação analítica, concentraram para si grande parte das energias produtivas dos estudiosos do direito, e nenhuma delas pode ser considerada influenciada pela *Rechtslehre*. Os quarenta anos de discussões teóricas em torno das obras de Kelsen e Hart elevaram a qualidade científica e o conhecimento filosófico dos conceitos centrais da filosofia do direito a um patamar provavelmente inédito. Nesse período, a relação entre direito e moral, a diferença entre concepções positivistas e jusnaturalistas e conceitos fundamentais como direito subjetivo, obrigação, autoridade política, responsabilidade jurídica e constituição atingiram padrões elevados de definição teórica. Curiosamente, embora seja inegavelmente um dos fundadores da filosofia analítica e tenha sido um autor paramétrico nas investigações dessa área do conhecimento filosófico no século XX,[33] pode-se afirmar que, para além de influências remotas, inconscientes e indiretas que certamente existiram, a filosofia analítica do direito que prevaleceu nos últimos quarenta anos foi indiferente à obra jurídica de Kant.[34]

---

[33] Cf. Robert Hanna, *Kant e os fundamentos da filosofia analítica*.

[34] Há que se registrar que a própria definição de filosofia analítica do direito é problemática. Joseph Raz, um de seus principais representantes, afirma que a teoria analítica do direito trata de três grupos de questões. O primeiro diz respeito às características especiais do processo judicial e do raciocínio jurídico; o segundo engloba a discussão sobre os conceitos jurídicos mais relevantes, como direitos, deveres, propriedade, pessoa jurídica, regras e princípios; e o terceiro refere-se à ideia de um sistema jurídico e as características que o distinguem de outros sistemas normativos (v. *The Authority of Law*, p. 103); Vittorio Villa, por sua vez, situa a filosofia analítica do direito na tradição da filosofia analítica geral, cujo traço fundamental seria a relação necessária entre pensamento e linguagem (v. *Il positivismo giuridico: metodi, teorie e giudizi di valore*, p. 111). Villa entende que "a filosofia analítica do direito

Podemos até avançar para um bom exemplo dessa indiferença. Um dos problemas mais difíceis para os estudiosos da filosofia jurídica kantiana tem sido sempre o de classificá-la como uma obra pertencente à tradição jusnaturalista ou como precursora do positivismo jurídico moderno. Essa questão tem angustiado e polarizado os autores kantianos há muito tempo, sem que se consiga atingir um mínimo consenso a respeito. Ao longo desse trabalho voltaremos muitas vezes a ela. Contudo, chama a atenção o fato de que John Finnis, inegavelmente um dos mais respeitados e acatados filósofos do direito do jusnaturalismo contemporâneo, e ele próprio um membro proeminente da escola da filosofia analítica do direito de Oxford, tenha declarado recentemente que a teoria "moderna" do direito natural, que teria surgido com Samuel Pufendorf e incluiria Kant, "é rejeitada por todos aqueles que atualmente estão dispostos a chamar sua própria obra como uma 'teoria do direito natural'",[35] e que se filiam, na verdade, ao pensamento jusnaturalista "clássico", ou seja, baseado em Platão, Aristóteles e Tomás de Aquino. Finnis afirma que "a estratégia de assimilar as normas do direito natural (moralidade) às regras da lógica encontra seu principal expoente em Kant, cuja *Metafísica dos Costumes* (1797) é, em algumas partes, a mais sofisticada exposição da teoria moderna do direito natural", mas apenas para depois rejeitar completamente a validade filosófica da teoria jurídica kantiana.[36] Isso porque ela compartilha do mesmo defeito central das teorias modernas do direito natural, que, ao tentarem rejeitar a redução do dever ser ao ser, perdem o *insight* desenvolvido pelas teorias clássicas do direito natural de que a natureza humana só é devidamente compreendida quando entendemos as capacidades humanas naturais, sendo essas capacidades manifestadas pelos atos humanos e estes pelos seus respectivos objetos, ou seja, os "bens" que eles pretendem atingir. Para Finnis, esses bens, tais como vida, saúde, casamento, amizade e conhecimento, compreendem as razões para as ações humanas, "e nada em teoria política, moral ou jurídica é bem entendido salvo tratando estes bens com plena atenção ao seu valor intrínseco, os modos como que eles satisfazem e aperfeiçoam pessoas humanas e sua diretividade ou normatividade para todos os que

---

aportou à reflexão filosófico-teórica sobre o direito algumas conquistas *metodológicas* extremamente significativas: o rigor lógico da análise, a clareza e a simplicidade das expressões, a clara separação entre opções político-valorativas e discurso informativo, a preferência por propostas teóricas empiricamente controláveis (em sentido lato), a constante atenção, também com o fim de controle da teoria, para a atividade prática conexa à aplicação e ao uso social do direito" (ob. cit., p. 137).

[35] John Finnis, "Natural Law: The Classical Tradition", p. 5.

[36] John Finnis, ob. cit., p. 7. De acordo com o argumento de Finnis, o jusnaturalismo kantiano compartilharia a tendência que Ernst Cassirer considerava uma característica fundamental das ciências sociais dos séculos XVII e XVIII, que é sua conexão com a lógica enquanto método de pesquisa. Segundo este autor, Bacon, Leibniz e Hobbes foram os primeiros grandes lógicos modernos, e entre eles Hobbes foi o primeiro a aplicar à filosofia da sociedade a mesma metodologia usada na filosofia natural. Ver Cassirer, *The Philosophy of the Enlightenment*, p. 253-258.

pensam sobre o que deve ser feito".³⁷ Como a teoria do direito natural de Kant não satisfaz esses requisitos, ela deve ser rejeitada em favor das teorias clássicas do direito natural.³⁸

Talvez haja um certo excesso de autoconfiança na reivindicação de que todos os jusnaturalistas contemporâneos rejeitam o direito natural moderno e alinham-se com o jusnaturalismo clássico. A própria classificação de um autor como membro de uma ou outra escola é problemática, porque há elementos clássicos e modernos em diversos teóricos do direito natural da modernidade.³⁹ Grotius é normalmente considerado um pioneiro do jusnaturalismo moderno, mas conserva traços importantes do pensamento aristotélico. Os escolásticos espanhóis estão mais nitidamente vinculados à escola clássica, mas suas ideias inauguram uma função típica do direito natural moderno, que foi a de fundamentar filosoficamente a resistência do indivíduo ao abuso do poder político. Hobbes antecede Pufendorf, mas é impossível recusá-lo na galeria dos grandes ideólogos do direito natural da modernidade.

Kant é um autor ainda mais difícil de ser classificado. Não é simples considerá-lo o principal expoente dessa escola, já que a sua concepção de direito natural, embora fortemente determinada pelos pressupostos filosóficos do racionalismo jurídico dos jusnaturalistas modernos, como Hobbes, Pufendorf,⁴⁰ Thomasius e sobretudo Wolff, é também em parte mobilizada para refutar esse movimento.⁴¹ Em certo sentido, Kant de fato dá continuidade ao programa filosófico do Iluminismo seguindo a premissa cartesiana de fundamentar o conhecimento humano em princípios estritamente racionais e de rejeitar todo o conhecimento baseado na convenção, na tradição e na autoridade.⁴² Como ele dirá na primeira

---

³⁷ John Finnis, ob. cit., p. 8.

³⁸ A abordagem de Finnis sobre a filosofia do direito de Kant no ensaio citado é muito sucinta e por isso não é possível compreender com clareza o pensamento do filósofo australiano. Entretanto, a relevância que Finnis confere à presença da lógica na teoria do direito kantiana sugere que ele se mantém preso à forma tradicional de interpretar a filosofia jurídica de Kant a partir da *Fundamentação da Metafísica dos Costumes*, sem dar a devida importância às obras políticas e jurídicas publicadas na década de 90. No segundo capítulo apresentaremos uma visão compreensiva do sistema de direito do filósofo alemão para demonstrar que essa tradição não oferece a melhor interpretação da teoria kantiana do direito.

³⁹ Para exposições sistemáticas comparando as duas escolas, ver Leo Strauss, *Natural Right and History*, Gary Herbert, *A Philosophical History of Rights*, Michel Villey, *La formation de la pensée juridique moderne* e Alfonso Ruiz Miguel, *Una filosofía del derecho en modelos históricos*.

⁴⁰ Um excelente estudo sobre a relação entre a filosofia do direito de Kant e as obras de Grotius e Pufendorf pode ser encontrado em Mary Gregor, "Kant on 'Natural Rights'".

⁴¹ Cf. Franz Wieacker, *História do Direito Privado Moderno*, p. 401-402; e J. B. Schneewind, *A invenção da autonomia*, p. 527-600.

⁴² Cf. Ernst Cassirer, *The Philosophy of the Enligthenment*: "A filosofia do Iluminismo (*Enlightenment*) adota este moto. Ela se opõe ao poder da convenção, da tradição e da autoridade em todos os campos do conhecimento" (p. 234).

introdução à *Crítica da Razão Pura*, "a experiência nunca concede aos seus juízos uma universalidade verdadeira e rigorosa, apenas universalidade suposta e comparativa",[43] e a "necessidade e rigorosa universalidade são os sinais seguros de um conhecimento *a priori* e são inseparáveis uma da outra".[44] Por outro lado, ele rejeita o racionalismo dogmático fundado por Descartes e levado adiante por Leibniz e Wolff,[45] ao afirmar que o uso da razão especulativa está limitado pelos objetos que podem nos ser dados pela experiência.[46] O Iluminismo se impôs também no âmbito jurídico pela afirmação da natureza apriorística do direito e da validade absoluta, universal e inalterável das suas normas, sobretudo na forma de direitos inatos e inalienáveis do homem.[47] Kant, é certo, compartilhou esse programa filosófico, mas, como na filosofia especulativa, os princípios racionais *a priori* do direito kantiano jamais ultrapassam os limites da experiência possível dada pela natureza humana. Não há dúvida que Kant não pertence à tradição aristotélico-tomista, mas entre ele e o jusracionalismo moderno há tanto continuidade quanto ruptura. Como diz Cassirer, "o edifício sistemático kantiano ofusca o Iluminismo ao mesmo tempo em que representa a sua glorificação final".[48]

Entretanto, compreende-se a afirmação de Finnis se reduzirmos seu âmbito de aplicação especificamente para a filosofia analítica do direito que se produz no universo jurídico anglo-americano. Neste ambiente, de fato Kant é uma figura insólita. Ainda que seja perfeitamente possível identificar nas teses de alguns de seus principais nomes a repercussão kantiana, como em Joseph Raz e Ronald Dworkin,[49] nenhum deles se apresenta como um herdeiro do filósofo alemão e muito menos um defensor do jusnaturalismo moderno. Como a escola analítica anglo-americana exerce hoje uma enorme influência na filosofia do direito produzida em todos os continentes, a indiferença e até a rejeição em relação a Kant representa a exclusão das ideias do filósofo alemão das principais discussões do universo jusfilosófico da atualidade.[50] Por isso, quando recen-

---

[43] Kant, CRP, p. 38 (B4).

[44] Idem, ibidem.

[45] Uma exposição detalhada das críticas de Kant a algumas das principais premissas do Iluminismo pode ser encontrada em Frederick Beiser, *German Idealism: The Sruggle agaist Subjectivism, 1781-1801*, p. 17-214.

[46] Kant, CRP, p. 24-26 (BXXV-XXVIII).

[47] Ernst Cassirer, ob. cit., p. 243.

[48] Idem, ibidem, p. 274. Neste mesmo sentido, v. Francisco Javier Herrero, *Religião e História em Kant*, p. 83-84.

[49] Sobre a influência de Kant na obra de Dworkin, ver os interessantes comentários de Simone Goyard-Fabre em *Philosophie critique et raison juridique*, p. 235-237.

[50] Pode-se citar o artigo "Are There Any Natural Rights?", de H.L.A. Hart, publicado em 1955, como uma exceção a esse quadro, já que se trata de um texto produzido por um dos grandes filósofos analíticos do direito moderno e que é claramente influenciado por Kant.

temente Jeremy Waldron – outro membro conspícuo da escola analítica – recorreu às ideias kantianas para mostrar que alguns autores fundamentais da filosofia política antiga e moderna respaldariam as teses do positivismo jurídico, soou como se ele houvesse introduzido um estranho em um ninho homogêneo e hermético. A seguir, veremos o que Waldron pretendeu resgatar em Kant.

2.2. Jeremy Waldron e o elogio ao Posivismo Kantiano

Conquanto o espectro de Kant tenha estado presente nos debates da teoria do direito nessa prolongada hegemonia da filosofia analítica, sobretudo por força das obras paradigmáticas de Rawls e Habermas, o segundo capítulo do livro *A Dignidade da Legislação*, de Jeremy Waldron, no qual este autor se dedica a mostrar o filósofo alemão como um precursor do positivismo jurídico, é a primeira aparição efetiva da filosofia político-jurídica kantiana no epicentro das discussões da filosofia analítica do direito contemporânea. Waldron foi orientado pelo próprio Hart em sua tese de doutorado, foi professor de direito da Universidade de Colúmbia, atualmente leciona na New York University e, sem dúvida, pertence à elite da filosofia analítica do direito.

Como veremos a seguir, Waldron recorre à filosofia política e jurídica de Kant para mostrar que a sua tentativa de conceder dignidade à ideia de legislação na teoria do direito moderna encontra respaldo em grandes pensadores políticos do passado, como Aristóteles, Locke e Kant. Esse recurso a filósofos canônicos não é, contudo, arbitrário: comparando a filosofia política com a filosofia jurídica, ele assinala que "a teoria política é caracteristicamente estudada através da leitura do cânone de grandes livros, variando de textos seminais da ciência política antiga (*República* de Platão, *Política* de Aristóteles) a clássicos do início do período moderno (*O Príncipe* de Maquiavel, *Leviathan* de Hobbes, *Segundo Tratado* de Locke) e obras do Iluminismo europeu e além (*O Contrato Social* de Rousseau, *O Federalista*, *Doutrina do Direito* de Kant e *Filosofia do Direito* de Hegel). A teoria política é feita interpretando, enredando-se e reconstruindo as ideias desenvolvidas nestas obras".[51] Já na filosofia jurídica – particularmente na forma como é praticada no Reino Unido e nos Estados Unidos, ou seja, nos dois principais centros de criação e de referência da filosofia analítica do direito –, não existe propriamente um cânone de grandes livros que perpassem a história dos estudos jurídicos e ainda hoje determinem o modo como os temas essenciais do direito são tratados. Alguns

---

[51] Jeremy Waldron, "Legal and Political Philosophy", p. 380-381.

pensam que esse método tem a vantagem de lidar diretamente com os problemas da filosofia do direito, sem se distrair com um interesse puramente antiquário na história das ideias. Waldron, contudo, entende que essas discussões analíticas tendem a ser monótonas, repetitivas e excessivamente especializadas. Além disso, atualmente correm o risco de se tornarem paroquiais, distanciando-nos dos recursos intelectuais que nos capacitariam a compreender concepções do direito diferentes das nossas e "o direito em si mesmo como algo com uma história que transcende nossos problemas e ansiedades particulares".[52] O recurso a Kant em *A Dignidade da Legislação*, assim como a Aristóteles e Locke, não é, por conseguinte, uma rendição ao argumento de autoridade, mas uma tentativa de beneficiar-se da metodologia aplicada na teoria política e evitar o equívoco metodológico da filosofia analítica do direito.

Conforme foi dito acima, Waldron recorre à filosofia político-jurídica kantiana para apoiar a sua estratégia de dar à ideia de legislação uma dignidade que ela alegadamente perdeu na teoria do direito da atualidade. Ele procura mostrar que é possível ver Kant como um precursor do positivismo jurídico e como um pensador político que percebeu as vantagens da legislação como fonte primária do direito positivo. Mais adiante, neste capítulo, veremos que Waldron não é de modo algum o primeiro teórico a perceber os traços positivistas da doutrina do direito kantiana. A importância da sua invocação de Kant reside no fato de que ele coloca as teses kantianas sobre o direito no âmbito específico das discussões contemporâneas da filosofia do direito, o que talvez nos permita descobrir na obra do filósofo alemão contribuições efetivas a problemas cruciais da teoria jurídica, para os quais as abordagens teóricas atuais não parecem oferecer soluções.

A reabilitação da legislação na filosofia do direito pertence ao conjunto de teses desenvolvidas por Waldron no contexto de seu ataque geral ao constitucionalismo contemporâneo.[53] A sua teoria constitucional é fundada basicamente em duas críticas: 1) uma crítica aos sistemas jurídicos que incorporam declarações de direitos fundamentais em suas constituições; e 2) uma crítica aos sistemas jurídicos que permitem que o poder judiciário declare inválidas leis instituídas pelo poder legislativo que conflitam com os direitos incorporados nas constituições ou em de-

---

[52] Jeremy Waldron, ob. cit., p. 381.

[53] Para uma análise crítica das teses que Waldron defendeu nestas obras, ver W. J. Waluchow, *A Common Law Theory of Judicial Review: The Living Tree*, Cláudio Michelon Júnior, *Being Apart from Reasons: The Role of Reasons in Public and Private Moral Decision-Making*, capítulo quinto, e "Politics, Practical Reason and the Authority of Legislation", Thomas Christiano, "Waldrom on Law and Desagreement", Luc J. Wintgens, "Legisprudence as a New Theory of Legislation" e Keith Whittington, "In Defense of Legislatures"; no Brasil, ver o estudo de Conrado Hübner Mendes, *Controle de Constitucionalidade e Democracia*.

clarações de direitos.⁵⁴ Waldron pensa que esse modelo é responsável por uma concentração excessiva das atenções dos filósofos e teóricos jurídicos no trabalho dos tribunais e uma indiferença ou, nos piores casos, até um preconceito em relação à legislação produzida pelo poder legislativo. As suas principais teses podem ser articuladas nas seguintes proposições:

a) O direito é fruto da política.⁵⁵ Não existe um conjunto de conceitos ou ideias acerca do direito que pertença a um campo transcendente às decisões tomadas pelas pessoas autorizadas a criar regras jurídicas em uma comunidade política. Todas as questões sobre as quais divergimos na vida em sociedade, mas que, não obstante, exigem uma única solução válida para toda a comunidade, são questões políticas; na medida em que essas soluções obrigam toda a comunidade, elas são o direito dessa comunidade.⁵⁶ Desde já convém assinalar que essa proposição, fundamental para compreender as posições subsequentes de Waldron, é profundamente antikantiana, porque rejeita a possibilidade de qualquer metafísica do direito.⁵⁷ Por outro lado, Waldron não a desenvolve em suas obras, o que pode ter contribuído para que seus comentadores não lhe dessem a devida atenção.

b) Nas sociedades modernas, a política está condicionada por um irremediável desacordo entre os membros da comunidade sobre o justo e o bom. Esse desacordo entre concepções morais, políticas, religiosas, etc é uma circunstância da política que determina o modo como devemos pensar sobre o direito positivo da comunidade.

c) O desacordo entre os membros da comunidade atinge inclusive as suas concepções sobre quais são os direitos que as pessoas devem ter, qual deve ser o conteúdo e os limites deles e sobre como devem ser resolvidos os conflitos que surgem entre esses direitos.

d) É irrelevante que seja possível encontrar respostas certas e válidas de modo universal e objetivo para questões que envolvem concepções de

---

⁵⁴ Neste estudo, não vamos nos dedicar à primeira crítica, fortemente determinada pelas discussões travadas em torno da conveniência ou não de introduzir uma declarações de direitos fundamentais no sistema jurídico inglês, que ocorreu ao final do século passado. Ver, a propósito, o capítulo intitulado "Between Rights and Bill of Rights", de *Law and Desagreement*. Para uma resposta a essa tese, ver a posição defendida por W.J. Waluchow no capítulo "Why Charters?", de *A Common Law Theory of Judicial Review: The Living Tree*, p. 74-122.

⁵⁵ Jeremy Waldron, *The Dignity of Legislation*, p. 36.

⁵⁶ Waldron, ob. cit., p. 36-37.

⁵⁷ Já em *À Paz Perpétua*, Kant subordina a política ao direito em mais de uma passagem (ver, *v.g.*, p. 163-164, B 96-97). Alguns anos mais tarde, em *Sobre um suposto direito de mentir por amor à humanidade*, de 1797, ele afirmará que "o direito nunca deve se adaptar à política, mas é a política que sempre deve se ajustar ao direito" (p. 178). Analisando essa afirmação de Kant, Zeljko Loparic adverte que, "por valer como critério de correção da legislação positiva, a doutrina do direito, enriquecida de princípios da política 'cognoscíveis *a priori*', deve ser vista como *guia* incontestável para os atos do Soberano, a práxis política, sem poder sofrer exceções". Cf. Loparic, "Kant e o pretenso direito de mentir", p. 71.

justiça e de vida boa, inclusive aquelas que concernem aos direitos das pessoas, já que mesmo que seja possível alcançar um conhecimento objetivo sobre tais questões, não desapareceria o desacordo entre os membros da comunidade, enquanto circunstância inevitável da vida política.

e) Uma outra circunstância da política consiste em que, apesar do inevitável desacordo entre os membros da comunidade, existe a necessidade de instituir um método para produzir as normas jurídicas que devem coordenar as ações dos membros da comunidade e impor uma única solução a todas as pessoas, método esse que não pode estar fundado no mérito das decisões a serem tomadas;

f) O método justo para a criação do direito nas circunstâncias da política deve ser um processo legislativo baseado na regra da maioria, porquanto é o que expressa maior respeito às pessoas. Esse respeito manifesta-se de três formas: primeiro, porque trata com efetiva consideração as posições de cada indivíduo; segundo, porque trata todas essas posições individuais como iguais; terceiro, porque confere um valor substantivo ao próprio desacordo.

g) O Estado de direito é um modelo de Estado em que juízes, funcionários e cidadãos devem obedecer à lei instituída por um processo legislativo baseado na regra da maioria, mesmo quando a lei – na opinião do juiz, do funcionário ou do cidadão – for injusta, imoral ou prejudicial ao bem-estar da comunidade, já que o processo político do qual resultou a legislação é em si o método mais justo para a instituição das normas jurídicas que coordenam as ações dos membros da comunidade.

Todas essas proposições pretendem mostrar que qualquer sistema de "revisão judicial da legislação é um modo inadequado de decisão final em uma sociedade livre e democrática".[58] Waldron adota um estilo kantiano de fundamentação teórica ao tentar "identificar um argumento nuclear (*core argument*) contra a revisão judicial da legislação que seja independente tanto de suas manifestações históricas quanto de questões acerca de seus efeitos particulares – as decisões (boas e más), os sofrimentos e as afirmações que ela tem produzido".[59] Isto é, Waldron parte de determinadas circunstâncias da realidade política que ele considera como evidentes (o desacordo entre as concepções políticas, morais, religiosas, etc, dos membros da comunidade, e inclusive sobre suas concepções sobre direitos, e a necessidade de instituir um sistema autoritativo de regras de coordenação das ações dos indivíduos) para tentar encontrar um argumento transcendental no sentido kantiano, vale dizer, um argumento que

---

[58] Jeremy Waldron, "The Core of the Case Agaist Judicial Review", p. 1348. Usarei a expressão revisão judicial da legislação, de origem norte-americana (*judicial review*), como sinônimo de controle judicial da constitucionalidade das leis.

[59] Idem, ibidem, p. 1.351.

tenha validade *a priori*, isto é, que, dadas determinadas circunstâncias, vale necessária, objetiva e universalmente, independentemente das experiências concretas do seu campo de aplicação. Como Kant,[60] Waldron entende que a experiência não fornece razões suficientes para a formulação de uma teoria da constituição de uma democracia constitucional porque as razões "relativas-a-resultados" (*outcome-related reasons*) "cortam para os dois lados", isto é, mostram que tanto a legislação quanto a jurisdição produzem bons e maus resultados na proteção de direitos.[61]

A tese de Waldron foi exposta originalmente nos livros *The Dignity of Legislation* e *Law and Desagremment*, ambos publicados em 1999 e concebidos como complementares.[62] Em um artigo mais recente, intitulado *The Core of the Case Against Judicial Review*, o autor limita o campo de aplicação de sua tese a contextos políticos bem mais específicos. Tal limitação é realizada por meio de quatro presunções sobre a natureza da sociedade política à qual se aplica a tese. Essa sociedade deve ter: (1) instituições democráticas funcionando razoavelmente bem, incluindo uma legislatura representativa eleita por um sistema de sufrágio universal; (2) um conjunto de instituições judiciais também operando razoavelmente em ordem, respeitando os princípios do Estado de direito; (3) um compromisso efetivo da maioria dos seus membros e de seus agentes públicos com a ideia de direitos dos indivíduos e das minorias; (4) um desacordo persistente, substancial e de boa-fé sobre esses direitos entre os membros da comunidade que estão comprometidos com a ideia de direitos.[63] Dadas essas condições, "a sociedade em questão deve resolver os desacordos sobre direitos que seus membros têm usando as suas instituições legislativas", e não as suas instituições judiciais.[64]

Os desacordos sobre direitos e sobre questões essenciais da política e da moralidade são um fato inevitável da vida política. Embora seja possível identificar uma verdade objetiva sobre essas questões, a natureza delas não permite que a descoberta dessa verdade objetiva seja reconhecida por todos os membros ou mesmo pela maioria dos membros da comunidade como necessária, universal ou indiscutível, a ponto de que nenhuma objeção ou nenhum desacordo possa ser considerado aceitável diante da objetividade de uma determinada verdade. Nesse ponto, Waldron insiste que não se trata de assumir a posição metaética do relativismo moral,

---

[60] Cf. Kant, *Teoria e Prática*, p. 93 (Ak 8.269): "o direito político ... baseia-se em princípios *a priori* (*pois a experiência não pode ensinar o que é direito*) [grifo acrescentado], e há uma *teoria* do direito político, sem cuja consonância nenhuma prática é válida".

[61] Waldron, "The Core of the Case Against Judicial Review", p. 1376.

[62] Ver Jeremy Waldron, *Law and Desagreement*, p. xiii.

[63] Jeremy Waldron, ob. cit., p. 1360.

[64] Idem, ibidem.

mas de mostrar que, dado que verdades objetivas sobre moral, política, religião e direitos não dissolvem a discordância das pessoas, a objetividade moral é irrelevante no domínio da política. No entanto, a existência e a persistência dessa discordância razoável não podem paralisar a comunidade. As ações das pessoas precisam ser coordenadas através da adoção de regras que tenham autoridade sobre todos, independentemente de estarem ou não conformes a uma suposta ou possível verdade real e objetiva sobre direitos e outras questões controversas. Portanto, precisamos de um método adequado para a criação dessas regras autoritativas, as normas jurídicas da comunidade. Porém, o método de criação dessas regras deve respeitar a primeira circunstância inelutável da política, o desacordo razoável entre os membros da comunidade. E esse respeito é devido porque as pessoas devem ser tratadas como livres e iguais, e as suas concepções individuais sobre direitos, moralidade, política ou religião devem ser tratadas com a mesma consideração e mesmo peso nos processos de formação das regras autoritativas do direito, estejam elas ou não de acordo com as supostas respostas corretas sobre verdades objetivas. Pois bem, sustenta Waldron, o único método que efetivamente respeita o pluralismo político é o processo legislativo conduzido com base no princípio majoritário. O controle da constitucionalidade das leis pelo poder judiciário é ilegítimo justamente porque o método judicial de decisão das questões polêmicas sobre direitos, moralidade e política está concentrado em juízes politicamente irresponsáveis e que não atuam como representantes dos membros da comunidade. Tenham os juízes ou não melhores condições subjetivas ou institucionais de ter acesso a respostas corretas sobre essas questões polêmicas, o processo judicial não trata com igual consideração e respeito o pluralismo de concepções políticas, morais ou religiosas existente em uma sociedade democrática e nem empresta um valor substantivo ao desacordo razoável que é inerente às circunstâncias da política.

Waldron expõe, por conseguinte, uma determinada concepção de democracia constitucional que é francamente antagônica à concepção dominante no constitucionalismo contemporâneo.[65] Na linguagem kantiana em cuja moldura examinaremos as suas teses ao longo deste trabalho, ele propõe uma concepção de república fundada na supremacia absoluta do poder legislativo na produção do direito. Por isso é importante associar a tese da dignidade da legislação, sustentada no domínio da filosofia cons-

---

[65] Waldron evidentemente não é o único adversário da revisão judicial das leis que caracteriza o neoconstitucionalismo. Entre muitos mais, um outro importante crítico tem sido Mark Tushnet, de quem pode ser citada, exemplificativamente, a obra *Taking the Constitutions Away from the Courts*. No entanto, concordamos com Waluchow quando ele afirma que "a crítica formidável de Waldron representa o desafio mais sério à inteligibilidade e desejabilidade (*desirability*) da revisão judicial existente na literatura" (ver *A Common Law Theory of Judicial Review: The Living Tree*, p. 123).

titucional, com uma outra tese defendida pelo autor no domínio da teoria do direito. Ao se posicionar sobre a mais acirrada disputa da filosofia analítica do direito nos últimos quarenta anos, centrada nas discussões que emergiram do chamado debate Hart-Dworkin sobre a tese positivista da separação conceitual entre direito e moral, Waldron defende uma teoria que denomina de *positivismo ético ou normativo*.[66] Essa teoria parte da afirmação de que existe "um espaço lógico entre a proposição de que o direito não necessariamente implica a moralidade e a proposição de que o direito necessariamente não implica a moralidade".[67] Estas duas proposições, na medida em que se apresentam como uma análise conceitual ou analítica do direito, definem-se respectivamente como *positivismo inclusivo* e *positivismo exclusivo*.[68] Esta segunda concepção sustenta que conceitualmente jamais pode haver comunicação entre direito e moral em um sistema jurídico; já a primeira concepção propõe que, em um determinado sistema jurídico, alguns julgamentos de direito podem depender de juízos de moralidade se – e apenas se – o direito positivo deste sistema jurídico *incluir* normas morais entre as suas normas jurídicas. Existem duas versões do positivismo inclusivo: a positiva e a negativa. O positivismo inclusivo positivo aceita a inclusão de regras morais no direito positivo e, eventualmente, estimula essa inclusão. Já o positivismo inclusivo negativo apenas não exclui a possibilidade conceitual de inclusão de regras morais no direito positivo, tal como faz, no quadro de uma análise cientificamente neutra e meramente descritiva, o positivismo exclusivo.[69] A tese do positivismo ético ou normativo "move-se no espaço lógico deixado aberto pelo positivismo negativo", uma vez que "pode ser entendido como uma posição que condena a possibilidade inclusiva para a qual o

---

[66] Tom Campbell também defende uma forma de positivismo ético, mas prefere denominá-lo de *positivismo prescritivo*; ver, do autor, *Prescriptive Legal Positivism: Law, Rights and Democracy*. Outra referência importante dessa tese, embora bem mais antiga e por isso mesmo pioneira, é Uberto Scarpelli, *Cos'è il Positivismo Giuridico*.

[67] Jeremy Waldron, "Normative (or Ethical) Positivism", p. 414.

[68] Há uma farta literatura produzida para discutir a diferença entre o positivismo inclusivo ou moderado e o positivismo exclusivo. Ver, *v.g.*, W.J. Waluchow, *Inclusive Legal Positivism*, Joseph Raz, "Authority, Law and Morality", in *Ethics in the Public Domain*, p. 237; Andrei Marmor, "Exclusive Legal Positivism", p. 104-124; Kenneth Aimar Himma, "Inclusive Legal Positivism", p. 125-165; Aldo Schiavello, *Il positivismo giuridico dopo Herbert L. A. Hart: uma introduzione critica*; no Brasil, ver Dimitri Dimoulis, *Positivismo Jurídico*. É preciso reconhecer, contudo, que essa distinção estava já prefigurada na 1ª edição da *Teoria Pura do Direito* de Hans Kelsen, publicada em 1934, onde ele afirma que o ato de criação do direito, em qualquer estágio da estrutura hieráquica do sistema jurídico, é livre de restrições morais ou políticas, e portanto é um ato discricionário da autoridade, "a menos que o próprio direito positivo delegue (à autoridade) alguma norma metajurídica, como a moral, a justiça e assim por diante. Mas neste caso essa norma seria então transformada em uma norma do direito positivo" ("Es wäre denn, dass das positive Recht selbst irgendwelche metarechtliche Norm als Moral, Gerechtigkeit usw. delegiert. Aber dadurch würden diese zu positivrechtlichen Normen umgestaltet"; cf. Kelsen, *Reine Rechslehre*, 1º edição, p. 109).

[69] Sobre a distinção, ver Jules Coleman, "Negative and Positive Positivism", p. 28-48.

positivismo inclusivo deixa espaço".⁷⁰ Ou, como sintetiza o próprio autor, o positivismo normativo *aceita* a tese do positivismo inclusivo negativo, mas *prescreve* algo como o positivismo exclusivo.⁷¹

Em suma, Waldron defende um tipo de positivismo jurídico que rejeita a inclusão de normas morais no direito positivo, inclusive de direitos fundamentais cuja aplicação remeta a juízos de moralidade e de política, embora admita a possibilidade conceitual de que isso venha a ocorrer em determinados sistemas jurídicos.⁷² Para o autor, existem diversas razões para defender o positivismo normativo: a promoção da paz, a previsibilidade das regras jurídicas, o controle do poder, a consolidação da democracia, a legitimidade política ou as condições da coordenação social.⁷³ As razões que o levam a defendê-lo são as mesmas que fundamentam a sua tese da dignidade da legislação.

É no marco teórico destas duas teses, a tese da dignidade da legislação e a tese do positivismo normativo, que Waldron invoca Kant para respaldá-las parcialmente. É preciso esclarecer que em momento algum Waldron apresenta o filósofo alemão como um advogado do conjunto de suas proposições teóricas. Para ele interessa mostrar Kant como um precursor do positivismo jurídico legalista por algumas das razões que o levaram a sustentar que a legislação é o método mais legítimo para lidar com o problema inevitável do desacordo político entre os membros de uma comunidade jurídica. Por um lado, ele reconhece que, na filosofia jurídico-política, o nome de Kant é geralmente associado à descrição de princípios normativos sobre como o direito deve ser para termos uma sociedade justa, ou ao uso de raciocínios morais individuais como orientação para pensar e decidir sobre questões de direito e justiça.⁷⁴ Waldron reconhece também que a "insistência na diversidade de opinião no que diz respeito a questões de direito não é uma posição comumente associada à filosofia moral de Kant".⁷⁵ Por outro lado, ele pensa que pode

---

⁷⁰ Jeremy Waldron, "Normative (or Ethical) Positivism", p. 414.

⁷¹ Idem, ibidem. Não vou examinar no texto a importante objeção feita por Jules Coleman e John Gardner, no sentido de que, se a tese da separação conceitual absoluta entre direito e moral é uma descrição cientificamente correta da natureza do direito, então o positivismo normativo é inútil (*fatuous*). Ver Coleman, "Negative and Positive Positivism", e Gardner, "Legal Positivism: 5 ½ Myths", p. 199-226.

⁷² No mesmo sentido Tom Campbell, *Prescipive Legal Positivism*, p. 26: "O positivismo ético pressupõe o positivismo, ao sustentar que um sistema jurídico, com propriedade conceitual, pode ou não incorporar a moralidade em sua regra de reconhecimento, mas essa pretensão é ancilar a sua principal tese de que um sistema jurídico *não deve* incluir critérios morais na lista autoritativa de fontes do direito. Esta é uma forma prescritiva, e não uma forma analítica ou descritiva de positivismo jurídico duro ou exclusivo".

⁷³ Waldron, ob. cit., p. 433.

⁷⁴ Idem, *The Dignity of Legislation*, p. 40-41.

⁷⁵ Idem, ibidem, p. 47.

mostrar como a filosofia política de Kant também fornece as bases de uma doutrina do direito positivo fundada na necessidade de instituir uma única visão da comunidade sobre as questões que provocam divergências entre os seus membros e impor a todos a observância compulsória dessa visão unificadora. O desafio que ele se propõe, portanto, não é modesto: Waldron tentará mostrar que Kant considera que o direito é o conjunto das decisões políticas tomadas por uma sociedade por meio de processos legislativos, e portanto equipara o direito à legislação positiva do Estado. Ainda que não torne explícita a tese, Waldron parece sugerir que Kant, como ele, defende algum tipo de positivismo jurídico normativo ou ético. Como veremos mais adiante, esse desafio terá que se confrontar com uma longa tradição de intérpretes da filosofia política e jurídica kantiana que vê o filósofo alemão como um dos grandes teóricos do jusnaturalismo moderno.

Infelizmente o texto em que Waldron examina a filosofia kantiana é bastante sucinto e recolhe apenas as passagens da obra kantiana que interessam a sua própria tese. Essa abordagem evidentemente torna o ensaio bastante frágil como tentativa de interpretação da doutrina do direito de Kant, dada a extrema complexidade e a reconhecida obscuridade do pensamento jurídico do filósofo alemão. É surpreendente, por exemplo, a superficialidade com que Waldron examina a própria ideia de legislação na filosofia kantiana, que ocupa uma função fundamental no conjunto da obra política do filósofo alemão. Todavia, a tese de Waldron levanta algumas questões realmente decisivas para tentar compreender o lugar do direito positivo, da constituição e dos direitos na obra de Kant.

Há um ponto que merece ser destacado desde logo. Waldron chama a atenção para o fato de que algo acontece na "transição da filosofia moral para a filosofia política" na exposição kantiana da doutrina do direito.[76] Esse é um aspecto chave no estudo sistemático da filosofia política e jurídica de Kant. De fato, a "passagem" da metafísica do direito, que é normalmente considerada como o direito natural racional *a priori* de Kant, para o que Waldron chama de doutrina do direito positivo provoca uma série de perplexidades e exige do estudioso um difícil esforço de interpretação sistemática do conjunto de concepções teóricas frequentemente incoerentes e incompletas expostas em diversas obras.[77] Waldron não diz

---

[76] Waldron, *The Dignity of Legislation*, p. 61.

[77] Essa transição se insere dentro da problemática geral da *Übergang* (passagem), que é onipresente na filosofia kantiana. Ver, a respeito, Ricardo Terra, "Notas sobre o Conceito de Passagem", in *Passagens: estudos sobre a filosofia de Kant*, p. 51-65: "Se considerarmos o conceito de *Übergang* em toda a sua amplitude, com o sentido de transição de um assunto para outro, como movimento de um estágio do pensar para outro e como transição de domínios heterogêneos, teremos circunscrito um motivo básico do kantismo que nos ajudará a entender a complexa inter-relação de elementos distintos dessa filosofia, permitindo também entender o esforço de Kant em manter a unidade da razão na multiplicidade de seus aspectos" (p. 65).

isso, mas é como se Kant antecipasse em dois séculos a lógica da evolução da teoria da justiça de John Rawls, de uma exposição inicial *metafísica* no domínio da filosofia moral para uma concepção final meramente *política* no domínio da filosofia política. É justamente essa transição complexa e obscura que tornou possível Kant ser considerado tanto um jusnaturalista quanto um positivista. Quem dá maior peso à metafísica do direito tende a classificá-lo como um teórico do direito natural; quem privilegia a doutrina do direito positivo, classifica-o como um precursor do positivismo jurídico moderno.

A exposição de Waldron começa com a análise de uma passagem da *Doutrina do Direito* que ele considera ser provavelmente "a mais importante passagem da filosofia política de Kant", e por isso convém transcrevê-la integralmente aqui. Esta passagem pertence ao segundo parágrafo da segunda parte da obra, dedicada ao estudo do direito público:

> Não é certamente a experiência (a qual nos ensina que, até que apareça uma legislação exterior dotada de poder, os homens têm como máxima a violência e que, pela sua maldade, se combatem entre si), assim como não é, também, um fato aquilo que torna necessária a coerção pública legal, mas, por muito que queira imaginar-se os homens como bons e amantes do direito, esta está sim ínsita *a priori* na idéia racional de um tal estado (do estado não-jurídico), que até que seja edificado um estado legal público, os homens, povos e Estados isolados não podem nunca estar seguros face à violência de uns contra os outros, e isto por causa do direito de cada um de fazer o que lhe parece justo e bom, sem para tal depender da opinião do outro; portanto, a primeira coisa que cada um é obrigado a decidir, se não quer renunciar a todos os conceitos do direito, é o princípio: é necessário sair do estado de natureza, em que cada um age como lhe dá na cabeça, e unir-se a todos os demais (com quem não consegue evitar entrar em interação) para se submeter a uma coerção externa legislada publicamente, portanto, entrar num estado em que cada um se determine por lei e se lhe atribua por meio de um poder suficiente (que não seja o seu próprio, mas um exterior) o que deve ser reconhecido como seu, quer dizer, que deve entrar, antes de mais, num estado civil.[78]

---

[78] Waldron, *The Dignity of Legislation*, p. 42-43. Waldron utiliza a tradução de H.B. Nisbet para os *Kant's Political Writings* da CUP (DL, p. 50-51). Na tradução de Nisbet consta: "Experience teaches us the maxim that human beings act in a violent and malevolent manner, and that they tend to fight among themselves until an external legislation supervenes. But it is not experience or any kind of factual knowledge which makes public legal coercion necessary" (p. 137). No original do § 44 da RL, consta: "Es ist nicht etwa die Erfahrung, durch die wir von der Maxime der Gewalttätigkeit belehrt werden, und ihrer Bösartigkeit, sich, ehe eine äussere machthabende Gezetzgebund erscheint, einander zu befehden, also nicht etwa ein Faktum, welches den öffentlich gesetzlichen Zwang notwendig macht" (p. 126). Como se vê, para Kant *é* a experiência, ou seja, são dados empíricos que nos convencem de que os homens agem com violência mútua até o surgimento de uma legislação exterior. O que a experiência não nos ensina é a necessidade da coerção pública legal, dado que é extraído analiticamente do conceito de direito. Na tradução de José Lamego, consta o seguinte: "Não é decerto a experiência que nos ensina que, até que apareça uma legislação exterior dotada de poder, os homens têm como máxima a violência, e pela sua maldade, se combatem entre si; não é portanto um fato que torna necessária a coerção legal pública". Como se vê, a tradução deforma o sentido do texto original. Este mesmo equívoco é cometido na tradução de Edson Bini para a EDIPRO. Por essas razões, no texto utilizei a tradução de Lamego, com as correções necessárias. A dificuldade de tradução dessa passagem do § 44 foi exposta por Georg Geismann em "World Peace: Rational Idea and Reality".

Waldron busca através dessa passagem mostrar que, para Kant, a principal razão para a saída do estado de natureza e a constituição de um estado civil encontra-se na existência de uma inevitável pluralidade de concepções sobre o justo e o correto entre os homens, e por isso de um não menos inevitável desacordo entre eles e na consequente necessidade de instituir uma legislação única que neutralize o desacordo e elimine o iminente risco de confronto entre os divergentes. O estado de natureza é um estado em que o desacordo de concepções pessoais não tem mecanismos para ser superado ou resolvido sem o recurso à força. As consequências da ausência desses mecanismos podem ser percebidas no tratamento que Kant dá ao tema da propriedade. Para Kant, a ideia de propriedade já está perfeitamente presente no estado de natureza e não depende da existência de um estado civil para ser concebida, embora nesse estágio a propriedade possa ser pensada apenas como posse empírica de uma coisa, e não como posse jurídica. No segundo capítulo nos deteremos mais detalhadamente no problema do conceito kantiano de propriedade e na sua ligação decisiva com o próprio conceito de direito na sua filosofia política. Interessa-nos agora apenas antecipar sucintamente como Waldron conduz seu raciocínio. Para ele, Kant admite que pelo menos *em relação a sua forma*, os homens já compartilham as leis da propriedade no estado de natureza; mas "o que eles não compartilham é um consenso quanto ao que são as formas no que se refere à substância da propriedade de alguém".[79]

Na condição natural, a propriedade permanece em uma situação de incerteza e indeterminação quanto a quem tem direito a que pedaço de terra e em que extensão. Conforme o postulado jurídico da razão prática, as pessoas devem poder usar as coisas externas úteis e, portanto, apropriar-se ao menos provisoriamente delas, mesmo na ausência de um Estado constituído. Todavia, "dado que é provável que as pessoas discordem quanto aos princípios que governam a aquisição (ou, certamente, quanto a sua aplicação), podemos esperar que, em muitos casos, uma pessoa se verá reivindicando o direito a algo sobre o qual outro também reivindica ter direito. A urgência material que, em primeiro lugar, tornou necessária a aquisição provisória (de terra) pode excluir qualquer recuo suave ou moderação das reivindicações antagônicas".[80] Waldron interpreta essa tendência das pessoas de insistirem na importância e na correção das suas próprias concepções de justiça como uma manifestação da característica humana natural que Kant designou como a "insociável sociabilidade"

On the Principles of Kant's Political Philosophy", p. 275. Nas modificações que realizei em relação à tradução de Lamego, segui a tradução sugerida por Geismann na nota nº 80 do referido ensaio.
[79] Waldron, *The Dignity of Legislation*, p. 47.
[80] Idem, ibidem, p. 50-51.

(*ungesellig Geselligkeit*) do homem (*Idéia de uma História Universal*), pela qual ele "encontra em si mesmo a característica insocial de querer dirigir tudo de acordo com suas próprias idéias".[81] Porém, a apropriação unilateral de um determinado bem por uma pessoa presume naturalmente que todas as demais pessoas devem estar de acordo com o pretendente quanto ao seu direito à propriedade do bem. Assim, uma declaração unilateral de vontade do possuidor instituiria uma obrigação universal de respeitar a sua propriedade sobre a coisa, obrigação essa que obrigaria a todos e a cada um a abster-se de usar o objeto da minha escolha.

Conforme Waldron, Kant sustenta que essa declaração unilateral de vontade não tem nenhuma validade, "pois uma vontade unilateral não pode colocar os outros sob uma obrigação que, de outro modo, eles não teriam". Caso os demais não aceitem essa apropriação unilateral, o pretendente ao bem terá que recorrer à violência para assegurar a sua posse, o que, em uma escala coletiva, instituiria um estado de guerra permanente. Portanto, é preciso que uma vontade *omnilateral* surja para respaldar a aquisição individual da propriedade e evitar ou superar o conflito de pretensões aquisitivas. Pois bem, essa vontade geral ou *omnilateral* só pode surgir caso todos concordem em sair do estado de natureza e ingressar em uma condição civil, instituindo um Estado capaz de promulgar uma legislação externa que garanta uma distribuição certa e determinada das propriedades dos membros da comunidade. Somente agora está justificado o recurso à violência para assegurar a propriedade que a legislação garante aos indivíduos, mas essa violência terá de ser exercida na forma de coação imposta por funcionários do Estado. Waldron assinala que o uso da força não é inadequado para assegurar direitos:

> vimos várias vezes que Kant nega isso, e a moderna filosofia política o acompanha neste ponto. O que está excluído, insiste Kant, é uma guerra ou conflito de forças empregadas em nome do direito. Pois quando a força se apresenta desse modo, não está mais se apresentando como algo confiável e efetivamente auto-anulador – a negação da negação, "um impedimento de um obstáculo à liberdade", que naturalmente é como Kant quer compreender a contribuição que a coerção pode dar ao direito.[82]

O ingresso na condição civil mediante a constituição de um Estado não tem como fundamento a garantia dos interesses individuais dos membros da comunidade, o desejo de sobrevivência ou a preservação de suas posses, mas as vantagens de todos os membros em estarem sujeitos

---

[81] Waldron, ob. cit., p. 51. O autor usa novamente a tradução de Nisbet para a obra *Kant's Political Writings*. Nas traduções para o português de *Idéia de uma História Universal*, contudo, consta que o homem encontra em si "uma qualidade insociável que o leva a conduzir tudo simplesmente em seu proveito" (tradução de Rodrigo Naves e Ricardo Terra para a edição da Martins Fontes, p. 8) ou "uma propriedade insocial de querer dispor tudo ao seu gosto" (tradução de Artur Mourão para Edições 70, p. 26).

[82] Idem, ibidem, p. 57.

a uma única legislação válida e imponível para todos: "o que importa, afirma Waldron, é que *haja* uma sociedade civil, e que estejamos sujeitos a ela, tão logo as pessoas comecem a discordar e a lutar por causa da aplicação da justiça".[83] Nosso dever é respeitar "a idéia de *compartilharmos* uma visão sobre o direito ou a justiça aqui e de implementá-la em nome da comunidade. Aquele que propõe resistir ou desobedecer está anunciando, na verdade, que é melhor retornar a uma situação em que cada um age segundo o seu próprio juízo quanto à justiça. Por fim, é em resposta a esta pessoa que Kant desenvolveu a sua defesa moral da legislação e da idéia de direito positivo".[84]

Não há necessidade de antecipar uma série de comentários que faremos com mais cuidado quanto examinarmos a doutrina do direito de Kant nos capítulos seguintes. A tese de Waldron requer uma análise mais rigorosa da ideia de legislação em pelos dois momentos da exposição da *Rechtslehre*: a ideia de legislação na passagem do estado de natureza para a condição civil e o conceito de legislação já na esfera do direito público. O importante agora é prestar atenção nas razões que o levaram a apresentar Kant como um precursor do positivismo jurídico moderno. Para Waldron, Kant entende que o pluralismo de concepções sobre o justo e o bom e o desacordo e antagonismo que surgem entre os homens por conta desse pluralismo são fatos irremediáveis da natureza humana tal como ela é, independentemente de vivermos em uma sociedade democrática ou não. O único modo de vivermos em uma sociedade pacífica, que garanta o direito de todos, e não apenas do mais ou dos mais fortes, é assumirmos uma única visão compartilhada sobre a justiça, e de nos sujeitarmos a ela, estejamos ou não de acordo com tal visão. Isso só pode ser feito com a criação de um Estado com um poder legislativo que tenha o monopólio da criação da legislação que obrigará a todos os membros da comunidade. Waldron vai além. Kant reconhece que a legislação pode ser julgada injusta a partir dos parâmetros do seu conceito metafísico de direito, mas na transição da sua filosofia moral para a sua filosofia política ele reconhece também que, dada a pluralidade de concepções sobre a justiça e a inevitabilidade do desacordo entre elas, a sociedade deve escolher uma única visão sobre o direito efetivamente vigente, e consolidá-la no direito positivo, que doravante será o único efetivamente obrigatório para todos.

Em síntese, a interpretação que Waldron apresenta da filosofia política e jurídica de Kant procura mostrar que a metafísica do direito do filósofo alemão não o conduz a uma concepção jusnaturalista de direito, como muitas vezes se crê, mas a uma sólida doutrina do positivismo

---

[83] Waldron, ob. cit., p. 59.
[84] Idem, ibidem, p. 73.

normativo e a uma defesa de um modelo de república caracterizado pela supremacia absoluta do poder legislativo na produção do direito. Como veremos a seguir, Waldron não está sozinho nessa interpretação da teoria kantiana do direito.

2.3. Michel Villey e a crítica ao Positivismo Kantiano

Muito antes de Jeremy Waldron *convocar* Kant de bom grado para integrar o exército do positivismo jurídico, o jusfilósofo francês Michel Villey já o havia *condenado* ao mesmo destino.[85] Se aquele de certo modo exulta em filiar Kant à tradição positivista e em colocá-lo mesmo na sua própria gênese, este adotará um tom acusatório, atribuindo ao filósofo alemão a origem dos males causados pelo positivismo legalista que dominou a teoria do direito do século XIX e que, apenas em meados do século XX, dava sinais de enfraquecimento.

Villey aceita que Kant pertence à tradição do direito natural moderno, à mesma escola de direito natural composta por nomes como Achenwall, Wolff, Thomasius, Pufendorf e Grotius, à qual ele se mantém fiel e cujas principais conclusões ele não apenas defende e reforça: o kantismo vai além dessa escola, ele a eleva a sua perfeição suprema e, por isso, se constitui "em um acontecimento capital da história do direito".[86] Ao contrário das obras de outros grandes filósofos, como a de Aristóteles, que apenas indiretamente influenciaram a história do direito, a filosofia de Kant inspirou *diretamente* alguns dos principais juristas do século XIX.[87] Kant será o mestre dos fundadores do positivismo jurídico tal como ele se consolidou no século XIX, caracterizado, por um lado, pela afirmação de que a fonte exclusiva do direito são as normas postas voluntariamente por um legislador humano, e, de outro, pela recusa em admitir outras fontes, como a natureza, a justiça ou a utilidade.[88] É certo que as origens dessa tradição encontram-se mais distantes no tempo, como na escolástica franciscana de Duns Scotus e Guilherme de Ockham e na doutrina política de Hobbes,[89] as quais, "tendo rejeitado a crença em uma ordem social natural, (sustentam que) a ordem jurídica é inteiramente construída pelo

---

[85] Cf. Michel Villey, "Kant dans la l'histoire du droit", *Leçons d'histoire de la philosophie du droit*, p. 251-269.

[86] Villey, ob. cit., p. 251-252.

[87] Villey refere, entre tais juristas, Hugo, Zeller, Savigny, Puchta, Feuerbach e Windscheid.

[88] Villey, ob. cit., p. 254.

[89] Acerca da posição de Villey sobre o pensamento jurídico de Scotus, Ockham e Hobbes, ver o seu *La formation de la pensée juridique moderne*, p. 202-268 e 559-618.

homem, notadamente pelo legislador investido pelo contrato social".[90] Contudo, a escola do direito natural moderno havia deixado o projeto positivista incompleto e incerto. Incompleto, porque ainda permeado por vestígios do direito natural; incerto, porque o seu próprio fundamento racional, o contrato social, permanece carente de eficácia real.

É certo que Kant conserva intencionalmente a expressão direito natural. Rejeitando o empirismo e o voluntarismo, ele expõe um sistema de direito racional que não é propriamente um sistema de direito *natural*, mas que se propõe a guiar o legislador a descobrir o direito justo por meio da razão pura. Ele deduz da razão pura "a obrigação imposta ao poder de respeitar os princípios do Estado de direito, de constituir uma federação internacional de Estados, como também a condenação vigorosa do colonialismo e a justificação aparente da propriedade privada".[91] Villey formula, então, duas questões que serão decisivas no curso de sua crítica à doutrina kantiana do direito, as quais ele associa a um mal-entendido que corre o risco de impossibilitar o diálogo entre juristas e filósofos: 1) o conjunto de princípios *a priori* do direito extraídos da razão pura são *direito* no sentido dos juristas?; 2) esses princípios *a priori* do direito são endereçados aos juristas para que sejam objeto de seus estudos e para que, na prática judiciária, sejam a fonte de suas decisões? Essas duas questões postas por Villey remetem para o mesmo problema já antecipado quando examinamos a visão de Waldron sobre a teoria kantiana do direito, que consiste no aparente descolamento entre o direito racional e o direito positivo na "passagem" (*Übergang*) da metafísica do direito para a sua aplicação a um direito concretizado ou positivado. E Villey responde ambas de forma enfática e categoricamente negativa:

> Porque esse belo sistema teórico não é, *hic et nunc*, aplicável. Ele tem o defeito de ser utópico: a razão pura pode fundar uma república de sonho, válida como ideal distante, no final longínquo da história – a república universal –, mas podemos crer que ela seja praticável no mundo presente? No máximo esse modelo distante poderá servir de ideal ao legislador. Além disso, ele é muito vago: do antigo direito natural clássico (isto é, da observação das coisas tais como elas são em cada momento), poderíamos extrair regras substantivas. Mas a razão pura não fornece mais do que molduras imprecisas. Todos os preceitos "racionais" que citamos (Estado de direito, liberdade ou propriedade) revelam-se, quando vistos de perto, formais, imprecisos, maleáveis. A infelicidade (e o imenso fracasso de toda essa filosofia) é que na verdade não se pode 'deduzir' nada de preciso nem de firme dessa razão "pura", vale dizer, vazia.[92]

O direito racional da doutrina kantiana do direito tem apenas um valor provisório. Para tornar-se finalmente peremptório, definitivo e pre-

---

[90] Villey, "Kant dans la l'histoire du droit", p. 254.
[91] Idem, ibidem, p. 256.
[92] Idem, ibidem, p. 256-257.

ciso e para poder ser efetivamente aplicável no sentido próprio dos juristas, ele depende da sua incorporação no direito positivo de um Estado através de uma convenção que represente a vontade geral. Na prática, "a doutrina kantiana libera os *juristas* para o império das leis positivas, sem restrição nem condição".[93] Com isso, ao eliminar todas as outras fontes de direito distintas das leis positivas, Kant destrói todo o esforço histórico do pensamento político que o antecedeu para edificar limites à onipotência (*toute-puissance*) das leis. Mais do que isso: a "doutrina kantiana é a própria antítese do direito natural tal como a tradição clássica o havia entendido". Antecipando a crítica que John Finnis fará à filosofia do direito de Kant em texto comentado acima, Villey afirma que "Kant matou o direito natural, porque a sua filosofia se dedica muito precisamente a negar que a observação das coisas possa conduzir ao dever ser, que dos fenômenos se possa extrair um direito; ele ergue um abismo entre as coisas e as ordens da razão prática, entre o *Sein* e o *Sollen*".[94]

Como resultado da destruição do direito natural clássico pelo direito racional, não existe mais qualquer fundamento substantivo para se opor ou resistir às decisões do Estado. Por isso, os juristas de Kant têm o dever de aplicar as leis positivas existentes, não importa de que espécie de Estado ou de governo elas provenham. Nem mesmo a teoria do contrato social funciona como limite ao poder estatal, já que, sendo apenas uma "ideia" da qual devemos nos aproximar no curso da história, e não tendo ela qualquer realidade no plano da experiência, é o Estado como tal, qualquer que seja a forma do poder, que realiza a vontade geral concretizando-a na sua legislação. Por consequência, desobedecer às leis positivas significa querer fazer prevalecer uma vontade particular sobre a vontade geral, de tal modo que se pode dizer ser uma máxima da razão prática pura: "deves agir respeitando o Estado e as leis existentes". Citando uma passagem de *O Conflito das Faculdades* que interdita aos juristas procurar o direito na razão, e os obriga a limitar a sua busca aos códigos oficialmente promulgados, Villey conclui que, diante de textos tão claros, "não pode subsistir qualquer dúvida sobre o alcance dessa parte da obra de Kant para os juristas. A despeito das suas etiquetas, e talvez de suas intenções, ela significa a vitória total e irrestrita do *positivismo jurídico*".[95]

A crítica mordaz de Villey à doutrina do direito kantiana foi contestada não sem uma pitada de ironia por Alain Renaut na apresentação a sua tradução da *Metafísica dos Costumes*. Renaut atribui a posição de Villey a uma incompreensão dos textos kantianos "fortemente encorajada" por equívocos nas traduções da *Rechtslehre* para a língua francesa. Em

---

[93] Villey, ob. cit., p. 257.
[94] Idem, ibidem.
[95] Idem, ibidem, p. 259.

primeiro lugar, para afirmar-se como positivista e rejeitar a existência de uma instância metapositiva do direito, Kant deveria sustentar não apenas que não existe direito anterior ao Estado, o que ele realmente faz, mas também que não existe direito *exterior* e *superior* ao direito instituído pelos Estados existentes. No entanto, uma afirmação positivista desse gênero "nada tem a ver com o que sublinha Kant na *Doutrina do Direito*".[96] Renaut atribui esse equívoco de compreensão à tradução das expressões *das natürliche Recht* e *Naturrecht* nas edições francesas, ambas traduzidas como *droit naturel*. Kant usa essas duas expressões para distinguir dois níveis distintos do direito, aos quais se associa um terceiro, o *öffentliche Recht* (direito público ou civil). O *natürliche Recht* é o direito do homem natural, do homem no estado de natureza, na condição que Kant designa de direito privado. O *Naturrecht* é o direito natural propriamente dito, vale dizer, um nível metafísico do direito, que transcende o direito positivo e permite julgá-lo. Por fim, o *öffentliche Recht* constitui o direito positivo de um Estado.[97]

    Para que Kant fosse de fato um precursor do positivismo jurídico, diz Renaut, seria necessário que ele sustentasse as seguintes condições: 1) que o direito do homem no estado de natureza não existe por si mesmo e que ele somente adquire caráter jurídico quando incorporado em um sistema de direito público, ou seja, na legislação de um Estado; 2) que ele negasse toda e qualquer consistência e função ao direito natural no sentido da expressão *Naturrecht*, isto é, do direito racional *a priori* deduzido da razão prática pura. Kant efetivamente sustenta a primeira posição; contudo, para considerá-lo um positivista seria necessário que ele sustentasse também a segunda condição, o que ele jamais faz. Ao contrário, ele sujeita ao conceito puro do *Naturrecht* tanto o *natürliche Recht* quanto o direito público, o que configura "um esquema que não tem absolutamente nada de positivista".[98] O *criticismo jurídico*, reivindica Renaut, conserva um "momento de jusnaturalismo" ao reelaborar profundamente a noção de direito natural, conferindo-lhe uma noção metapositiva (ao mesmo tempo que meta-histórica) do justo.[99]

---

[96] Alain Renaut, "Présentation" a *Métaphysique des Moeurs*, vol. I, p. 38.

[97] Renaut, ob. cit., p. 38-39. Renaut reporta-se à Reflexão nº 7084 para mostrar que Kant distinguia as duas concepções. O texto completo dessa reflexão é o seguinte: "Sem ordem civil, todo o direito natural seria uma mera doutrina da virtude, e o chamamos de direito simplesmente enquanto um plano para uma possível lei coativa externa, portanto, para uma ordem civil. Visto que a palavra "direito-natural" (*Naturrecht*) foi utilizada algumas vezes de forma tão ambígua, temos que nos servir de uma sutileza para eludir essa ambigüidade. Distinguimos o direito-natural (*Naturrecht*) do direito natural (*natürlichen Recht*). Aquele é entre os dois o que se opõe ao direito arbitrário e universal; este também se funda na natureza, mas não é nem o direito privado natural nem o direito público" (*Reflexiones*, p. 156-157, Ak 19.244-245).

[98] Idem, ibidem, p. 40.

[99] Idem, ibidem.

Não é certo, porém, que Villey tenha cometido esse equívoco de compreensão acerca do conceito de *Naturrecht* na *Doutrina do Direito*. O conceito de direito natural racional que Villey extrai da obra kantiana apenas para criticá-lo corresponde exatamente à noção de *Naturrecht* exposta na crítica de Renaut: um conjunto de princípios e conceitos *a priori* deduzidos pela razão prática pura que conformam uma metafísica do direito e que o legislador de um Estado deve concretizar se deseja instituir leis positivas justas. Villey não ignora o valor "moral" desse direito natural racional, que Kant considera capaz de guiar o legislador na tarefa de instituir as leis positivas e de proporcionar critérios para descobrir o direito justo e criticar as leis existentes. O problema, assinala o jusfilósofo francês, é que este direito natural racional é endereçado aos filósofos, não aos juristas, e, portanto, não tem validade *jurídica* efetiva e não pode ser aplicado *hic et nunc*. O que Villey denuncia em Kant é que, como o direito natural racional é apenas um padrão indeterminado e vago de crítica filosófica ao direito positivo, ao fim e ao cabo o direito efetivamente aplicável pelos juristas é apenas o direito positivo do Estado, o conjunto de leis vigentes, independentemente da legitimidade da sua origem e da justiça do seu conteúdo.[100]

É por isso que "o belo mas inconsistente" sistema de direito racional de Kant conduz inevitavelmente à instauração do positivismo jurídico. Pode-se levantar a dúvida se realmente Villey compreendeu a verdadeira essência da função que o direito natural racional exerce no sistema de direito de Kant, e há boas razões para pensar que não. Mas definitivamente essas razões não parecem se encontrar em um mero problema de erro de tradução ou uma incompreensão do conceito de direito natural na filosofia jurídica kantiana. A aguda crítica de Villey pode ser refutada por ser inexata ou incorreta, não por ser leviana ou precipitada. Antes de tudo não há razão para assumir desde já a censura implícita que Villey faz ao fato de Kant ter preparado a ascensão do positivismo jurídico. Villey considera que a teoria kantiana do direito fez um grande mal à história do direito; nada impede, contudo, que se aceite a sua tese sem acompanhá-lo no tom de censura.

2.4. A tese da independência da Doutrina do Direito

Uma terceira linha de interpretação da *Doutrina do Direito* que nos interessa agora examinar diz respeito a uma polêmica mantida não en-

---

[100] Curiosamente, ao final da sua exposição Renaut concede que a sua resposta pode não ser suficiente para refutar os argumentos de Villey; cf. ob. cit., p. 41: "Para dizer a verdade, a acusação lançada por M. Villey não perderia, a partir dessas considerações apenas, todo o seu vigor".

tre juristas que apenas ocasionalmente se ocuparam de temas kantianos, como Waldron e Villey, mas entre alguns dos principais especialistas na obra kantiana. Trata-se da chamada "tese da independência" (*Unabhängigkeitsthese*), segundo a qual, muito sinteticamente, a teoria do direito de Kant é conceitualmente independente da sua filosofia moral crítica. A tese da independência foi formulada originalmente por Julius Ebbinghaus e, nas palavras de Georg Geismann, um dos seus mais importantes seguidores, define-se com um significado bastante preciso e agudo: "Die Rechtslehre als solche *kann* nicht nur, sondern sie *muss* sogar in völliger Unabhängigkeit von Kants Lehre von der Autonomie des Willens entwickeln werden" ("A *Doutrina do Direito* como tal não apenas *pode*, como inclusive *deve* ser desenvolvida com total independência da doutrina da autonomia da vontade de Kant").[101]

A interpretação tradicional da *Doutrina do Direito* sempre a considerou, em primeiro lugar, como inteiramente comprometida com o idealismo transcendental composto pela filosofia crítica de Kant, e, em segundo lugar, como uma das duas partes que compõem a sua filosofia moral.[102] Essa interpretação encontra respaldo tanto na própria estrutura geral da *Rechtslehre* quanto em diversas passagens da obra. O seu próprio título – *Princípios Metafísicos da Doutrina do Direito* (*Metaphysische Anfangsgründe der Rechtslehre*) – remete à filosofia transcendental, e a obra como um todo é apresentada como uma tentativa de fundamentar a existência de juízos sintéticos *a priori* no direito, seguindo, portanto, o programa concebido na *Crítica da Razão Pura*. Na introdução geral à *Metafísica dos Costumes*, a doutrina do direito é exposta como a primeira parte da doutrina dos costumes, à qual se exige a apresentação de um sistema metafísico do direito emanado da razão.[103] Na exposição da divisão da metafísica dos costumes (Introdução, III), direito e ética são apresentados como as subdivisões da moral, distinguíveis entre si pela natureza da legislação associada a cada um deles. Por fim, tanto o princípio universal do direito quanto a lei universal do direito, expostos na *Rechtslehre*, foram considerados pela interpretação tradicional como derivações do imperativo cate-

---

[101] Georg Geismann, "Recht und Moral in der Philosophie Kants", p. 3-124 (p. 55 da versão *on line*).

[102] Sem embargo dessa "tradição" interpretativa, José Lamego chama a atenção para o fato de que "foi a esta suposição de que *A Metafísica dos Costumes* seria alheia ao edifício da filosofia crítica que ficou, em primeiro lugar, a dever-se a alegação do seu escasso valor filosófico e, em consequência, a relativamente diminuta atenção que veio a merecer por parte da literatura relativa à obra de Kant"; ver a *Apresentação* à tradução de Lamego da *A Metafísica dos Costumes*, p. XIII. Pode-se recolher como exemplo dessas suspeitas a leitura que Hannah Arendt faz da *Rechtslehre*.

[103] "Die Rechtslehre, als der erste Teil der Sittenlehre ist nun das, wovon ein aus der Vernunft hervongehendes System verlangt wird, welches man die Metaphysik des Rechts nennen könnte" (RR, p. 5) ["À Doutrina do Direito, como primeira parte da Metafísica dos Costumes, o que é pedido é um sistema emanado da razão, aquilo que se poderia chamar de metafísica do direito"; MC, p. 5, Ak 6.205].

górico formulado na *Fundamentação da Metafísica dos Costumes*. A tese da independência procura demonstrar que essas associações são enganosas e que há boas razões para acreditar que a interpretação convencional não corresponde ao programa da teoria do direito de Kant.[104]

Georg Geismann, por exemplo, sustenta que o objeto da filosofia moral são as leis morais que determinam o exercício do livre arbítrio. Existem dois tipos de leis morais, que correspondem a dois tipos diferentes de problemas morais: aquelas que concernem à liberdade interna e as que dizem respeito à liberdade externa. A *Doutrina do Direito* pode ser considerada uma espécie de teoria especial da liberdade, e portanto pertence à teoria geral da liberdade que compõe a filosofia moral ou a metafísica dos costumes de Kant. No entanto, "a Doutrina do Direito *como tal* é independente das implicações *éticas* da filosofia moral".[105] Isso ocorre porque a doutrina do direito se contenta exclusivamente com a legalidade externa das ações humanas, não levando em conta os motivos que levam o agente a agir em conformidade com a legislação jurídica. Legalidade e moralidade de uma ação são conceitos distintos para Kant. A legalidade exige apenas a conformidade externa entre a ação e a legislação, e independe das razões subjetivas (os móbiles) que levaram o agente a agir em conformidade com a lei; a moralidade, ao contrário, exige que o agente aja por respeito ao dever, ou seja, que o próprio móbil da ação seja a conformidade ao dever. Apenas nessa segunda hipótese, uma ação pode ser qualificada de ética. Considerada estritamente, a *legalidade* é a qualificação moral de uma *ação*, enquanto a *moralidade* é a qualificação moral da *máxima* de uma ação: "para o cumprimento de um dever jurídico a legalidade é a condição suficiente. Pode-se pensar em uma qualidade inferior, já que o móbil da ação legal pode ser apenas uma inclinação, e não o respeito pela lei. Ainda assim estaríamos apenas diante da moralidade (da disposição), e não da legalidade (da ação), para a qual o respectivo móbil é completamente irrelevante".[106] Portanto, ainda que pertençam ambas à filosofia moral kantiana, doutrina do direito e doutrina da ética são campos teóricos independentes entre si e correspondem a problemas morais distintos.

---

[104] Para uma análise comparativa entre essas duas teses, ver Robert Pippin, "Mine and thine? The Kantian State", p. 416-446. Pippin denomina os defensores da conexão entre direito e moral de "derivacionistas" e os proponentes da tese da independência de "separacionistas".

[105] Geismann, ob. cit., p. 103 (versão *on line*). No original: "Aber *als solche* ist die Rechtslehre von den *ethischen* Implikationen der Moralphilosophie unabhängig".

[106] Idem, ibidem, p. 105 (versao *on line*). No original: "Für die Erfüllung von Rechtspflichten ist Legalität auch die hinreichende Bedingung. Mag man an mindere Qualität denken, wenn die Triebfeder der legalen Handlung eine Neigung und nicht die Achtung vor der Gesetz ist. Doch dies tangiert eben nur die Moralität (der Gesinnung), nicht aber die Legalität (der Handlung), für deren eigene Qualität die jeweilige Triebfeder völlig irrelevant ist".

Allen Wood, outro destacado defensor da tese da independência, afirma que historicamente os intérpretes de Kant estudaram a sua teoria do direito inspirados pela *Fundamentação da Metafísica dos Costumes* e pela *Crítica da Razão Prática*, sem dar a devida atenção ao fato de que "o território coberto" pela *Doutrina do Direito* é diferente do que foi exposto naquelas duas obras.[107] Assim como Geismann, Wood fundamenta a tese da independência na distinção traçada por Kant entre os incentivos para a ação no âmbito da ética e no domínio do direito. Enquanto na ética o dever tem que ser o fundamento ou o móbil da ação para que ela possa ser validada como uma ação ética, no direito basta que a ação corresponda externamente ao comando de uma lei pública, independentemente das razões ou motivos que levaram o agente a atuar de acordo com a lei. Embora possamos atribuir um valor moral ao fato de que determinado agente paga seus débitos movido pela consciência do dever, do ponto de vista do direito os motivos internos da ação são indiferentes, já que uma ação é juridicamente legítima se cumpre a conduta ordenada por uma lei externa, qualquer que tenha sido o móbil do agente para realizar a ação. Assim, "deveres jurídicos são aqueles cujo conceito não contém nenhum incentivo específico para cumpri-los, enquanto deveres éticos são aqueles conectados no seu conceito com o incentivo objetivo do dever ou da legalidade racional".[108] Conquanto Kant refira, às vezes, a existência de incentivos morais para respeitar a liberdade externa dos outros, tais incentivos nada têm a ver com o *princípio* dos deveres jurídicos. Por isso,

> uma sociedade civil baseada no direito não exige de seus membros nenhum compromisso moral de respeitar a liberdade legítima uns dos outros. Ela exige apenas uma legislação externa respaldada por (*backed by*) sanções coercitivas suficientes para garantir que os direitos não sejam violados.[109]

Wood admite que, no contexto da *Metafísica dos Costumes*, tanto o direito quanto a ética pertencem à filosofia prática ou moral. Na medida em que Kant considera os deveres jurídicos não apenas como jurídicos, mas *também* como deveres éticos, pode-se mostrar que existem razões morais para respeitar a liberdade externa e as instituições que a garantem através da coerção externa, o que levaria à conclusão de que a teoria kantiana do direito pode ser derivada do princípio da moralidade. "Considerados simplesmente como deveres jurídicos, contudo, eles pertencem a um ramo da metafísica dos costumes que é *inteiramente independente* da ética e do seu princípio supremo".[110] A conformidade ao direito e às instituições jurídicas pode ser totalmente motivada por considerações "antikantia-

---

[107] Allen Wood, "The Final Form of Kant's Practical Philosophy", p. 5-10.
[108] Idem, ibidem, p. 8.
[109] Idem, ibidem.
[110] Idem, ibidem, p. 9.

nas", como o medo das consequências do descumprimento da lei, o autointeresse, a busca pela paz ou a obediência à vontade divina, o que daria à concepção kantiana de direito a vantagem de poder acomodar politicamente sob suas instituições – desde que sejam suficientemente justas – as pessoas que não subscrevem a sua filosofia moral ou mesmo qualquer outra. Para Wood, essa vantagem seria desperdiçada pelos kantianos que insistem em fundar o princípio do direito na lei moral.[111] Kant pensa que uma "comunidade ética" pode ser constituída apenas sob uma legislação ética, jamais sob leis do direito que possam ser coercitivamente impostas. Uma "verdadeira comunidade envolve a busca coletiva de fins postos em comum com os outros". Por consequência, o estabelecimento de uma comunidade ética e o uso da coerção associada ao direito "são mutuamente excludentes":

> Em um Estado político, as pessoas estão sujeitas a leis coercitivas comuns que regulam as suas condutas externas. Por essa razão, o Estado não pode ser uma instituição em que as pessoas compartilhem fins ou vivam uma vida em comum. A sua função é apenas proteger a liberdade externa dos indivíduos e manter as condições gerais da ordem pública que tornam essa proteção possível.[112]

Segundo este autor, para Kant a razão exige que haja uma sociedade civil na qual a liberdade externa dos seus membros esteja assegurada por instituições que exerçam a coação externa capaz de garantir os direitos mesmo de seres racionais que sejam desprovidos de virtudes morais. Por isso, um sistema de direitos não pode fundar-se sobre as virtudes morais nem de seus membros, nem daqueles que legislam ou governam o Estado.[113] Embora incite a humanidade a instituir repúblicas representativas com separação de poderes e garantia de direitos individuais, Kant sabe que os governantes são imperfeitos e eventualmente corruptos, de modo que nenhum modelo perfeito de Estado de direito pode ser atingido. No entanto, como "os comandos do direito não são editados por razões morais, mas por uma autoridade com poderes coercitivos que garantam que as pessoas lhe obedecerão",[114] e "como a esfera do direito não existe para promover a moralidade, mas apenas para garantir a liberdade externa",[115]

---

[111] Allen Wood, ob. cit., p. 9

[112] Idem, *Kant's Ethical Thought*, p. 315. Wood, no entanto, ressalta que o fato de que o Estado não pode unir as pessoas em uma vida comum não significa que Kant corresponda à caricatura comunitarista do "individualista liberal", já que ele pensa que a natureza social do homem dá a ele um sentido profundo de comunidade e uma vocação como seres morais que não podem ser satisfeitos fora da vida em comum. A nossa necessidade natural para a vida em comum com outras pessoas torna a amizade indispensável para nós, assim como nossa vocação moral torna um dever ético pertencer a uma comunidade ética, vincular-se a uma igreja e praticar a religião (ob. cit., p. 316).

[113] Idem, ibidem, p. 323.

[114] Idem, ibidem, p. 322.

[115] Idem, ibidem.

a eficácia da autoridade política no cumprimento dessa função é mais importante do que a sua moralidade.

Outro importante defensor da tese da independência é o filósofo alemão Thomas Pogge.[116] Em seu ensaio *Is Kant's Rechtslehre a 'Comprehensive Liberalism'?*,[117] Pogge procura refutar o argumento de John Raws de que a filosofia política de Kant equivale a uma doutrina compreensiva da moralidade pública, ou seja, uma forma específica de liberalismo político que é incompatível com o fato do pluralismo nas democracias constitucionais modernas, e, portanto, não serve como teoria da justiça para as sociedades contemporâneas. A estratégia de Pogge é demonstrar que o liberalismo proposto por Kant na *Doutrina do Direito* não corresponde a uma concepção compreensiva de justiça e não pressupõe nem a sua filosofia moral, nem o idealismo transcendental.[118] Assim, ele embarca em uma argumentação que o levará a respaldar a tese de que a *Doutrina do Direito* é conceitualmente independente da moral na filosofia kantiana.

Como veremos mais detalhadamente no capítulo seguinte, Kant define o conceito de direito como "o conjunto das condições sob as quais o arbítrio de um pode coexistir com o arbítrio do outro de acordo com uma lei universal da liberdade".[119] Analisando esse conceito, Pogge afirma que, para garantir a convivência mútua dos arbítrios, uma lei universal precisará incluir uma variedade de restrições e deve assim ser pensada como um sistema legal (*body of law*) aplicável para todas as pessoas, especificando o que elas podem, devem ou não devem fazer. Além disso, uma lei universal só é capaz de promover a coexistência das liberdades se for *efetiva*, e as condições da sua *efetividade* incluem a existência de "mecanismos institucionais por meio dos quais a lei universal é *formulada, anunciada, autoritativamente interpretada* e *aplicada* e, finalmente, *coercitivamente*

---

[116] Podem ser lembrados, ainda, Marcus Willashek, "Which Imperatives for Right? On the Non-Prescriptive Character of Juridical Laws", p. 65-87, e José N. Heck, *Da Razão Prática ao Kant Tardio* e *Direito e Moral: Duas Lições sobre Kant*.

[117] Thomas Pogge, "Is Kant's *Rechtslehre* a 'Comprehensive Liberalism'?", p. 133-158.

[118] Idem, ibidem, p. 135.

[119] Pogge traduz a expressão alemã *Willkür* por *choice*, no sentido de liberdade de escolha. No texto, preferimos manter o vocábulo *arbítrio*, o mais usado nas traduções da obra kantiana para a língua portuguesa. No entanto, no resto do texto, usaremos eventualmente o termo liberdade de escolha com o mesmo sentido de arbítrio. O conceito kantiano de arbítrio encontra-se explicitado na "Introdução à Metafísica dos Costumes" da seguinte forma: "Das Begehrungsvermögen nach Begriffen, sofern der Bestimmungsgrund desselben zur Handlung in ihm selbst, nicht in dem Objekt angetroffen wird, heisst ein Vermögen nach Belieben zu tun oder zu lassen. Sofern es mit dem Bewusstsein des Vermögen seiner Handlung zur Hervorbringung des Objekt verbunden ist, heisst Willkür" (RL, 16, 212). Em português: "A faculdade de desejar segundo conceitos, na medida em que o princípio que a determina para a ação se encontra no objeto, chama-se faculdade discricionária para fazer ou deixar de fazer. Na medida em que está vinculada à consciência da faculdade de com sua ação produzir o objeto, chama-se arbítrio" (MC, p. 18). O arbítrio (*Willkür*) distingue-se da vontade (*Wille*), que é a faculdade de desejar relacionada não diretamente com a ação, como ocorre com o arbítrio, mas com o fundamento de determinação do arbítrio para a ação (ver obra e página citadas).

imposta (enforced)" [grifei].¹²⁰ Assim, uma concretização (*instantiation*) particular do direito (*Recht*) deve ser composta por dois elementos: "um sistema legal (*body of law*) que delimite o domínio da liberdade externa de cada um e mecanismos institucionais que tornem efetivo esse sistema".¹²¹ No entanto, para Kant o respeito pelo direito refere-se tão somente à liberdade externa e às relações práticas entre as pessoas, na medida em que suas ações podem influenciar a liberdade externa das outras. Embora "seja desejável que as ações das pessoas devam harmonizar-se com os seus próprios desejos, necessidades e fins, assim como com os dos outros", esta é uma questão que interessa somente à ética, não ao direito, que lida apenas com as condições formais de garantia da liberdade externa.¹²² Para Pogge,

> [o] direito (*Recht*) é concretizado (*instantiated*) quando as pessoas coexistem sob uma ordem legal efetiva que delimita e garante domínios mutuamente seguros da liberdade externa [...] Uma ordem legal completa e efetiva, ainda que sem a igualdade perante a lei, concretiza (*instantiates*) o direito (*Recht*) ou uma condição jurídica. Tudo o que é exigido para tal condição é que haja um corpo efetivo de leis públicas estabelecidas que restrinja a liberdade de cada pessoa de forma previsível e, assim, delimite e assegure previsivelmente a liberdade externa restringida de cada pessoa.¹²³

O princípio universal do direito de Kant, que também será examinado no próximo capítulo, afirma que "uma ação é conforme ao direito quando permite ou quando a sua máxima permite fazer coexistir a liberdade do arbítrio de cada um com a liberdade de todos segundo uma lei universal". Pogge sustenta que, a partir da análise do seu conceito de direito, pode-se concluir que, para Kant, quando o direito (*Recht*) está concretizado, uma ação é conforme ao direito quando ela está de acordo com a lei existente, e vice-versa; quando o direito (*Recht*) não está concretizado, uma ação é conforme ao direito se e somente se a sua máxima é consistente com uma possível lei universal, ou seja, com uma lei universal que antecipe uma possível concretização do direito (*Recht*).¹²⁴ Quando o direito está concretizado, as opções de conduta das pessoas estão reguladas por restrições bem definidas na sua liberdade externa, de modo que elas podem saber quando está justificado que as suas ações sejam obstruídas por outras pessoas e quando as suas próprias ações não podem justificadamente ser restringidas. Por consequência, as pessoas tendem a se beneficiar do estabelecimento e da preservação de uma condição jurídica em contraste com uma condição não jurídica precisamente porque é

---

¹²⁰ Pogge, ob. cit., p. 138.
¹²¹ Idem, ibidem, p. 138.
¹²² Idem, ibidem, p. 139.
¹²³ Idem, ibidem.
¹²⁴ Idem, ibidem, p. 143.

sob um sistema legal efetivo que elas obtêm a melhor garantia da sua liberdade externa. Por isso, conclui Pogge, Kant é o liberal *freestanding* por excelência, pois "ele baseia o estabelecimento e a manutenção do direito (*Recht*) exclusivamente no interesse fundamental *a priori* das pessoas na liberdade externa".[125]

Os argumentos a favor da concretização do direito podem fundamentar-se em diversas concepções compreensivas de justiça, política ou moralidade pública. Pode-se lutar pela instituição de um sistema legal efetivo por razões morais, por autointeresse ou por prudência, por exemplo, ou qualquer outra razão puramente egoísta. Ou seja, o direito deve ser concretizado tão somente para preservar a liberdade externa das pessoas, independentemente das razões que podem levá-las a preferir esta condição, inclusive das razões morais que podem recomendar que assim se faça. Por isso, os argumentos kantianos para a concretização do direito e de uma república são independentes da moralidade kantiana, ainda que essa moralidade possa adicionar novas razões para apoiar a instituição de um sistema legal republicano. Pogge nada vê de negativo nessa concepção *freestanding* de direito:

> Mas não há nenhuma razão para lamentar o fato de que o direito (*Recht*) e uma constituição republicana possam ser instituídos sem motivos morais. Pelo contrário! Esse fato torna muito mais fácil estabelecer e manter uma condição jurídica esclarecida, a qual, por seu turno, facilita muito o desenvolvimento de nossas disposições morais.[126]

É certo que a tese da independência entre a doutrina do direito e o idealismo transcendental e a filosofia moral pertence a uma problemática própria da interpretação da obra filosófica de Kant, e por isso não se pode aplicar diretamente as conclusões desse debate específico às temáticas da filosofia analítica do direito desenvolvidas sobretudo ao longo das últimas décadas do século XX. Não se pode dizer, por exemplo, que a *Unabhängigkeitsthese* corresponda à tese da separação conceitual entre direito e moral proposta por H.L.A. Hart em *O Conceito de Direito*, que pautou praticamente todo o debate jusfilosófico a partir da década de sessenta do século passado e representa ainda hoje o núcleo duro do positivismo jurídico moderno. Ainda assim, a afirmação de que a filosofia do direito de Kant é conceitualmente independente da sua filosofia moral tem ingredientes suficientes para sugerir que, a se confirmar a tese, Kant pode realmente ter sido um precursor conspícuo do positivismo jurídico; mais, pode-se pensar que a indiferença da filosofia analítica do direito com relação a sua obra pode ter desperdiçado uma importante fonte de inspiração teórica.

---

[125] Pogge, ob. cit., p. 149.
[126] Idem, ibidem, p. 151.

2.5. Considerações finais

Como se vê, Waldron não cometeu nenhuma heresia ao insinuar que Kant pode ter sido um dos pais fundadores do moderno positivismo jurídico. Tanto quanto Waldron, leituras críticas como a de Villey e interpretações altamente especializadas como as dos estudiosos da filosofia kantiana defensores da tese da independência revelam que existem boas razões para pensar que Kant compreendia o direito como uma instância autônoma em relação à moralidade; que ele entendia que o direito deveria ser estabelecido mediante um sistema de legislação externa pública respaldada pela ameaça de coação; que um sistema de legislação pública respaldada pela coação é necessário para superar o desacordo que se torna inevitável entre os indivíduos, sempre que não existe um mecanismo para coordenar as ações praticadas no exercício da liberdade externa individual; e que a única forma de garantir o exercício mútuo e efetivo da liberdade externa dos indivíduos é a instituição de uma constituição republicana baseada em uma legislação externa, ou seja, no direito positivo.

Esse conjunto de proposições que emerge das leituras que fizemos até agora sem dúvida coloca em xeque a tradicional interpretação de que Kant é um dos grandes filósofos do jusnaturalismo moderno, talvez, como diz John Finnis, o autor da "mais sofisticada exposição da teoria moderna do direito natural".[127] Ainda assim, é recomendável que se investigue com mais cuidado a hipótese de Waldron, de que na verdade ele elaborou uma teoria paradigmática do positivismo jurídico. Com efeito, nenhuma leitura da filosofia política e jurídica kantiana pode desconhecer o imenso papel desempenhado pelo direito natural racional na obra de Kant. Mesmo que, ao final da investigação, concluamos com Waldron que o filósofo alemão efetivamente fundou um sistema de direito substancialmente compatível com as teses centrais do positivismo jurídico, dificilmente poderemos infirmar o argumento de Finnis quanto ao lugar de honra que a teoria kantiana do direito natural ocupa no jusnaturalismo moderno.

Por conseguinte, provavelmente nossa mais importante tarefa será a de investigar em que medida a filosofia política e jurídica kantiana pode conciliar uma defesa da autoridade e da dignidade do direito positivo – e com isso se candidatar ao *status* de fundadora do positivismo jurídico moderno – com uma teoria do direito natural que funcione como fundamento racional necessário, objetivo e universal de qualquer sistema jurídico concreto. Se essa conciliação for de algum modo possível, então a tese de Waldron pode ser apenas parcialmente acolhida. Por isso, o cam-

---
[127] John Finnis, "Natural Law: The Classical Tradition", p. 5.

po de pesquisa deste trabalho tem como eixo de referência os argumentos que Jeremy Waldron apresentou sobre a filosofia política de Kant em *A Dignidade da Legislação* e a relação desses argumentos com os propósitos gerais da teoria da direito centrada na legislação defendida por Waldron nas obras mencionadas acima. A abordagem de Michel Villey e a tese da independência expostas neste capítulo terão apenas um papel ancilar na investigação sobre as teses de Waldrom. De qualquer modo, não é possível avançar para essa investigação sem conhecer previamente o sistema de direito que Kant desenvolveu nas obras publicadas nas suas duas últimas décadas de vida, culminando com a publicação da *Doutrina do Direito* em 1797, quando ele contava já com 73 anos de idade. O próximo capítulo cuida justamente de expor as bases desse sistema.

3. O sistema de direito de Kant

3.1. Introdução

Os estudiosos contemporâneos da filosofia do direito de Kant frequentemente chamam a atenção para o equívoco comum de estudar as concepções jurídicas kantianas a partir exclusiva ou preferencialmente da *Fundamentação da Metafísica dos Costumes* e da *Crítica da Razão Prática*, ignorando ou reduzindo a importância dos escritos de filosofia política e jurídica e da *Doutrina do Direito*. Como já vimos, Hannah Arendt chegou ao extremo de dizer que a verdadeira filosofia política de Kant encontra-se na *Crítica da Faculdade do Juízo*, de 1790, e não na *Rechtslehre* ou em qualquer de seus outros textos políticos. Contudo, independentemente da importância que conceitos como idealismo transcendental, imperativo categórico, fórmula da lei universal, fórmula da humanidade e princípio supremo da moralidade possam ter na filosofia jurídica kantiana, o fato é que na *Doutrina do Direito*, Kant sistematizou uma filosofia do direito que vinha sendo elaborada em seus próprios escritos pelo menos desde a publicação da primeira *Crítica*, em 1781. E apesar da linguagem escolástica e dos próprios problemas de edição do livro referidos acima, é principalmente na *Doutrina do Direito* que o estudioso deve se concentrar se pretende compreender as ideias de Kant sobre o direito.

Entretanto, a verdadeira grandeza e profundidade da *Rechtslehre* também não pode ser percebida por quem pretende captar a filosofia jurídica kantiana exclusivamente a partir do seu próprio texto. Em primeiro lugar, porque evidentemente não é possível isolar completamente as ideias de Kant sobre o direito do restante do seu projeto filosófico crítico, sobretudo da sua filosofia moral.[128] Mesmo os defensores da tese da in-

---

[128] Um caso exemplar de exposição da filosofia jurídica kantiana a partir dos pressupostos gerais do idealismo transcendental encontra-se em Jeffrie Murphy, *Kant: The Philosophy of Right*. Mais recentemente, Tatiana Patrone, em *How Kant's Conception of Reason Implies a Liberal Politics: An Interpretation*

dependência da doutrina do direito concordariam que, se não há dependência, ao menos deve haver compatibilidade sistemática entre a teoria jurídica e o restante da filosofia kantiana.[129] Especialmente a *Rechtslehre* se ocupa de tentar provar que é possível fundamentar a existência de conceitos sintéticos *a priori* do direito, empreendimento que não pode ser compreendido fora do programa do idealismo transcendental.[130] Por outro lado, também é impossível captar o significado da liberdade externa, que exerce um papel protagonista na filosofia jurídica de Kant, sem dominar razoavelmente a trajetória que o conceito geral de liberdade cumpriu no desenvolvimento da filosofia crítica desde a sua formulação na terceira antinomia da *Crítica da Razão Pura*.[131] Em segundo lugar, porque a *Doutrina do Direito* é o ponto culminante e o coroamento de um lento mas vigoroso processo de elaboração da sua filosofia jurídica e política. Conforme registramos antes e veremos a seguir, já antes da década de elaboração da filosofia crítica, Kant antecipava elementos centrais das suas ideias sobre direito e política, que no entanto ficaram obscurecidos, no âmbito da sua filosofia moral, pela omissão desses temas nas duas grandes obras da "década crítica" dedicadas à moralidade, a *Fundamentação* e a segunda *Crítica*. Mas a década seguinte será marcada justamente pela tentativa de elaborar elementos de uma filosofia política e, principalmente, uma doutrina sistemática do direito. Uma análise em conjunto das obras da década de 1780 e das obras políticas, jurídicas e morais da década de 1790 que precedem a *Doutrina do Direito*, e mesmo as que a seguem, como *O Conflito das Faculdades*, revela que Kant trabalhou arduamente no aperfeiçoamento de ideias e conceitos e na sistematização da sua teoria do direito até o ponto em que ela pudesse atingir um nível adequado de unidade e coerência, algo que ele próprio entendia como necessário para qualquer sistema teórico.

O estudioso da trajetória da filosofia jurídica kantiana não tem dificuldades em perceber que há nela um fio condutor: a consolidação doutrinária da sua ideia de *império do direito* na organização política de uma sociedade civil. Esse fio condutor surpreenderá o leitor de Kant desde a

---

of the 'Doctrine of Right' (Rechtslehre), procura mostrar que a filosofia do direito de Kant é incompreensível sem a noção de ideias ou conceitos *a priori* da razão expostos na *Crítica da Razão Pura*.

[129] Thomas Pogge, por exemplo, que vimos advogar a tese da independência, afirma "ser verdade que Kant procura estabelecer não meramente a consistência da sua *Rechtslehre* com o resto da sua filosofia, mas também a sua condição singular como a única *Rechtslehre* firmemente fundada na moralidade. Desse modo ele pretende a mostrar que aqueles que aceitam sua filosofia moral devem também aceitar sua *Rechtslehre*. Mas disso não segue que ele pretende mostrar que todo aquele que aceita sua *Rechtslehre* deve também aceitar sua filosofia moral"; Pogge, ob. cit., p. 150.

[130] Zeljko Loparic, "O problema fundamental da semântica jurídica de Kant", p. 273-313.

[131] Ver, a respeito, Henry Allison, *Kant's Theory of Freedom*, e Lewis White Beck, *A Comementary on Kant's Critique of Practical Reason*; ainda, Joãosinho Beckenkamp, "O lugar sistemático do conceito de liberdade na filosofia crítica kantiana".

já mencionada quinta proposição de *Idéia de uma História Universal de um Ponto de Vista Cosmopolita*, em 1784, até a segunda parte de *O Conflito das Faculdades*, de 1798, mas exerce papel decisivo em *Teoria e Prática* (1793) e em *À Paz Perpétua* (1795) e atinge seu ponto culminante na *Doutrina do Direito*. É somente com o estudo do conjunto da sua obra jurídica e filosófica que se pode compreender que a maior contribuição de Kant ao direito foi a formulação de uma teoria sofisticada e consistente do Estado de direito baseada em uma ideia racional de constituição republicana, que deve dotar a sociedade civil de instituições políticas e jurídicas capazes de assegurar um padrão de liberdade externa igual para todos e aproximar permanentemente a comunidade da paz civil. Para Kant, organizar uma sociedade política equivale a submetê-la ao direito, ou seja, a estabelecer as condições adequadas para a garantia da liberdade externa recíproca das pessoas por meio de uma legislação pública dotada da característica que ele atribui tanto à ideia de leis da natureza quanto à de leis da liberdade, isto é, validade necessária, objetiva e universal.[132]

Assim, uma comunidade política submetida ao império do direito é uma comunidade de pessoas submetidas a uma legislação externa que restringe a liberdade de cada um de acordo com condições que permitam fazê-la coexistir com a liberdade de todos os outros segundo uma lei universal da liberdade. O direito não faz da sociedade civil uma comunidade ética, porque ele não interfere nos fins, necessidades e desejos das pessoas. É bem verdade que uma comunidade política submetida ao império do direito, o que equivale a uma comunidade jurídica, de modo algum exclui a existência de uma comunidade ética entre os membros da sociedade civil. Uma "associação dos homens sob leis das virtudes" é uma "comunidade ética" que "pode existir em plena comunidade política e, inclusive, consistir em todos os membros dela".[133] No entanto, a comunidade jurídica não pode forçar seus cidadãos a entrar em uma comunidade ética, seja porque a instituição desta depende da liberdade da vontade de cada membro, seja porque, dependendo apenas de uma legislação interna, não pode constranger a liberdade externa de ninguém por meio da coação pública, tal como ocorre com o direito.[134] Em uma sociedade onde a liberdade esteja bem ordenada, devem coexistir harmonicamente uma comunidade política sob leis jurídicas externas e uma comunidade ética sob leis da virtude. Mas ao direito cabe instituir tão somente a primeira, que está sujeita ao princípio da legalidade; não lhe cabe promover os fins

---

[132] Katrin Flikschuh, *Kant and modern political philosophy*, p. 75; ver também Mary Gregor, "Kant on 'Natural Rights'", p. 61.

[133] Kant, *A Religião nos Limites da Simples Razão*, p. 100-101.

[134] Idem, ibidem, p. 102.

éticos individuais dos membros da sociedade política, que neste aspecto estão sujeitos apenas ao princípio da moralidade interna.[135]

Toda a estrutura do sistema de direito que Kant elaborará durante as duas últimas décadas da sua vida está fundado sobre esse corte metodológico. A construção da doutrina do direito é gradual e mesmo lenta, mas firme e linear. A lógica interna desse processo construtivo é a da assegurar à doutrina do direito autonomia enquanto doutrina sistemática de uma ideia da razão, a ideia *a priori* do direito. A extensão dessa autonomia doutrinária, sobretudo em relação à sua filosofia moral, é algo que veremos oportunamente. Neste capítulo, vamos expor organicamente o sistema kantiano de direito, seguindo a ordem cronológica da sua elaboração para finalizar com a análise específica da sua obra magna, a *Rechtslehre*.

3.2. A década crítica

No primeiro capítulo, vimos que Kant projetava escrever uma metafísica dos costumes ao menos desde 1768. Portanto, foram necessárias três décadas para que o projeto fosse completado com a publicação da *Doutrina do Direito*, em fevereiro de 1797, e da *Doutrina da Virtude*, em agosto de 1797. Somente após a morte de Kant, as duas obras foram publicadas em um único volume, intitulado *A Metafísica dos Costumes*. Não há elementos históricos para dizer se desde o princípio Kant efetivamente pretendia incluir nessa obra uma doutrina do direito, ao lado de uma doutrina da ética. A dúvida é pertinente na medida em que se considera a *Fundamentação da Metafísica dos Costumes* e mesmo a *Crítica da Razão Prática* como trabalhos preparatórios no âmbito da filosofia moral crítica para uma posterior apresentação de uma metafísica dos costumes. De fato, nenhuma dessas obras supostamente preparatórias introduz os conceitos e ideias que mais tarde serão expostos na doutrina do direito. Na verdade, uma metafísica do direito é ignorada tanto na *Fundamentação* quanto na segunda *Crítica*, que se ocupam exclusivamente em determinar os fundamentos da filosofia moral para as ações individuais das pessoas e são indiferentes ao direito e à política.[136]

Esse fato chama a atenção ao menos por duas razões. Primeiro, porque os conteúdos filosóficos desenvolvidos nessas duas obras repercutiram amplamente na *Doutrina da Virtude*, de modo que se pode dizer que

---
[135] Kant, R, p. 104-105.
[136] Nesse sentido, por exemplo, Otfried Höffe, *Kant's Cosmopolitan Theory of Law and Peace*, p. 82.

de fato ambas foram "preparatórias" para a exposição de um trabalho doutrinário sobre a ética segundo os princípios formulados na filosofia crítica da moralidade; entretanto, essa mesma afirmação não pode ser estendida para uma relação entre aquelas obras e a *Doutrina do Direito*. Segundo, porque tanto a *Fundamentação* quanto a segunda *Crítica* aparecem já muito depois das primeiras notícias sobre a intenção de escrever uma metafísica dos costumes. Poder-se-ia cogitar que, se Kant projetava incluir uma doutrina do direito no projeto, ele haveria de ter lançado nestas duas obras da década de oitenta ao menos alguns dos temas que serão centrais na estrutura da *Rechtslehre*, o que não aconteceu. Sem embargo, conforme o relato de Bernd Ludwig, já no começo da década de noventa, o círculo de eruditos e leitores de Kant sabia que ele "presentearia o público com uma obra sobre moral e direito natural (*Naturrecht*)", e a própria demora na publicação da obra poderia ser atribuída à insatisfação de Kant com relação a sua abordagem do direito de propriedade.[137] Assim, é certo que, ao menos depois da publicação das obras críticas, quando se voltou à preparação da *Metafísica dos Costumes*, Kant já havia decidido incluir uma doutrina do direito ao lado de uma doutrina da virtude. De qualquer modo, a formulação de um sistema de direito já havia iniciado bem antes, como revelam as suas *Reflexionen zur Moralphilosophie* e algumas poucas mas importantes passagens da primeira *Crítica*.

Como se sabe, a *Crítica da Razão Pura* é dedicada à filosofia especulativa como propedêutica de uma metafísica da natureza e da matemática, e portanto não tematiza a filosofia moral como propedêutica de uma metafísica dos costumes,[138] ainda que alguns aspectos posteriormente aprofundados na *Fundamentação* e na *Crítica da Razão Prática* sejam introduzidos no exame da terceira antinomia e na Doutrina Transcendental do Método. Nessas passagens, Kant trata de temas de um campo da filosofia prática que mais tarde será ocupado propriamente pela ética. No entanto, mesmo nela vamos encontrar a afirmação de que o mundo moral tem realidade objetiva, "não como se ela [a moral] se reportasse a um objeto da intuição sensível (não podemos conceber objetos desse gênero), mas na

---

[137] Bernd Ludwig, ob. cit., p. XVIII e XIX. Ludwig transcreve o seguinte trecho de uma carta escrita por Friedrich Schiller em 1794: "Die Abteilung des Eigentumsrechts ist jetzt ein Punkt, der sehr viele denkende Köpfe beschäftigt, und von Kanten selbst höre ich, sollen wir in seiner Metaphysik der Sitten etwas daüruber zu erwarten haben. Zugleich höre ich über, dass er mit seinen Ideen darüber nicht mehr zufrieden ist, und deswegen die Herausgabe vor der Hand unterlassen habe" ("A parte do direito de propriedade é ainda um ponto que preocupa muitas mentes pensantes, e do próprio Kant eu escutei que nós deveríamos esperar algo sobre essa questão na sua Metafísica dos Costumes; mas ele não está ainda satisfeito com suas ideias sobre ela, e por isso a edição da obra será retardada"). Conforme destaca o próprio Ludwig, no *Nachschrift* de Vigilantius, que corresponde às aulas que Kant ministrou sob o título de "A Metafísica dos Costumes" nos anos de 1793 e 1794, não encontramos nada ainda que possa ser considerado como preparatório da doutrina da propriedade que posteriormente exercerá um papel fundamental na *Rechtslehre*.

[138] CRP, p. 662 (A841, B869).

medida em que se reporta ao mundo sensível, considerado somente como um objeto da razão pura no seu uso prático e a um *corpus misticum* dos seres racionais que nele se encontram, na medida em que o livre arbítrio de cada um, sob o império das leis morais, tem em si uma unidade sistemática completa tanto consigo mesmo, *como com a liberdade de qualquer outro*" [grifei];[139] ou seja, as leis morais aplicam-se tanto à formação das máximas subjetivas da conduta moral, e, portanto, ao domínio da ética, quanto ao exercício da liberdade externa em relação à liberdade de todos os outros, e, portanto, àquilo que mais tarde pertencerá exclusivamente ao domínio do direito.

Conceitos e ideias referentes ao domínio do direito aparecerão em vários momentos da primeira *Crítica*. Nenhuma é tão significativa quanto a passagem transcrita no primeiro capítulo, na qual Kant afirma que "uma constituição, que tenha por finalidade a *máxima liberdade humana*, segundo leis que permitam que *a liberdade de cada um possa coexistir com a de todos os outros* (não a constituição da maior felicidade possível, pois esta será a natural consequência), é pelo menos uma ideia necessária, que deverá servir de fundamento não só a todo o primeiro projeto de constituição política, mas também a todas as leis".[140] Temos aqui a antecipação da enorme importância que a ideia de *império do direito* sob uma constituição republicana exercerá no pensamento político e jurídico kantiano ao longo das duas décadas vindouras.[141] Logo depois desse trecho, Kant dirá que, embora essa ideia de constituição republicana

> não possa nunca realizar-se, é todavia perfeitamente justa a idéia que apresenta este *maximum* como um arquétipo para, em vista dele, a constituição legal dos homens se aproximar cada vez mais da perfeição possível. Pois seja qual for o grau mais elevado em que a humanidade deverá parar e a grandeza do intervalo que necessariamente separa a idéia da sua realização, é o que ninguém pode nem deve determinar, precisamente porque se trata de liberdade, e esta pode exceder todo o limite que se queira atribuir.[142]

---

[139] CRP, p. 641-642 (A808, B836).

[140] CRP, p. 310 (A316, B373).

[141] Não vamos apreciar neste trabalho o decisivo conceito de *ideia da razão*, que permeia toda a obra filosófica de Kant até a *Metafísica dos Costumes*. Como se sabe, é na *Crítica da Razão Pura* que ele é exposto e explicado extensamente. Nessa obra, Kant afirma: "Por idéia eu entendo um conceito necessário da razão, em relação ao qual nenhum objeto correspondente pode ser dado nos sentidos. Os conceitos puros da razão são portanto idéias transcendentais. São conceitos da razão pura, porque consideram todo o conhecimento da experiência determinado por uma totalidade absoluta de condições. Eles não são inventados arbitrariamente, mas dados pela própria natureza da razão, e portanto se relacionam necessariamente com o uso total do entendimento. Finalmente, são transcendentes e ultrapassam os limites de toda a experiência, na qual nenhum objeto adequado à idéia transcendental pode ocorrer" (A327, B384). Para uma análise do uso do conceito de ideias da razão na *Metafísica dos Costumes*, remetemos o leitor à excelente exposição de Tatiana Patrone, *How Kant's Conception of Reason Implies a Liberal Politics: An Interpretation of the 'Doctrine of Right' (Rechtslehre)*, p. 107-112.

[142] CRP, p. 311 (A317, B374).

Nessa passagem está sintetizado luminosamente todo o projeto filosófico kantiano para o direito e a política. Kant procurará desenvolver minuciosa e completamente todos os seus aspectos nos anos seguintes, mas o seu princípio fundamental está contido na afirmação de que a ideia metafísica de direito consiste em instituir uma constituição que propicie as condições para que a máxima liberdade de cada um possa coexistir com a liberdade de todos os outros segundo uma lei universal da liberdade, e que essa ideia da razão, que pode ser demonstrada como válida *a priori*, deve ser realizada ou posta em prática por sociedades políticas concretas, que devem tê-la como um ideal ou um arquétipo do qual devem aproximar-se sempre mais, ainda que jamais possam realizá-la plenamente. Esse princípio filosófico fundamental será retomado inúmeras vezes e levado às últimas consequências com o pleno desenvolvimento da filosofia da história de Kant.

Outra passagem importante da *Crítica da Razão Pura* na construção da filosofia jurídica e política kantiana reside na sua aceitação da concepção de estado de natureza de Thomas Hobbes. Ao comparar a crítica da razão pura a um tribunal que decidirá autoritativamente os conflitos intermináveis da razão dogmática, que sem essa crítica vivem em uma espécie de estado de natureza, Kant diz que, "tal como Hobbes afirma, o estado de natureza é um estado de violência e de prepotência e devemos necessariamente abandoná-lo para nos submetermos à coação das leis, que não limita a nossa liberdade senão para que possa conciliar-se com a liberdade de qualquer outro e, desse modo, com o bem comum".[143] Muito embora mais tarde Kant tenha proposto uma solução diferente para o problema do fundamento da autoridade política em relação à solução hobbesiana de concentração total de poderes em um soberano absoluto, a aceitação da concepção hobbesiana de estado de natureza reaparecerá anos depois em *A Religião nos Limites da Simples Razão*.[144] Aqui novamente ele dirá que o estado de natureza é um estado de liberdade externa desprovido de leis coativas, o qual constitui um "estado de injustiça e de guerra de todos contra todos, de que o homem deve sair para ingressar em um estado civil político".[145] Em nota de rodapé em que analisa a proposição hobbesiana de que o estado de natureza é um estado de guerra de todos contra todos (*status hominum naturalis est bellum omnium in omnes*), Kant comenta que seu único defeito é omitir que este estado é mesmo

---

[143] CRP, p. 604 (A752, B780).

[144] Encontramos referência a Hobbes e ao *Leviathan* já na Reflexão 6593, datada do período 1764-1768. Nela, o *Leviathan* é definido como "o estado de sociedade que está de acordo com a natureza do homem" e "o maior poder como um fundamento do direito público". O tema central dessa reflexão é a saída do estado de natureza e o ingresso em um estado civil, e os dois autores citados são Rousseau (*Émile ou De l'éducation*) e Hobbes. Ver *Reflexiones*, p. 40-41(Ak 19.98-99).

[145] Kant, *A Religião nos Limites da Simples Razão*, p. 103.

um estado de guerra (*est status belli*),¹⁴⁶ o que significa que o estado de natureza

> é um estado em que cada qual quer ele próprio ser juiz sobre o que é o seu direito frente a outros, mas não tem por parte dos outros nenhuma segurança, a não ser a sua própria força; é um estado de guerra em que todos devem estar armados contra todos; a segunda proposição de Hobbes – *exeundum esse e statu naturali* – é uma conseqüência da primeira; pois este estado é uma lesão contínua de todos os outros por meio da pretensão de ser juiz nos seus próprios afazeres, e não deixar a outros homens nenhuma segurança acerca do que é seu, mas apenas o seu próprio arbítrio.¹⁴⁷

Pode-se perceber, assim, que alguns dos conceitos fundamentais de toda a filosofia política e jurídica kantiana já haviam sido apresentados na *Crítica da Razão Pura*. Em *Idéia de uma História Universal de um Ponto de Vista Cosmopolita* alguns desses temas serão retomados e outros acrescentados. Neste escrito, Kant sustentará que o desenvolvimento de todas as disposições da natureza humana só pode ocorrer nas condições de conflito e competição que caracterizam a vida em sociedade. O homem é marcado pela permanente disputa entre duas inclinações antagônicas, a inclinação para associar-se a outras pessoas a fim de realizar plenamente as suas faculdades humanas e a inclinação de isolar-se dos demais para proteger seus interesses pessoais. Esse antagonismo caracteriza a insociável sociabilidade (*ungesellige Geselligkeit*) da natureza humana. O pleno desenvolvimento das disposições naturais do homem só pode ocorrer em um ambiente social em que estão asseguradas tanto a liberdade externa para exercê-las quanto a livre concorrência entre essas disposições individuais. Portanto, o homem só pode realizar plenamente sua natureza em sociedade, mas não em qualquer forma de associação de indivíduos humanos; há de ser uma sociedade civil que garanta a máxima liberdade de cada um. Todavia, dessa proposição segue-se uma outra, que Kant classifica como "o maior problema da espécie humana": trata-se da necessidade de estabelecer uma sociedade civil que administre *universalmente* o direito. A instituição do direito é um problema cuja solução é uma exigência da própria natureza, já que a garantia da máxima liberdade de-

---

¹⁴⁶ Neste sentido, v. Wolfgang Kersting, "'Die bürgerlich Verfassung in jeden Staate soll republikanisch sein'", p. 87-88: "para Kant o estado de natureza é estruturalmente um estado de guerra, porque nele não existe nenhum procedimento jurídico independente para a regulação dos conflitos e para a construção da ordem que seja livre da violência de distribuições contingentes de poder; portanto, predominam nele a insegurança e a violência latente, e todos aguardam apenas a próxima 'eclosão das hostilidades'". No original: "für Kant ist der Naturzustand aus strukturellen Gründen ein Kriegszustand, weil es in ihm keine gewaltfreie, von kontingente Machtverteilungen unabhängigen rechtlichen Verfahren der Konfliktregulierung und Ordnungsherstellung gibt, in ihm darum Unsicherheit und latente Gewalt herrschen und jeder nur auf den nächsten 'Ausbruch der Feindseligkeiten' wartet".

¹⁴⁷ Kant, R, p. 103.

pende de uma definição precisa dos limites do exercício dessa liberdade, de forma a assegurar a coexistência das liberdades de todos. Por isso,

> uma sociedade na qual *a liberdade sob leis exteriores* encontra-se ligada no mais alto grau a um poder irresistível, ou seja, uma *constituição civil* perfeitamente *justa* deve ser a mais elevada tarefa da natureza para a espécie humana, porque a natureza somente pode alcançar seus outros propósitos relativamente a nossa espécie por meio da solução e cumprimento dessa tarefa. É a necessidade que força o homem, normalmente tão afeito à liberdade sem vínculos, a entrar nesse estado de coerção; e, em verdade, a maior de todas as necessidades, ou seja, aquela que os homens ocasionam uns aos outros e cujas inclinações fazem com que eles não possam viver juntos por muito tempo em liberdade selvagem. Apenas sob um tal cerco, como o é a união civil, as mesmas inclinações produzem o melhor efeito.[148]

A insociável sociabilidade humana, isto é, a própria natureza humana, exige a instituição do direito, porque é preciso organizar uma sociedade civil na qual essa liberdade possa ser exercida e ao mesmo tempo limitada. As disposições naturais da espécie humana não podem atingir a sua plenitude em uma vida selvagem, na qual a liberdade absoluta e sem restrições só pode levar à vitória dos mais fortes. Por isso o homem "tem necessidade de um senhor" que exerça "um poder irresistível",[149] que "o obrigue a obedecer à vontade universalmente válida" instituindo "um estado de coerção" que seja capaz de estabelecer uma coexistência equilibrada das liberdades externas individuais.[150] Este problema, que é "o maior problema da espécie humana", é ainda acentuado porque somente uma pessoa ou um grupo de pessoas pode ser esse "senhor da sociedade civil", e todos tenderão a abusar desse poder. Não há solução perfeita para esse dilema da organização política da sociedade civil, "porque de uma madeira tão retorcida, da qual o homem é feito, não se pode fazer nada reto".[151] Mas qualquer que seja essa solução, ela depende de dois fatores: primeiro, quem exerce o poder supremo deve exercê-lo "segundo as leis"; segundo, a natureza nos ordena a instituição de uma constituição civil justa, conforme à ideia da qual devemos nos aproximar estabelecendo

---

[148] Kant, *Idéia de uma História Universal*, p. 10-11.

[149] A ligação da ideia de direito à noção de poder irresistível preocupa Kant desde cedo, como revela a Reflexão nº 6595, datada do período 1764-1768: "É preciso saber, em primeiro lugar: o que seria o correto se é que toda vontade que está de acordo com o direito fosse irresistível? Através de que meios se pode unir um poder irresistível com um direito? O que está permitido fazer sob estas condições?"; ver *Reflexiones*, p. 42 (Ak 19.98-101).

[150] Conquanto não use a expressão "liberdade externa" neste escrito, nitidamente é ela que está em jogo na discussão. Esse conceito, contudo, não será tematizado nem na *Fundamentação* nem na *Crítica da Razão Prática*, que tratam apenas da *liberdade interna*; só na *Metafísica dos Costumes* ele será plenamente desenvolvido. A própria distinção entre essas duas espécies de liberdade só será enfrentada na obra de 1797. Neste sentido, v. Katrin Flikschuh, ob. cit., p. 85.

[151] Kant, IHU, p. 12.

constituições possíveis e aprendendo com a experiência adquirida com os sucessos e os fracassos nas tentativas de aproximação dessa ideia.[152]

Vários temas fundamentais para o sistema de direito kantiano são tratados neste escrito: a *ideia de direito* como o conjunto das condições que permitem a coexistência equilibrada das liberdades individuais, a *ideia de uma constituição civil* como concretização dessa ideia de direito na forma de uma organização política da sociedade civil, *o conceito de um poder soberano* dotado de capacidade de coerção irresistível em face dos membros da sociedade. Por outro lado, a abordagem desse escrito está ainda vinculada a uma concepção naturalista de filosofia da história, que contagiará também dois outros temas fundamentais da obra. O primeiro deles refere-se à introdução de alguns importantes argumentos sobre o estado de natureza ou o estado pré-civil, que aqui apresentam como fundamento para o ingresso na condição civil um *comando da natureza*. A influência hobbesiana mostra-se novamente presente na medida em que as razões que forçam o homem a ingressar em uma sociedade civil submetida ao direito são a prudência e o autointeresse do indivíduo fenomênico, e não uma lei da razão prática pura que impõe a qualquer ser racional o dever jurídico de deixar o estado de natureza para estabelecer uma condição civil, como mais tarde será proposto na *Rechtslehre*. O segundo tema fundamental diz respeito à associação entre a consolidação de uma constituição civil, que concretiza a ideia de direito proposta por Kant, e a história do gênero humano, vale dizer, a associação entre a teoria do direito e a filosofia da história, abordagem que será decisiva nos escritos políticos kantianos da década de noventa. Em *Ideia de uma História Universal*, essa associação é claramente determinada por uma visão naturalista de filosofia da história, já que para Kant a história do gênero humano, em seu conjunto, deve ser considerada como "um plano oculto da natureza para estabelecer uma constituição política perfeita",[153] tanto no âmbito interno dos Estados quanto no âmbito das relações entre as nações. O estudo da história da espécie humana permite identificar a existência de um "fio condutor" natural que nos conduzirá ao aperfeiçoamento das constituições políticas e ao consequente progresso do gênero humano.[154] Embora o fundamento naturalista do argumento vá ser gradualmente relegado a um segundo plano posteriormente (em *À Paz Perpétua* e, sobretudo, em *O Conflito das Faculdades*), a associação entre a filosofia política e jurídica e a filosofia da história tornar-se-á sempre mais importante, até o ponto de

---

[152] O conceito de *ideia* no âmbito da filosofia moral foi explicitado por Kant em uma nota da *Crítica da Razão Prática*. A ideia é uma perfeição em relação à qual não pode ser dado nada adequado na experiência, mas que ainda assim serve de arquétipo de perfeição prática, como norma indispensável da conduta moral e critério de comparação (CRPr, p. 205-206; Ak 5.229).

[153] Kant, IHU, p. 17.

[154] Idem, ibidem, p. 21.

converter-se em uma tese bem desenvolvida em *O Conflito das Faculdades*, o seu derradeiro escrito político.

3.3. Os ensaios políticos tardios

Nas obras críticas e nos ensaios da década de 1780, Kant introduziu alguns dos temas fundamentais da sua filosofia jurídica e política, e pode-se dizer que ele, de modo geral, manteve-se fiel às ideias centrais esboçadas nesse período. Entretanto, é apenas na década de 1790 que ele desenvolverá um sistema de direito ao mesmo tempo autônomo e compatível com o seu projeto filosófico crítico. O primeiro texto desse período em que essa sistematização começa a aparecer é *Über den Gemeinspruch: das mag in der Theorie richtig sein, taugt aber nicht für die Praxis* (*Sobre o dito comum: isto pode ser correto na teoria, mas não vale na prática*, doravante *Teoria e Prática*), de 1793. Pela primeira vez nos deparamos com uma menção à subdivisão da moral em deveres de virtude e deveres de direito, e também pela primeira vez encontramos em um único texto o tratamento conjunto da filosofia moral – no sentido da ética – e da filosofia do direito, tal como ocorrerá depois na *Metafísica dos Costumes*.[155] O texto em que Kant expõe suas ideias sobre o direito encontra-se na segunda parte do escrito, que tem como título "da relação da teoria com a prática no direito público" (*Vom Verhältnis der Theorie zur Praxis im Staatrecht*), e como curioso subtítulo "contra Hobbes". Nenhum escrito político de Kant é tão intrincado e contraditório quanto *Teoria e Prática*, o que mostra como a sistematização da sua filosofia jurídica foi-lhe penosa e difícil.

Retomando o conceito já formulado na primeira *Crítica*, o texto definirá o direito como "a limitação da liberdade de cada um à condição da sua consonância com a liberdade de todos, enquanto essa é possível segundo uma lei universal"; o direito público, que é um conceito novo na filosofia kantiana, é definido como "o conjunto de leis exteriores que tornam possível semelhante acordo universal".[156] Nós temos agora um conceito geral de direito e uma subdivisão que remete a uma concretização desse conceito geral na forma de leis exteriores que o tornam possível na prática. Como o direito implica a coexistência das liberdades segundo uma lei universal, a razão manda *a priori* – portanto independentemente de qualquer fim empírico – que é necessário assegurar a restrição das liberdades por leis coercitivas, o que é feito pelo direito público ou positivo.

---

[155] Kant, *Teoria e Prática*, p. 59 (Ak 8.206).
[156] Idem, ibidem, p. 74 (Ak 8.234).

O estado civil que é constituído pelo direito tem como fundamentos três princípios *a priori*:

1) o *princípio da liberdade enquanto homem* (*die Freiheit als Mensch*), que, por um lado, proíbe que alguém tenha o exercício da sua liberdade de escolha, compatível com a liberdade dos demais, constrangido ou restringido pela ação de outras pessoas, e, por outro lado, veda que a liberdade individual seja sacrificada pela imposição de concepções de bem-estar e de felicidade por parte dos governantes, revelando o traço liberal da filosofia política kantiana;

2) o *princípio da igualdade enquanto súdito* (*die Gleichheit als Untertan*), segundo o qual o direito de coagir aquele que impede o exercício da minha liberdade externa conforme com uma lei universal da liberdade é garantido reciprocamente a todos os súditos de um Estado que se encontram sujeitos a uma mesma legislação externa. Essa igualdade é juridicamente compatível com desigualdades materiais, como, por exemplo, as desigualdades de riqueza, mas Kant não afirma que existe alguma conexão necessária entre a limitação do princípio da igualdade à reciprocidade do direito de coagir e um regime de liberalismo econômico, tal como ocorre entre o princípio da liberdade e o liberalismo político. Na verdade, o princípio da igualdade aqui apresentado é neutro em relação ao regime econômico. A única exceção à igualdade enquanto reciprocidade do direito de coação reside no impedimento do súdito de coagir o chefe do Estado, pois "se ele também pudesse ser constrangido, não seria o chefe do Estado e a série ascendente da subordinação iria até ao infinito".[157] Por outro lado, Kant dirá que esse direito recíproco de coagir, que caracteriza o princípio da igualdade, só pode existir quando há uma lei pública que vale universalmente e um executor dessa lei, o "chefe do Estado" (*das Staatoberhaupt*); é um direito que pertence ao *súdito* porque surge apenas quando já abandonamos o estado de natureza e ingressamos no estado jurídico,[158] e estamos sujeitos, portanto, a sua legislação externa;

3) o *princípio da independência enquanto cidadão* (*die Selbständigkeit eines Gliedes des gemeinen Wesens als Bürgers*), pelo qual a legislação pública à qual todos os membros de uma comunidade estão submetidos deve

---

[157] Kant, TP, p. 76 (Ak 8.237-238). Esta restrição ao direito de coagir o chefe do Estado já havia aparecido antes em *O que é o Iluminismo?* e tornará a ser exposta em todos os escritos jurídicos e políticos de Kant posteriores a *Teoria e Prática*, embora com variação de terminologia: por vezes é o chefe de Estado que está livre de coação, noutras o poder legislativo supremo ou o soberano. Mais adiante examinaremos as consequências decisivas que essa posição tem em relação à teoria do direito público de Kant.

[158] Em determinada passagem da segunda parte do ensaio, Kant concebe o *estado jurídico* como "um estado de igualdade de ação e reação de um arbítrio reciprocamente limitador, em conformidade com a lei universal de liberdade (chama-se a isso o estado civil)" (p. 77-78, Ak 8.240). Note-se como esse conceito prepara a famosa proposição formulada na *Doutrina do Direito* de que "direito e faculdade de coagir são uma e a mesma coisa".

provir da vontade geral do povo. O cidadão é aquele que tem o poder de criar as leis públicas através do direito de voto, embora o conceito de cidadão de Kant seja bastante idiossincrático e restrito para os padrões contemporâneos, na medida em que para ostentar essa condição o membro da comunidade deve "ser o seu próprio senhor", ou seja, possuir propriedade privada ou exercer uma forma de trabalho que lhe garanta autonomia financeira.

Alguns pontos extremamente importantes são lançados nesta segunda parte de *Teoria e Prática*, ainda que de forma excessivamente sucinta e desarticulada. Kant afirma, por exemplo, que "todo o direito depende das leis",[159] em uma passagem em que isso claramente quer significar leis no sentido da legislação pública criada por um processo legislativo baseado no voto dos cidadãos. Logo adiante, ele afirma que seria desejável que todos os que têm direito ao voto concordassem quanto às leis da justiça pública, mas se não se pode esperar essa unanimidade "de um povo inteiro", então se pode apenas contar com "uma maioria de votos" tão somente dos "representantes do povo". Por consequência, diz Kant, "o próprio princípio que consiste em contentar-se com essa maioria (isto é, a maioria dos votos dos representantes do povo), e enquanto princípio admitido com o acordo geral, portanto, mediante um contrato, é e deverá ser *o princípio supremo do estabelecimento de uma constituição civil*" [grifei].[160] Nessa passagem pouco estudada, vemos o esboço de uma concepção de direito muito próxima daquela que Waldron sustentará como o positivismo jurídico kantiano, ou seja, uma concepção na qual o direito é mostrado como o conjunto de leis públicas instituídas por meio de um processo legislativo fundado no princípio majoritário. Aqui, Kant não está ainda preocupado em fundamentar conceitos *a priori* da razão para o direito compatíveis com o idealismo transcendental, mas em expor elementos de uma teoria do direito em bases mais concretas. Porém, há também uma primeira referência a um contrato geral do povo, e, no parágrafo seguinte, o desenvolvimento dessa noção já levará Kant a mergulhar em um dos temas nucleares da sua metafísica jurídica: a ideia de contrato social originário.

Na segunda parte de *Teoria e Prática* podemos perceber o quanto Kant foi influenciado pelos pensadores políticos que o antecederam e pelos temas que estavam postos na filosofia política da modernidade. Apesar de subintitular-se uma tese *contra* Hobbes, o ensaio é a rigor um diálogo com Hobbes, mas também com Thomasius, Locke e Rousseau e com as questões que mobilizaram todos eles. Como se sabe, o contrato social é uma das ideias mais caras a esses pensadores. Kant, no entanto,

---

[159] Kant, TP, p. 80 (Ak 8.244). No original: "Alles Recht hängt nämlich von Gezetzen ab".
[160] Idem, ibidem, p. 82 (Ak 8.248-249).

revolucionará o modo de compreendê-lo, ao dizer que um contrato social (*contractus originarius*) não pode jamais ser compreendido como um fato histórico – como aliás também já havia afirmado o próprio Hobbes –, mas sim como uma *ideia reguladora da razão*, com base na qual é possível fundar uma constituição civil legítima que represente a coligação de todas as vontades particulares de um povo em uma vontade geral e pública. Mas apesar de ser uma *ideia da razão*, esse contrato originário tem "realidade prática indubitável, porque ele *obriga* o legislador a produzir suas leis como se elas *pudessem* emanar da vontade coletiva de um povo inteiro, e a considerar todo o súdito, enquanto ele quer ser cidadão, como se ele tivesse assentido pelo seu sufrágio a semelhante vontade geral. Este é o teste de legitimidade de toda a lei pública". Assim, apenas uma lei jurídica que concorda com esse princípio é legítima. Mas essa legitimidade não reside na concordância efetiva dos súditos com o conteúdo da lei: basta que seja "apenas possível" que o povo dê o seu assentimento à lei para que se deva então considerá-la justa e obrigatória.[161]

É fácil perceber que as duas concepções estão em níveis bastante distintos. Em um parágrafo, Kant expõe uma teoria do direito público na qual sustenta que, tendo em vista ser empiricamente impossível obter a unanimidade dos votos dos eleitores em um processo legislativo, devemos considerar o princípio majoritário no sistema de formação das leis como o "princípio supremo do estabelecimento de uma constituição civil". Este princípio majoritário é um mecanismo empírico e concreto para a tomada de decisões políticas, ainda que se possa questionar a sua legitimidade por outras razões. Poder-se-ia sustentar, dada a gravidade da sua definição como "princípio supremo", que o seu corolário lógico é que é justa toda a lei ou toda a constituição civil instituída com base no voto da maioria dos representantes dos eleitores de uma comunidade, caso em que estaríamos claramente diante de uma *concepção procedimentalista de justiça* associada a uma forma de democracia representativa. Ocorre que, no parágrafo seguinte, esse "princípio supremo" é abandonado e substituído não apenas por uma concepção de contrato social abstrata e sem qualquer base empírica, mas por um conceito de legitimidade que se satisfaz com a mera *possibilidade* de que o povo possa consentir com a lei. Trata-se de um princípio racional segundo o qual os cidadãos devem obedecer a todas as leis para as quais *poderiam* dar o seu consentimento, mesmo que não estejam satisfeitos com o conteúdo da lei. A concepção de contrato social como uma *ideia reguladora da razão* terá uma enorme importância na *Doutrina do Direito*, e a sua evolução não a tornará muito diferente dessas noções iniciais, ao passo que a concepção do princípio

---

[161] Kant, TP, p. 82-83 (Ak 8.248).

majoritário como princípio supremo do estabelecimento de uma constituição será esquecido nos trabalhos posteriores.[162]

A seguir, Kant expõe pela primeira vez de forma sistemática uma das suas mais polêmicas ideias no campo da filosofia política. Ao perguntar se um povo pode resistir ao cumprimento de uma lei caso entenda que se trata de uma legislação que compromete a sua felicidade, a sua resposta é tão categórica aqui como o será até *O Conflito das Faculdades*: não, o povo não tem o direito de resistir e "nada pode fazer por si a não ser obedecer".[163] Kant recorda que o princípio do direito não visa a assegurar a felicidade dos membros da comunidade política, e sim a instituir uma constituição jurídica que garanta a cada um a sua liberdade externa sob leis públicas. Na execução dessa função concretizadora, o legislador dispõe *a priori* de uma "bitola infalível" sobre a ideia do contrato originário e por isso jamais pode equivocar-se quanto à concordância da lei com o princípio do direito. Assim, por mais penoso que seja aceitá-la, a lei instituída pelo legislador é necessariamente conforme ao direito, e qualquer resistência ao seu cumprimento está *a priori* proibida, pois a oposição ao poder legislativo supremo é o "crime mais grave e mais punível" em uma comunidade política, porque "arruina o seu fundamento".[164]

Isso ocorre porque em uma comunidade política que já conta com uma constituição jurídica em vigor, o povo não tem mais direito de decidir como ela deve ser administrada, ou seja, qual o conteúdo que devem ter as leis públicas.[165] E essa interdição à resistência civil tem um fundamento lógico: se o povo tiver o direito de resistir às leis com as quais não concorda, isto é, se ele tiver o direito de se opor às decisões do "efetivo chefe do Estado", quem teria o poder de decidir qual dos dois está certo de acordo com o princípio do direito? Não poderia ser nenhum dos dois, como juiz da própria causa. Haveria então a necessidade de uma outra pessoa ou um outro corpo de pessoas, que seria, portanto, o verdadeiro soberano, o que levaria o raciocínio ao infinito, caso novamente o povo pudesse se opor à resolução desse novo soberano. Por um lado, há nessa argumentação muito combustível para os intérpretes de Kant que o apontam como precursor do positivismo jurídico. Por outro lado, ela também revela o quanto a noção kantiana de soberania ainda estava vinculada

---

[162] Contudo, não é impossível conciliá-los, se pensarmos que a tese do processo legislativo regido pela regra da maioria é um mecanismo aplicativo empírico da ideia de contrato social que terá a preferência de Kant sempre que a constituição civil aproximar-se do seu ideal republicano. Por outro lado, a possibilidade de conciliar o processo legislativo regido pelo princípio majoritário com a ideia de contrato social pode conduzir a uma concepção procedimental de constituição civil.

[163] Kant, TP, p. 84 (Ak 8.251).

[164] Idem, ibidem, p. 85-86 (Ak 8.255).

[165] Idem, ibidem, p. 86 (Ak 8.255).

às ideias de Hobbes, justamente contra quem ele pretendia opor-se no texto.[166]

A rejeição do direito de resistência do povo e a proibição de usar a coerção inerente ao direito contra o soberano são temas recorrentes da filosofia jurídica e política kantiana e pode-se dizer que nenhum outro foi exposto de forma tão clara e coerente ao longo de toda a sua obra. Mesmo quando admite uma forma de resistência ao poder absoluto do soberano, Kant manterá a coerência. No ensaio *Was ist Aufklärung?* (*O que é o Iluminismo?*), publicado em 1783, ele já defendera o dever de obediência absoluta ao soberano, com uma única exceção: o direito de escrever livremente, ou, na expressão que se tornou célebre, de fazer *uso público da razão*. Seu mote era: "raciocinai tanto quanto quiserdes e sobre qualquer coisa que quiserdes; apenas obedecei". Em *Teoria e Prática*, novamente a liberdade de escrever permanecerá como único recurso do cidadão contra o caráter irresistível das leis jurídicas. Em toda a comunidade, diz Kant, "deve haver uma *obediência* ao mecanismo da constituição política segundo leis coercitivas, mas ao mesmo tempo um espírito de liberdade".[167] Como o soberano pode cometer injustiças, deve ser concedida ao cidadão a liberdade de escrever para dar a conhecer publicamente a sua opinião sobre as ações do soberano. Claro, essa liberdade de escrita deve ser exercida "com a autorização do próprio soberano" e deve estar "contida nos limites do respeito e do amor pela constituição sob a qual se vive".[168] É certo que as peculiaridades históricas da época e do ambiente político em que ele viveu exerceram grande impacto sobre essas concepções. Sem embargo, a constância e a coerência com que Kant sustentou a rejeição do direito de resistência e o caráter autoritativo da legislação pública revelam um compromisso teórico sólido da filosofia jurídica e política kantiana.

Em 1795, Kant publicaria *Zum ewigen Frieden* (*À Paz Perpétua*), a sua obra política mais bem elaborada e seguramente aquela que exerceria a mais duradoura influencia na teoria e na própria prática da política, sobretudo no âmbito das relações internacionais.[169] Em *À Paz Perpétua*, revela-se como em nenhum outro de seus escritos a veracidade do comentário

---

[166] Como apontou Jeremy Waldron em *The Dignity of Legislation*, p. 43-44, as diferenças que neste texto Kant supõe ter em relação a Hobbes são menores do que parecem à primeira vista. Segundo Kant, Hobbes sustenta que o chefe do Estado de nenhum modo está ligado ao povo e não pode, portanto, cometer injustiça contra o cidadão. Já para Kant o povo possui sim direitos contra o chefe do Estado, embora esses direitos não autorizem o povo a usar nenhuma forma de coerção contra aquele. V. *Teoria e Prática*, p. 90 (Ak 8.263-264). Ver, também, Ernst-Jan C. Wit, "Kant and the Limits of Civil Desobedience". Para uma visão geral acerca das profundas divergências da filosofia política de Kant em relação a Hobbes, ver Howard Williams, *Kant's critique of Hobbes*.

[167] Kant, TP, p. 92 (Ak 8.267).

[168] Idem, ibidem, p. 91 (Ak 8.265).

[169] Ver, a propósito, Otfried Höffe, *Kant's Cosmopolitan Theory of Law and Peace*; Otfried Höffe (editor), *Zum ewigen Frieden*; Katrin Flikschuh, *Kant and modern political philosophy*; Volker Gerhardt, *Immanuel*

da edição do *Gothaische Gelehrte Zeitungen* de 1784, transcrito no princípio do primeiro capítulo, onde se relata que "alcançar a mais perfeita constituição política como o fim da espécie humana" era uma "ideia cara" ao filósofo alemão. Nessa obra, Kant deixa claro o protagonismo que o direito exerceu no seu pensamento político e no modo como ele entendia ser possível instituir entre os homens uma comunidade política organizada, justa e pacífica. Conquanto o texto seja imediatamente endereçado a propor condições jurídicas e políticas para a instituição da paz entre as nações, ao mesmo tempo Kant começa nele a dar a forma final para o seu sistema de direito, consolidando conceitos que já se mostravam bem definidos em escritos anteriores, superando algumas das obscuridades e contradições de *Teoria e Prática* e antecipando algumas concepções que serão finalmente expostas como uma doutrina sistemática em *A Doutrina do Direito*.

Adotando um estilo original, o ensaio imita um tratado de paz entre nações soberanas com o propósito de garantir a paz entre elas de modo perene. Ou seja, a estrutura do tratado pretende ir além de assegurar condições para uma paz meramente provisória e precária entre as nações, que a rigor pode ser descrita como um estado de ausência de guerra;[170] seu objetivo é, pelo contrário, garantir as condições necessárias e suficientes para instituir entre elas uma paz verdadeira, um estado perpétuo de paz. O tratado é dividido em seis artigos preliminares, que propõem regras proibitivas baseadas em elementos da realidade das relações internacionais;[171] três artigos definitivos, que cuidam de instituir os fundamentos, respectivamente, do direito constitucional (direito público), do direito internacional público (direito das gentes) e do direito cosmopolita; dois suplementos, um deles contendo um artigo secreto, no qual ele postula que a liberdade de expressão dos filósofos é uma das condições para eternizar a paz entre as nações; e, por fim, um apêndice, dividido por sua vez em duas partes. É sobretudo nos suplementos e no apêndice que encontramos algumas das mais relevantes concepções da filosofia jurídico-política kantiana.

O protagonismo do direito na filosofia política kantiana evidencia-se já na proposição contida no primeiro artigo definitivo do tratado de paz, segundo o qual "a constituição civil de cada Estado deve ser republicana". Para captar o alcance dessa proposição é preciso entender que

---

Kants Entwurf "Zum ewigen Frieden": eine Theorie der Politik, e Soraya Nour, *À Paz Perpétua de Kant: filosofia do direito internacional e das relações internacionais*.

[170] Cf. Wolfgang Kersting, "'Die bürgerlich Verfassung in jeden Staate soll republikanisch sein'", p. 87-88.

[171] V. Ricardo Terra, "Determinação e reflexão em *À Paz Perpétua*", *Passagens: estudos sobre a filosofia de Kant*, p. 89.

O conceito de constituição republicana equivale a um Estado submetido ao império do direito na forma mais próxima do modelo ideal de direito ditado *a priori* pela razão prática pura. Por conseguinte, garantir a paz de forma perpétua entre as nações exigirá que os Estados, internamente e nas suas relações com os demais Estados soberanos e com os homens em geral, adotem um modelo de Estado de direito o mais próximo possível do ideal racional *a priori* de direito, o qual coincide com o arquétipo da constituição republicana. Para Kant, o fim supremo da razão prática para a política é a paz perpétua, assim entre os homens como entre as nações.[172] Pois bem, o único modo de atingir esse fim supremo é a sujeição dos Estados internamente e nas suas relações com os demais Estados ao império do direito. Sem a instituição de uma constituição republicana como instância de concretização do ideal do direito, não pode haver nenhuma esperança para a paz perpétua nas sociedades humanas. Nunca antes de Kant e nem mesmo depois, uma filosofia política depositou no direito expectativas tão elevadas. Toda a filosofia jurídica e política de Kant – e sobretudo a *Doutrina do Direito* – só pode ser plenamente compreendida na sua ambição a partir desse princípio filosófico fundamental.

Seguindo basicamente a estrutura já delineada em *Teoria e Prática*, em *À Paz Perpétua*, Kant apresenta como princípios fundamentais de uma constituição republicana: 1) o princípio da liberdade dos membros de uma sociedade, enquanto homens, 2) o princípio da dependência de todos, enquanto súditos, em relação a uma única legislação, e 3) o princípio da igualdade dos membros, enquanto cidadãos. Apesar da semelhança, a exposição de 1795 traz algumas importantes distinções que revelam o quanto Kant ainda estava à procura de definições consistentes para os seus conceitos jurídicos e políticos. O conceito de liberdade externa, por exemplo, que no escrito de 1793 significava a proibição de constranger o exercício da liberdade de escolha de alguém, será agora definido como "a faculdade de não obedecer a quaisquer leis externas senão enquanto lhes puder dar o meu consentimento".[173] A "igualdade jurídica exterior", por seu turno, é "a relação entre os cidadãos pela qual nenhum pode vincular juridicamente outro sem que ele se submeta ao mesmo tempo à lei e possa ser reciprocamente do mesmo modo vinculado por ela".[174]

---

[172] Conforme assinala Otfried Höffe, com Kant a *pax aeterna* de Santo Agostinho e dos teólogos cristãos deixa de ser relegada a uma vida eterna em um outro mundo e se transforma em um objetivo político e social que pode ser estabelecido "aqui na terra". Além disso, a paz eterna política não é limitada aos abençoados e aos eleitos; ela deve ser universal, no sentido de prevalecer entre todas as pessoas e todos os povos. V. *Kant's Cosmopolitan Theory of Law and Peace*, p. 137.

[173] Kant, *À Paz Perpétua*, p. 128 (B 20).

[174] Idem, ibidem. A tradução foi ligeiramente alterada. No original, "Eben so ist äußere (rechtliche) Gleichheit in einem Staate dasjenige Verhältnis der Staatsbürger, nach welchem Keiner den andern wozu rechtlich verbinden kann, ohne daß er sich zugleich dem Gesetz unterwirft, von diesem wechselseitig auf dieselbe Art auch verbunden werden zu können" (p. 60, B 21).

Nesses dois conceitos, Kant avança significativamente na formulação de uma concepção metafísica do direito, ao expor dois princípios cuja fonte é a razão prática pura, e que, portanto, definem o que é o direito de modo objetivo e com validade universal, independente de condições empíricas contingentes.

Kant vinha dizendo desde a *Crítica da Razão Pura* que o direito é o conjunto de condições sob as quais o meu arbítrio ou minha liberdade de escolha (*Willkür*) pode coexistir com a liberdade dos outros segundo uma lei universal da liberdade.[175] No entanto, essa liberdade de escolha só pode ser assegurada sob as condições de uma constituição republicana, ou seja, sob um Estado regido por leis públicas respaldadas pela possibilidade do uso da coerção. Mas para que essas leis públicas, que coordenam a coexistência dos arbítrios, e que por isso mesmo constrangem e limitam a liberdade de escolha das pessoas, sejam compatíveis com a liberdade externa delas, é preciso que elas possam de alguma forma resultar do consentimento de todas as pessoas. Kant está aqui religando o conceito de liberdade externa, que ele está agora procurando definir em termos finais, ao princípio fundamental do conceito transcendental de liberdade trabalhado desde a primeira *Crítica*, isto é, o conceito de autonomia da vontade.

A liberdade interna significa a liberdade de agir de acordo com uma máxima que, por um lado, não foi determinada por nenhuma inclinação imposta pela minha natureza, e, por outro, me foi ditada pelo uso da razão prática pura. Portanto, uma ação é livre quando é autônoma, quando sua fonte é a própria vontade racional do agente, e não uma outra fonte distinta que tornaria a ação heterônoma. Uma ação é qualificada de ética apenas quando é o produto do exercício de uma vontade autônoma, vale dizer, de uma ação cuja máxima é o resultado do uso da razão prática pura. Pois bem, se o direito exige a limitação das liberdades externas das pessoas para que elas possam coexistir entre si segundo uma lei universal da liberdade, então, para que essa limitação seja feita respeitando a própria liberdade externa das pessoas, é preciso que ela provenha do exercício de uma vontade livre ou autônoma dos membros daquela comunidade que vivem sob a mesma legislação. Se a autonomia da vontade não fosse estendida às leis públicas que coordenam as liber-

---

[175] Heiner Bielefeldt nota que "para esclarecer sistematicamente a diferença entre ética (*morality*) e direito (*right*), Kant distingue entre uma 'vontade' livre (*Will*) e uma liberdade de 'escolha' (*Willkür*). A liberdade jurídica refere-se à liberdade de escolha, mas nunca se dirige diretamente à vontade interna autolegisladora (*Will*); ver "Autonomy and Republicanism: Immanuel Kant's Philosophy of Freedom", p. 541-542. Esse conceito de *arbítrio* ou *liberdade de escolha* que vinha sendo desenvolvido até aqui refere-se, pois, à "esfera externa de ação" de uma pessoa, e não à motivação interna da ação, que corresponde à vontade livre, conceito que diz respeito à ética na divisão que será estabelecida em *A Metafísica dos Costumes*.

dades externas, então o direito enquanto conceito *a priori* da razão prática simplesmente não poderia fazer parte das leis morais da liberdade, e portanto estaria fora do programa da *Metafísica dos Costumes*.[176] Daí por que, como aponta Wolfgang Kersting, esse novo conceito de liberdade externa humana, que aparece agora em *À Paz Perpétua*, não pode ser definido independentemente do conceito de lei[177] enquanto expressão de uma constituição republicana, ao passo que o conceito anterior de liberdade externa não dependia dessa vinculação. Como diz o mesmo Kersting, "a constituição republicana é a constituição da autodeterminação política; ela eleva o súdito à dignidade de cidadão e transforma a heteronomia política em autonomia política".[178]

Com relação ao conceito de igualdade externa, temos outra vez um novo estágio de desenvolvimento de um elemento do conceito racional *a priori* do direito, que será depois aperfeiçoado na *Rechtslehre*. Com ele, Kant quer dizer que um estado jurídico, vale dizer, uma comunidade política regida por uma constituição jurídica, só pode efetivamente existir quando, de um lado, as leis que restringem a minha liberdade externa obrigam todos os outros a respeitá-las, e desse modo respeitar a minha liberdade externa que concorda com uma lei universal da liberdade concretizada na legislação; de outro lado, que eu próprio estou igualmente obrigado a respeitar as leis públicas, e por conseguinte a liberdade externa dos demais membros da comunidade que concorda com uma lei universal da liberdade concretizada na legislação. Sem essa reciprocidade da sujeição de todos às leis públicas, o direito como tal não é possível, e essa impossibilidade é uma condição dada *a priori* pela razão, ainda que para chegar a ela devamos conhecer alguns elementos constitutivos da natureza humana (da psicologia humana, por exemplo). E como o direito não é possível sem essa condição, então a igualdade externa enquanto reciprocidade de respeito à legislação jurídica é um princípio da constituição republicana. No texto que estamos analisando, falta ainda uma fundamentação consistente desse dever de reciprocidade que caracteriza a igualdade externa no plano da filosofia transcendental. Essa fundamentação só virá na *Doutrina do Direito*, com a formulação do postulado do direito público em associação com a ideia de vontade geral *a priori*, conforme teremos oportunidade de estudar logo adiante.

---

[176] O que torna questionável qualquer tentativa de sustentar que a doutrina do direito de Kant não é uma forma de liberalismo político "compreensivo", como por exemplo a proposta de interpretação de Thomas Pogge. Kant está propondo um modo de ser do direito compatível com a sua metafísica dos costumes, que é uma teoria geral da liberdade prática.

[177] Wolfgang Kersting, "'Die bürgerlich Verfassung in jeden Staate soll republikanisch sein'", p. 93.

[178] Idem, ibidem, p. 96. No original: "Die republikanische Verfassung ist die Verfassung der politischen Selbststimmung; sie erhebt den Untertanen in der Rang eines Bürgers; verwandelt politische Heteronomie in politische Autonomie".

De certo modo, *À Paz Perpétua* é uma obra de transição, porque Kant nela ainda concede uma função primordial à concepção naturalista de filosofia da história que havia defendido tanto em *Ideia de uma História Universal* quanto em *Teoria e Prática*. No primeiro suplemento do tratado, intitulado "da garantia da paz perpétua", Kant afirma que o que fornece essa garantia "é nada menos do que a grande artista, a *Natureza*, de cujo curso mecânico transparece com evidência uma finalidade: através da discórdia dos homens, fazer surgir a harmonia, mesmo contra a sua vontade".[179] Na exposição dessa garantia, ele explicitará as circunstâncias empíricas que a natureza impõe à organização das sociedades humanas e que serão depois retomadas e aprofundadas na *Doutrina do Direito* e finalmente reelaboradas na filosofia política contemporânea com as circunstâncias da justiça de John Rawls.[180] A natureza, argumenta Kant, providenciou que os homens não apenas *possam* viver sobre a Terra, mas também que *tenham* que viver em todas as suas partes, mesmo que contra a sua inclinação (contra a insociabilidade, na linguagem da *Ideia de uma História Universal*); além disso, através das guerras, levou os homens a povoar os lugares mais inóspitos; por fim, também por causa da guerra, e onde quer que se encontrem, obrigou-os a entrar em relações "mais ou menos legais".[181] Embora o argumento seja diretamente dirigido a analisar as relações entre as nações, Kant está aqui falando das relações entre os homens em geral, inclusive no que concerne ao estado de natureza *tout court*. Por isso ele dirá que um povo compelido à discórdia pela natureza vê-se obrigado a submeter-se à coação de leis públicas. Todavia, enquanto em *Ideia de uma História Universal* havia a confiança de que a própria natureza seria suficiente para determinar a evolução do gênero humano em direção à constituição republicana, aqui ele propõe que o ingresso em uma condição civil e o estabelecimento de uma constituição jurídica é um *dever* que a *razão* impõe ao homem.[182] Agora o progresso do gênero humano, que depende da instituição de uma constituição republicana que instaure o império do direito nas sociedades humanas, tem como fundamento não um desígnio inevitável da natureza, mas a própria liberdade como um fato da razão humana, conforme ficará esclarecido posterior-

---

[179] Kant, PP, p. 140 (B 46). Note-se que nessa passagem a "Natureza" aparece na forma de uma espécie de "providência" supranaturalística, diferente do conceito de natureza humana que será posteriormente explorado na *Religião nos limites da simples razão* e em *Antropologia de um ponto de vista pragmático*.

[180] A origem desse argumento encontra-se, como se sabe, em David Hume, *Investigações sobre os princípios da moral*, Seção 3, Parte 1, p. 241-253. Rawls trata delas em *Uma Teoria da Justiça*, p. 136-140; Hart também faz uso dessa concepção em *The Concept of Law*, p. 193-200, assim como Waldron em *Law and Desagreement*, p. 101-103.

[181] Kant, PP, p. 143 (B 52).

[182] Idem, ibidem, p. 146 (B 60).

mente em *O Conflito das Faculdades*.[183] Como ele próprio dirá em *Antropologia de um Ponto de Vista Pragmático*, já não se trata mais do que a natureza faz do homem, e sim do que o homem pode fazer de si mesmo.[184]

Zeljko Loparic sustenta que a filosofia transcendental kantiana apresenta um programa de solubilidade dos problemas da razão pura. O idealismo transcendental "origina-se da preocupação de Kant com a incapacidade da razão humana de resolver seus próprios problemas", e através do programa que ele desenvolve no seu projeto filosófico são explicitadas as condições pelas quais um problema da razão pura pode ser solucionado mediante a formulação de juízos sintéticos *a priori*.[185] Esse programa de solubilidade teórica dos problemas da razão pura aparece nitidamente neste primeiro suplemento de *À Paz Perpétua*, quando Kant afirma que *o problema do estabelecimento do Estado* tem solução inclusive para um povo de demônios, e pode ser assim formulado:

> ordenar uma multidão de seres racionais que, para a sua conservação, exigem conjuntamente leis universais, às quais, porém, cada um é inclinado no seu interior a eximir-se, e estabelecer a sua constituição de um modo tal que estes, embora opondo-se uns aos outros nas suas disposições privadas, se contêm no entanto reciprocamente, de modo que o resultado da sua conduta pública é o mesmo que se não tivessem essas disposições más.[186]

Conforme vários comentadores têm assinalado, essa exposição do problema primordial da filosofia política mostra que a doutrina do direito é independente da doutrina da ética.[187] A solução para esse problema é a instituição de uma constituição republicana que sujeite os homens ao império do direito, e essa solução está à disposição inclusive *para um povo de demônios*. Isso porque o que está em jogo na formação de uma comunidade jurídica não é a obrigação dos homens de serem moralmente bons, mas a obrigação de serem bons cidadãos,[188] o que significa, na linguagem de *À Paz Perpétua*, cumprir com o dever de reciprocidade no respeito às leis públicas tal como exige o princípio da igualdade externa. Ou seja, pouco importa que o homem tenha tendências egoístas e que a sua nature-

---

[183] Katrin Flikschuh destaca essa ambiguidade ainda presente neste ensaio ao examinar a proposição kantiana de que o comércio internacional beneficia a emergência de fins pacíficos na relação entre as nações: "os agentes humanos atingirão esses fins com base na força de sua própria boa vontade e nos esforços realizados para este efeito, ou a natureza compelirá a humanidade em direção à paz mesmo contra sua vontade? É esta uma demanda da razão, ou um efeito colateral da natureza que assegurará um resultado pacífico? *À Paz Perpétua* flutua entre as duas respostas"; v. *Kant and modern political philosophy*, p. 102.

[184] Kant, *Antropologia de um Ponto de Vista Pragmático*, p. 21.

[185] Ver Zeljko Loparic, "Os Problemas da Razão Pura e a Semântica Transcendental", p. 213-229.

[186] Kant, PP, p. 146-147 (B 61).

[187] Marcus Willaschek, "Which Imperatives for Right? On the Non-Prescriptive Character of Juridical Law in Kant's *Metaphysics of Morals*", p. 65-88; Thomas Pogge, "Is Kant's *Rechtslehre* a ' Comprehensive Liberalism'?", p. 133-158; José N. Heck, *Da Razão Prática ao Kant Tardio*.

[188] Kant, PP, p. 146 (B 61).

za o incline a preferir sempre seus próprios interesses. O homem poderia ser um demônio, mas se fosse um demônio racional, ainda teria o mesmo problema, que "não é o problema do aperfeiçoamento moral do homem", mas tão somente o de saber como coordenar o antagonismo natural dos homens de tal modo que eles "se obriguem mutuamente a submeter-se a leis coativas, suscitando assim o estado de paz em que as leis têm força". Isto é, a única solução para esse problema da razão é a instituição do império do direito. O próprio Kant dirá: "a natureza *quer* a todo o custo que o direito conserve, em última instância, a supremacia".[189]

No apêndice da obra, quando trata da "discrepância entre a moral e a política a respeito da paz perpétua", Kant afirma que a moral é um conjunto de leis incondicionalmente obrigatórias que nos determinam como *devemos* agir, e seria uma incoerência admitirmos a obrigatoriedade das leis morais e ao mesmo dizermos que, não obstante, não as *podemos* obedecer por razões políticas.[190] Ele está, neste ponto, reproduzindo o mesmo argumento já defendido em *Teoria e Prática*, quando sustentou que o contrato social originário é uma ideia da razão que, "no entanto, tem realidade (prática) indubitável, a saber, obriga todo o legislador a fornecer as leis como se elas pudessem emanar da vontade coletiva de um povo inteiro, e a considerar todo o súdito, enquanto quer ser cidadão, como se ele tivesse assentido com seu sufrágio a semelhante vontade".[191] Em ambos os casos, Kant parece estar defendendo o caráter vinculativo das leis morais jurídicas sobre as decisões políticas.

No mesmo parágrafo do apêndice de *À Paz Perpétua* que estamos examinando, Kant introduz uma distinção que pode ser determinante para compreender os fundamentos filosóficos do sistema de direito kantiano. Logo a seguir à passagem acima mencionada, ele diz que "não pode existir nenhum conflito entre a política, enquanto teoria do direito aplicado, e a moral, enquanto teoria do direito, mas teorética (por conseguinte não pode haver nenhum conflito entre a prática e a teoria)".[192] Para além da remessa à tese defendida em *Teoria e Prática* (que confirma a necessidade de uma abordagem sistemática da filosofia jurídica e política de Kant), nós temos aqui uma definição que, a despeito de lacônica e carente de fundamentação, ajuda esclarecer a estrutura conceitual da teoria jurídica do filósofo alemão. Segundo essa passagem, há uma *teoria do direito aplicada* (*ausübender Rechtslehre*), que *grosso modo* corresponde à

---

[189] Kant, PP, p. 147 (B 62).
[190] Idem, ibidem, p. 151 (B 71).
[191] Idem, ibidem, p. 83 (Ak 8.250).
[192] Idem, ibidem, p. 151 (B 71-72).

política enquanto exercício do poder legislativo de um Estado;[193] e há uma *teoria teorética do direito*, que corresponde à doutrina metafísica do direito, a qual, por sua vez, pertence à filosofia moral, ou, mais precisamente, à metafísica dos costumes no projeto kantiano. Em outras palavras, Kant teria formulado uma *teoria geral do direito* dividida por uma *teoria metafísica do direito*, que corresponde à doutrina do direito no âmbito da metafísica dos costumes, e uma *teoria política do direito*, cuja validade não decorre dos seus pressupostos metafísicos e sim da autoridade inerente ao poder soberano em um determinado Estado. Os argumentos de *À Paz Perpétua* e *Teoria e Prática* que transcrevemos no parágrafo anterior sugerem que a teoria metafísica do direito vincula obrigatoriamente a teoria política do direito, enquanto teoria aplicada. Essa tese estaria em consonância, por exemplo, com a famosa afirmação de *Sobre um suposto direito de mentir por amor à humanidade*, de 1797, já citada anteriormente, segundo a qual "o direito nunca deve se adaptar à política, mas é a política que sempre deve se ajustar ao direito",[194] que pode ser relida como querendo dizer que o direito político é que deve se sujeitar à metafísica do direito. Mais ainda: na linguagem utilizada na *Rechtslehre*, ela significaria que o direito natural no sentido kantiano vincula obrigatoriamente o direito positivo, o que faria de Kant um jusnaturalista. A seguinte passagem confirmaria essa tese:

> O direito dos homens deve considerar-se sagrado, por maiores que sejam os sacrifícios que ele custa ao poder dominante; aqui não se pode realizar uma divisão em duas partes e inventar a coisa intermédia (entre direito e utilidade) de um direito pragmaticamente condicionado, mas toda a política deve dobrar os seus joelhos diante do direito, podendo no entanto esperar alcançar, embora lentamente, um estágio em que ela brilhará com firmeza.[195]

Entretanto, como teremos oportunidade de ver no próximo capítulo, as ambiguidades dos textos tardios do filósofo alemão mostram não ser tão simples aceitar que essa era a sua visão sobre as relações entre a metafísica do direito e o direito positivo. Em *Teoria e Prática*, a dificuldade que havia se levantado contra o argumento do caráter vinculante dos princípios metafísicos do direito era a tese da proibição absoluta do direito de resistência ao soberano, que conduz a uma validade incondicionada do direito positivo imposto pelo soberano. Em *À Paz Perpétua*, uma outra dificuldade, já esboçada em textos anteriores, se antepõe: a associação entre a concretização dos princípios metafísicos do direito e a filosofia da história. Isso porque Kant defende que um político moral, vale dizer, um político comprometido com a teoria metafísica do direito, deve formular para

---

[193] V. Ricardo Terra, "Determinação e reflexão em *À Paz Perpétua*", *Passagens: estudos sobre a filosofia de Kant*. Terra denomina essa "teoria do direito aplicada" de *doutrina executiva do direito* (cf. p. 95).

[194] Kant, *Sobre um suposto direito de mentir por amor à humanidade*, p. 178.

[195] Kant, PP, p. 164 (B 96-97).

si o seguinte princípio: "se alguma vez na constituição de um Estado ou nas relações entre os Estados se encontrarem defeitos que não foi possível impedir, é um dever, sobretudo para os chefes de Estado, refletir sobre o modo como eles poderiam, *logo que possível*, corrigir e coadunar-se com o direito natural, tal como ele se oferece aos nossos olhos como modelo na ideia da razão" [grifei].[196] O que se pode exigir do detentor do poder é que ele "pelo menos tenha presente no seu íntimo a máxima da necessidade de semelhante modificação para se manter em uma constante aproximação ao fim",[197] que é a melhor constituição republicana segundo o império do direito. Aqui o caráter vinculativo do "direito natural" é substituído por uma função de *modelo* fornecido pela razão prática pura, que obriga o soberano apenas "no seu íntimo", determinando a "máxima" da sua ação política; ou seja, os princípios metafísicos do direito são leis morais que impõem ao governante não um dever jurídico, cujo descumprimento o submeteria à coação, mas um dever ético ou um dever de virtude de instituir as leis jurídicas do Estado que se aproximem na maior medida possível do modelo ideal de constituição republicana. Isso significa que, do ponto de vista moral, apesar de imune à coação externa do direito, o legislador jamais é um soberano absoluto no sentido de exercer um poder inteiramente incondicionado, já que ele não é *livre* para definir as leis públicas de um Estado, pois está constrangido pelo *dever ético* (e que, portanto, é ao mesmo tempo um *fim* da sua ação) de fazer do modelo de república constitucional a máxima da sua atividade legislativa.

Temos, pois, um conflito entre duas interpretações rivais da *teoria geral do direito* de Kant, que ainda não parecia resolvido até a publicação de *À Paz Perpétua*. Vejamos como esse conflito será articulado na sua obra magna, a *Doutrina do Direito*, que encerra e coroa a tardia, demorada, mas consistente construção de um sistema filosófico de direito.

3.4. A doutrina do Direito

Como vimos anteriormente, a composição interna da filosofia moral kantiana não parecia pronta antes do fim do período crítico; não estava claro até então como a filosofia do direito se encaixaria na filosofia moral do idealismo transcendental. No entanto, quando da publicação da primeira parte de *A Metafísica dos Costumes*, em janeiro de 1797, Kant havia concluído a elaboração do sistema de direito cujos pilares vinham sendo

---

[196] Kant, PP, p. 154 (B 76-77).
[197] Idem, ibidem.

expostos nos seus escritos políticos, jurídicos e morais daquela década.[198] À margem da obscuridade de muitos argumentos, das imperfeições do texto e dos equívocos de edição da obra, a *Doutrina do Direito* de fato organiza, sistematiza e dá forma final às ideias, princípios e conceitos desenvolvidos nas obras que a antecederam.[199] Além disso, ela mostra que o esforço de elaborar uma metafísica do direito adequada à filosofia transcendental havia chegado a bom termo.

Na "Introdução à Metafísica dos Costumes"[200] e, posteriormente, no preâmbulo dos *Princípios Metafísicos da Doutrina da Virtude*,[201] Kant afirma que uma filosofia é um sistema de conhecimentos racionais a partir de conceitos, e que se existe uma filosofia sobre um determinado objeto, então deve haver também para essa filosofia um sistema de conceitos racionais puros, independentes de qualquer intuição sensível, que formam a metafísica desse objeto da filosofia. A metafísica dos costumes foi concebida como a parte doutrinária da filosofia moral do projeto filosófico kantiano. Portanto, o domínio da filosofia ao qual pertence a metafísica dos costumes é a filosofia moral. Como Kant divide a sua metafísica dos costumes em duas partes, a metafísica do direito e a metafísica da ética, a sua filosofia moral é também subdividida pela filosofia do direito e pela filosofia da ética. Para cada um desses subdomínios da filosofia moral deve haver um sistema de princípios racionais *a priori* que formam a sua própria metafísica. Pois bem, nos *Princípios Metafísicos da Doutrina do Direito*, Kant expõe o sistema de princípios racionais *a priori* que constituem a metafísica do objeto "direito". O conceito puro do direito não exclui a existência de sistemas jurídicos concretos, e é inclusive orientado para a sua aplicação a essas experiências contingentes, assim como "uma metafísica dos costumes não pode fundar-se na antropologia, mas pode

---

[198] Sobre o conceito de sistema em Kant, ver Daniel Omar Perez, *Kant e o Problema da Significação*, p. 13-24. Neste trabalho seguimos uma metodologia semelhante à adotada por Perez, ao optarmos por uma reconstrução cronologicamente orientada do esforço de Kant para desenvolver uma estrutura de conceitos capaz de dar conta de um programa filosófico cujo eixo é a pergunta sistemática pelas condições de possibilidade das proposições sintéticas *a priori* em cada âmbito do conhecimento e da ação do homem (v. ob. cit., p. 23).

[199] Os problemas de redação e de edição da *Rechtslehre* são um tema constante nas obras dos especialistas. Geralmente se atribui a Gerhard Buchda a autoria do primeiro estudo demonstrando tais equívocos, em "Das Privatrecht Immanuel Kants. Ein Beitrag zur Geschichte und zum System des Naturrechts", de 1929. Atualmente, a principal referência nessa temática é Bernd Ludwig, que reeditou a obra alterando diversas passagens, inclusive com reordenação e supressão de parágrafos. As justificativas de Ludwig encontram-se na já citada *Einleintung* da sua edição dos *Metaphysiche Angangsgründe der Rechtslehre*. Ver, também, os comentários de Katrin Flikschuh em *Kant and Modern Political Philosophy*, p. 8-9 e 114-117. Embora as alterações promovidas por Ludwig sejam mais amplas, as que mudaram parágrafos da parte correspondente ao Direito Privado são as mais relevantes para a compreensão geral da obra. As traduções disponíveis em português ainda seguem a edição original.

[200] Kant, MC, p. 23-24 (Ak 6.216-217).

[201] Idem, ibidem, p. 275 (Ak 6.375).

aplicar-se a ela";[202] contudo, o propósito teórico da *Doutrina do Direito* limita-se a fornecer os princípios puros do direito, e por isso não se ocupa de uma dogmática de conceitos jurídicos contingentes.

Os princípios racionais *a priori* da metafísica dos costumes como um todo aplicam-se às ações humanas em geral; já os princípios racionais da doutrina do direito, enquanto integrante do programa geral da metafísica dos costumes, aplicam-se exclusivamente às ações externas dos homens, ou, mais especificamente, às ações externas que estão sujeitas à liberdade do arbítrio. A doutrina da ética, que complementa a metafísica dos costumes, ocupa-se das máximas ou dos princípios subjetivos da ação humana igualmente sujeitos à liberdade do arbítrio. Portanto, o objeto central da filosofia moral kantiana é a liberdade da ação humana, tanto na sua manifestação externa quanto na sua motivação interna, e a função de uma metafísica da moral é a exposição de princípios dados *a priori* pela razão que tenham validade objetiva e universal. Assim, doutrina do direito e doutrina da ética compõem um sistema filosófico que gravita em torno do mesmo objeto, a liberdade humana.[203] Porém, o fim de cada uma das doutrinas é distinto.

O fim último da filosofia jurídico-política de Kant estava já definido desde *À Paz Perpétua*. No entanto, é na conclusão da *Doutrina do Direito* que ele conseguirá expressá-lo com clareza: "pode-se dizer que a instituição universal e duradoura da paz não constitui apenas uma parte, mas o fim último na sua globalidade da doutrina do direito nos limites da simples razão";[204] e a razão para afirmar que a instituição da paz é o fim último do direito está em que "o estado de paz é o único em que estão assegurados mediante leis o meu e o teu no seio de um conjunto de pessoas vizinhas umas das outras, reunidas, portanto, numa Constituição".[205] Esse fim não é extraído da experiência, mas inferido *a priori* pela razão humana a partir de um comando que a razão prático-moral nos obriga a acatar: "não deve haver guerra entre os homens, nem a que pode ocorrer entre mim e ti no estado de natureza, nem aquela que pode ocorrer entre nós enquanto Estados".[206]

A formulação dessa máxima não depende de sabermos se a paz perpétua pode ser uma realidade ou se é uma quimera: temos que agir como se ela fosse real e tratá-la como um dever político de um povo, no âmbito da paz interna, e da humanidade como um todo, no âmbito da paz entre Estados. Como já havia antecipado no texto de 1795, a única forma de

---

[202] Kant, MC, p. 24 (Ak 6.217).

[203] Ver Paul Guyer, "Kant's Deduction of the Principles of Right", p. 24-65.

[204] Kant, MC, p. 244 (Ak 6.355).

[205] Idem, ibidem, p. 244 (Ak 6.355).

[206] Idem, ibidem, p. 243 (Ak 6.354).

estabelecer uma condição de paz universal e duradoura é a instituição de um estado jurídico regido por uma constituição republicana e por leis públicas com força coercitiva para garantir a coexistência das liberdades de escolha dos membros da comunidade política. Por conseguinte, a tarefa da *Rechtslehre* será a de expor uma doutrina metafísica do direito na forma de um sistema de conceitos racionais *a priori* que possam valer para qualquer ordenamento jurídico estatal existente no espaço e no tempo. A seguir, vamos ver como Kant se desincumbe dessa tarefa analisando os seus principais pontos de sustentação.

3.4.1. Legislação jurídica e legislação ética

Enquanto a filosofia teórica trata das leis da natureza e da matemática, a filosofia moral ocupa-se com as leis da liberdade. Leis morais e leis da liberdade são, portanto, conceitos equivalentes.[207] Quando as leis morais se referem a ações humanas meramente externas, chamam-se *leis jurídicas*. Na medida em que regulam apenas as ações humanas na sua manifestação externa, a normatividade das leis jurídicas não está associada a nenhuma espécie de fundamento determinante interno ou móbil da ação. Já as leis morais que constituem elas mesmas o fundamento determinante das ações são chamadas de *leis éticas*. A conformidade com as leis jurídicas denomina-se *legalidade* da ação; a conformidade com as leis éticas denomina-se *moralidade* da ação.[208] Essa distinção fica mais clara quando Kant afirma que toda legislação compreende dois elementos: primeiro, uma lei que representa objetivamente como necessária uma ação que deve ocorrer, ou seja, que converte uma determinada ação em um dever; segundo, um móbil que liga subjetivamente o fundamento determinante do arbítrio para a realização da ação à representação da lei. Pelo primeiro elemento, a ação dada na lei é representada como um dever. O segundo elemento torna o dever imposto pela lei o móbil da própria ação. Assim, a lei moral distingue-se de acordo com os móbiles da ação: "a legislação que faz de uma ação um dever e simultaneamente desse dever um móbil é *ética*". A legislação "que admite um móbil diferente da ideia do próprio dever é *jurídica*".[209]

Com isso, uma ação é ética apenas quando o agente age tendo o dever de cumprir a lei moral como o próprio fundamento determinante sub-

---

[207] Cf. Joãosinho Beckenkamp, "O Direito como Exterioridade da Legislação Prática da Razão em Kant", p. 154-155: "A filosofia prática se ocupará, doravante (isto é, depois da *Fundamentação*), do domínio constituído por estes princípios independentes da teoria acerca da natureza, tendo por objeto propriamente as leis da liberdade. Neste sentido estrito do termo 'prático' a filosofia prática será, toda ela, filosofia moral, inclusive a filosofia do direito".

[208] Kant, MC, p. 19-20 (Ak 6.214).

[209] Idem, ibidem, p. 27 (Ak 6.219).

jetivo da sua ação. Quando o agente age de acordo com a lei moral, mas movido por outros fundamentos subjetivos, como o desejo de agradar, de ser respeitado ou o medo de ser criticado ou punido, a ação concorda com a legislação moral, mas não tem valor ético. Para qualificar uma conduta humana voluntária de conforme à legislação jurídica é suficiente a correspondência formal entre a ação e o dever legal, independentemente dos móbiles da ação; em outras palavras, a legislação jurídica conforma-se com a correspondência entre a ação externa e a lei para qualificar a ação como conforme ao direito, ainda que o móbil do agente seja distinto da ideia de dever e decorra de fundamentos patológicos da determinação do arbítrio. O agente age de acordo com a *moralidade* em sentido estrito apenas quando faz do dever o próprio móbil da sua ação, mas age de acordo com a *legalidade* mesmo quando movido por uma inclinação ou uma aversão, pelo medo de sofrer a sanção prevista na lei, pelo desejo de preservar sua reputação social ou por qualquer outra razão fundada em um interesse pessoal.[210] Em síntese, a legislação ética é a que não pode ser externa, porque guarda uma relação de *dependência* entre a ação e o fundamento determinante interno do arbítrio; a legislação jurídica é a que também pode ser externa, porque há uma relação de *independência* e *indiferença* entre a ação e o seu móbil, ou seja, para afirmar que o agente agiu de acordo com ela é *indiferente* se ele agiu subjetivamente motivado pelo respeito ao dever previsto na lei externa ou se agiu por qualquer outra razão; basta a correspondência formal entre a ação e o dever legal.[211]

A *Doutrina da Virtude* estabelece uma outra distinção fundamental entre direito e ética. Kant define a obrigação como a necessidade de uma ação livre sob um imperativo categórico da razão ("Verbindlichkeit ist die Notwendigkeit einer freien Handlung unter einem kategorischen Imperativ der Vernunft").[212] O dever é a ação a que alguém está obrigado, vale dizer, é a matéria da obrigação.[213] A doutrina da virtude, que é uma doutrina dos deveres éticos, só tem sentido porque os seres humanos são seres racionais e imperfeitos, que "são suficientemente destituídos de santidade para poder ter vontade de transgredir a lei moral, apesar de reconhecerem a sua importância".[214] A natureza humana não é a de um santo, e portanto não nos é inerente agir sempre por respeito ao dever; também não é uma natureza demoníaca, que nos force a agir sempre

---

[210] Kant, MC, 26-27 (Ak 6.218-219).

[211] A associação do conceito metafísico de direito a leis externas, em contraposição ao conceito de moral como ligada a leis internas, era corrente entre os autores germânicos que mais influenciaram Kant, como Gottfried Aschenwall, Gottlieb Hufeland e Alexander Baumgarten. Ver, a respeito, as referências de Dietmar von der Pfordten, "Kants Rechtsbegriff".

[212] Kant, MC, p. 31 (Ak 6.222).

[213] Idem, ibidem, p. 32 (Ak 6.222).

[214] Idem, ibidem, p. 282 (Ak 6.379).

contra o dever; por fim, não somos animais, que agem sempre movidos pelos impulsos da natureza. Somos seres racionais com livre arbítrio, mas moralmente imperfeitos, e por isso temos necessidade de ser coagidos a agir de acordo com a lei moral. Considerando tais características da natureza humana, os deveres morais podem ser de dois tipos: os *deveres éticos*, para os quais funciona a autocoerção ou a coerção interna da vontade; e os *deveres jurídicos*, para os quais funciona a coerção externa, exercida pela justiça pública.[215] Essa distinção está bem definida na seguinte passagem da *Tugendslehre*:

> O dever de virtude difere do dever jurídico essencialmente no seguinte: em que para este último é possível uma coerção externa, enquanto que aquele se baseia somente numa autocoerção livre – Para seres finitos santos (aqueles que nem sequer podem ser tentados a violar o dever) não há doutrina da virtude, mas tão-somente doutrina dos costumes; esta última é uma autonomia da razão prática, enquanto a primeira inclui, ao mesmo tempo, a autocracia da mesma, quer dizer, uma consciência da capacidade de dominar as próprias inclinações rebeldes à lei, isto é, uma consciência de que, ainda que isso não seja diretamente perceptível, se infere corretamente do imperativo categórico da moral: de modo que a moralidade humana, não pode ser, pois, senão virtude.[216]

Comentando essa distinção, Paul Guyer afirma que ela sugere que a diferença básica entre os deveres jurídicos e os deveres éticos está em que "os primeiros são meios de preservar e promover a liberdade que podem ser coecitivamente impostos (*enforced*), enquanto os últimos são meios de preservar e promover a liberdade que não podem ser impostos por nada além do respeito pela lei moral em si mesmo".[217] Uma consequência decisiva desta distinção é que agir de acordo com a legislação jurídica, ou seja, cumprir os deveres jurídicos não tem um valor ético em si. O homem que cumpre sempre as leis públicas não é por isso necessariamente um virtuoso que merece encômios pela sua moralidade pessoal.[218] Contudo, "se bem que a conformidade das ações ao direito (ser um homem res-

---

[215] Para uma síntese da origem wolffiana dessas concepções de Kant, ver Joãosinho Beckenkamp, "O Direito como Exterioridade da Legislação Prática da Razão em Kant", p. 160-162.

[216] Kant, MC, p. 288 (Ak 6.383).

[217] Paul Guyer, *Kant*, p. 240.

[218] Essa concepção já está presente na Reflexão nº 7160, do período 1776-1778: "A respeito das ações éticas, pode-se ter apenas mérito, mas nenhuma culpa. A respeito das jurídicas, pode-se ter apenas culpa, mas nenhum mérito" (*Reflexiones*, p. 167-168, Ak 19.259-260). José N. Heck define com precisão esse aspecto da relação entre deveres éticos e jurídicos: "A probidade jurídica não constitui, para Kant, objeto de exaltação ética. Ninguém merece elogios por saldar dívidas e honrar compromissos, ou por não apossar-se do dinheiro alheio e não atentar contra a vida do próximo. À luz dos padrões exigidos pela ética kantiana, a legalidade não faz jus ao apreço ético. O bem não prolifera com a honradez jurídica, mas o mal é evitado no mundo"; v. *Da Razão Prática ao Kant Tardio*, p. 74. No mesmo sentido Paul Guyer: "O sistema jurídico não se importa em saber por que uma pessoa cumpre seus deveres jurídicos. Seu negócio é somente ameaçar e impor sanções contra aqueles que violam seus deveres, não elogiar aqueles que os cumprem, e ninguém tem um direito jurídico de exigir que outra pessoa cumpra seus deveres jurídicos apenas por respeito à moral" (*Kant*, p. 248). Ver, ainda, Guyer, "Moral Worth, Virtue, and Merit", *in* Guyer, *Kant on Freedom, Law, and Happiness*, p. 287-232.

peitador da legalidade) não constitua algo de meritório, é meritória sim a conformidade à máxima de tais ações como deveres, isto é, o respeito pelo direito".[219] Quando uma pessoa age de acordo com as leis públicas motivada pelo dever de agir em conformidade com elas, ela cumpre um dever de virtude, e por isso sua ação é agora meritória. E esse dever de virtude é ainda mais especial porque ela toma como fim desse dever "o direito da humanidade", e por isso assume o bem da humanidade, na medida em que este depende do funcionamento eficaz do direito, como um fim pessoal.

Mas se o respeito meramente formal à legalidade é indiferente à doutrina da ética, isso não significa que a obediência às leis jurídicas seja indiferente do ponto de vista da moral. Para Kant, a justiça nas relações humanas é uma forma de moralidade, a moralidade política, e para satisfazê-la não é necessário agir eticamente; é suficiente agir de acordo com as leis jurídicas.[220] Direito e ética são distintos, mas em conjunto constituem a filosofia moral. Se a ética responde pelo aperfeiçoamento moral interno do homem na medida em que o estimula a usar seu livre arbítrio para agir sempre motivado pelo dever imposto pela lei moral, o direito não tem uma função menos importante. Como vimos, cabe a ele estabelecer condições jurídicas de convivência humana que eliminem o estado de guerra e instituam um estado de paz universal e permanente, de acordo com leis públicas capazes de garantir a coexistência das liberdades externas das pessoas. Na seção seguinte examinaremos como o conceito de direito da razão pura fornece essas condições.

3.4.2. O conceito de Direito

O conteúdo essencial do conceito de direito estava bem desenvolvido pelo menos desde a primeira *Crítica*, como foi dito acima. Os escritos políticos da década de 1790 agregaram alguns novos elementos, sem contudo provocar alterações substanciais na trajetória que vinha sendo traçada. Assim, é sem nenhuma surpresa, do ponto de vista da evolução da sua filosofia do direito, que na Introdução à *Rechtslehre*, Kant define o direito como "o conjunto das condições sob as quais o arbítrio de cada um pode conciliar-se com o arbítrio de outrem segundo uma lei universal da liberdade".[221] Esse conceito é chamado de *conceito universal do direito*.[222]

---

[219] Kant, MC, p. 299-300 (Ak 6.390-391).

[220] V. Katrin Klikschuh, ob. cit., p. 94-95.

[221] Kant, MC, p. 43 (Ak 6.230). No original: "Das Recht ist also der Inbegriff der Bedingungen, unter denen die Willkür des einen mit der Willkür des anderen nach einem allgemeinen Gesetze der Freiheit zusammen vereigt werden kann" (RL, p. 38).

[222] É interessante notar que este conceito de direito, somente compreensível no quadro do idealismo transcendental, e portanto na qualidade de um conceito sintético *a priori*, insinua-se mesmo em au-

Conforme já estava bem determinado no pensamento jurídico kantiano, ele regula tão somente as relações externas do arbítrio de uma pessoa com o arbítrio de outra, na medida em que as ações de uma pessoa possam, como feitos humanos (*facta*), ter influência (direta ou indiretamente) sobre as outras.

O direito, por consequência, não regula nem a relação das ações externas com os desejos dos outros nem a matéria do arbítrio, vale dizer, os fins que cada um se propõe no exercício da sua liberdade interna.[223] Por isso uma ordem jurídica não pode regular o exercício da faculdade subjetiva de desejar, mas apenas o livre uso do arbítrio nas relações sociais dos homens,[224] já que o direito tem a ver exclusivamente com a *condição formal* da liberdade externa e não pode ser usado para uma moralização coercitiva da liberdade interna das pessoas. Os fins propostos pela razão prática pura, que formam a matéria do arbítrio e se apresentam como um dever para o homem, pertencem à doutrina da ética, não à doutrina do direito.[225] O que o direito pode fazer é obrigar alguém a praticar uma ação que, como meio, está dirigida a um determinado fim; o que ele não pode fazer é obrigar alguém a propor-se um determinado fim ("eu não posso ter nenhum fim sem o fazer meu").[226] Como os fins são a matéria dos deveres de virtude, somente a coerção interna, que é própria da ética, pode fazer alguém adotá-los; a coerção externa, que caracteriza o direito, deve satisfazer-se em regular o exercício da liberdade externa entre as pessoas.[227]

A partir do conceito universal do direito, Kant deriva o que denominou de *princípio universal do direito*: "Uma ação é conforme ao direito quando permite ou quando a sua máxima permite fazer coexistir a liberdade do arbítrio de cada um com a liberdade de todos segundo uma lei universal".[228] Esse princípio permite definir quando uma ação é justa ou

---

tores que claramente não tem qualquer intenção de elaborar uma teoria filosófica do direito e não revelam qualquer afiliação kantiana. Dimitri Dimoulis e Leonardo Martins afirmam que "o Estado ou pelo menos um poder público que eventualmente surgir um dia em seu lugar deverá *sempre* existir para disciplinar inevitáveis conflitos de indivíduos livres em uma sociedade (mundial e local) caracterizada pelo cosmopolitismo cultural e diversidade axiológica" [grifei] (*Teoria Geral dos Direitos Fundamentais*, p. 39). Ao usarem a expressão "sempre", os autores estão formulando uma proposição com pretensão de objetividade, necessidade, universalidade e independência de circunstâncias políticas contingentes, isto é, uma proposição sintética *a priori*.

[223] Kant, MC, p. 42 (Ak 6.230).

[224] Otfried Höffe, *Kant's Cosmopolitan Theory of Law and Peace*, p. 92-93; e Leslie A. Mulholland, *Kant's System of Rights*, p. 155-166.

[225] Kant, MC, p. 284 (Ak 6.380).

[226] Idem, ibidem, p. 284-285 (Ak 6.381-382). Kant define um *fim* como "um objeto do arbítrio de um ser racional, mediante a representação do qual o arbítrio é determinado a uma ação dirigida a produzir esse objeto".

[227] Para uma síntese do tema, ver Wolfgang Kersting, *Kant über Recht*, p. 14-20.

[228] Kant, MC, p. 43 (Ak 6.231).

injusta. Quando a minha ação é tal que pode coexistir com a liberdade do arbítrio de todos os outros segundo uma lei universal, então eu tenho a faculdade moral ou o direito (subjetivo) de realizar tal ação, e aquele que coloca impedimentos ao exercício dessa ação age injustamente em relação a mim, e por isso está sujeito a sofrer a coerção externa que o impede de cometer a conduta injusta ou o pune por tê-la cometido. A ação injusta é, pois, aquela que viola o meu direito garantido por uma lei universal da liberdade. O princípio universal do direito é, portanto, deduzido diretamente do conceito fundamental da liberdade, ou seja, é analítico em relação ao conceito kantiano de liberdade, já que, como diz Paul Guyer, ele "expressa as condições necessárias para a concretização (*instatiation*) do conceito de liberdade nas relações entre pessoas".[229]

Uma definição que sem dúvida sofreu uma evolução importante na *Rechtslehre* foi o conceito de coerção externa, que ainda não havia recebido de Kant um tratamento sistemático, a despeito da sua onipresença nas suas reflexões sobre o direito.[230] Esse déficit é superado nesta obra. À primeira vista pode parecer paradoxal definir o direito como o conjunto de leis que permite a coexistência da liberdade externa dos homens e ao mesmo tempo afirmar que o que garante a eficácia dessas leis é a coerção externa, já que qualquer coação externa contra uma ação humana implica uma restrição ao exercício da liberdade do coagido. Entretanto, é possível determinar *a priori* pela razão que se não é possível recorrer à coerção externa para garantir o exercício da liberdade exterior de ação, então não é possível falar em liberdade enquanto um direito subjetivo que o direito objetivo assegura.

O argumento kantiano é formulado em duas etapas. Primeiro, ele mostra que a coerção externa está de acordo com o princípio universal do direito sempre que essa coação for uma resistência que se opõe a uma ação de B, que é exercida para impedir o uso da liberdade de escolha de A, que por sua vez concorda com uma lei universal da liberdade. Ou seja, quando o exercício da liberdade de escolha concorda com uma lei universal da liberdade, então ele é justo, e uma ação humana livre que coloque algum impedimento ao seu exercício é *ipso facto* injusta. Por isso, "se um

---

[229] Paul Guyer, "Kant's Deduction of the Principles of Right", p. 43. Segundo Guyer, para Kant "os princípios do direito são derivados do conceito moral de liberdade pela mera consideração de como ela (a liberdade) deve ser limitada ou restringida entre qualquer população de pessoas que interagem entre si, não para perseguir quaisquer fins particulares, mas simplesmente em virtude da própria universalização da liberdade" (p. 44).

[230] A ligação entre direito e coerção está presente em diversas das *Reflexionen zur Moralphilosophie* desde a Reflexão nº 6594, do período 1764-1768. Ver, também, as Reflexões nº 6669, 6746, 6767, 6896 ("a coação [suficiente] é legal porque ela assegura meu direito frente a outro, então ela faz possível que todas as ações sejam dirigidas de maneira universalmente válida mediante a simples regra do direito") e 7772. Nas notas de *Vigilantius*, que datam de 1793-1794, podemos observar nos §§ 24 a 26 que a ideia de coerção já estava em estágio avançado de desenvolvimento.

determinado uso da liberdade é, ele próprio, um obstáculo à liberdade segundo leis universais (i.e., não conforme ao direito), a coerção que se lhe opõe, como um impedimento a um obstáculo à liberdade, está de acordo com a liberdade, quer dizer; é conforme ao direito".[231] Segundo, Kant afirma que, se o direito é o conjunto das condições que garantem a coexistência das liberdades sob uma lei universal, e se toda a ação que viola uma liberdade justa (isto é, exercida de acordo com o princípio universal do direito) é uma ação injusta, e por isso pode e deve ser submetida à coação externa, então é possível concluir que uma faculdade de coagir aquele que causa prejuízo ao direito (subjetivo) de outrem está contida *a priori* no conceito de direito, de acordo com o princípio da não contradição.[232] Em uma das frases mais marcantes da obra, ele dirá: "direito e faculdade de coagir significam, pois, uma e a mesma coisa".[233]

Assim, a faculdade de coagir pertence analiticamente ao conceito de direito, e a associação entre direito e faculdade de coerção decorre de um juízo racional *a priori*, que pode ser deduzido pelo uso da razão independentemente de qualquer experiência. Para Kant simplesmente não é possível conceber um direito (subjetivo) de alguma pessoa a alguma coisa sem que se a autorize a usar a força para assegurar o uso e a disposição do objeto desse direito.[234] Admitir um direito sem a atribuição de uma faculdade de coagir ao seu titular representaria uma *inconsistência racional*, pois, como vimos, violaria o princípio lógico da não contradição. Isso porque uma pessoa tem um direito quando está autorizada a praticar uma ação, derivada do seu arbítrio, que está em relação de adequação externa com o princípio universal do direito, isto é, com as condições gerais que tornam possível a sua coexistência com o arbítrio dos demais. Uma ação dessa natureza deve ser considerada *justa* ou *legítima* (conforme ao direito) e qualquer ação contrária a ela será um obstáculo *injusto* ou *ilegítimo* ao exercício da liberdade. Por isso esse obstáculo injusto pode ser removido pelo titular do direito por meio do uso da força.[235] Seria contraditório afirmar que alguém tem um direito e, ao mesmo tempo, negar a faculdade de usar a coerção para assegurar a realização da conduta legítima segundo o princípio do direito. Como se vê, a associação entre direito

---

[231] Kant, MC, p. 45 (Ak 6.231).

[232] Idem, ibidem, p. 45 (Ak 6.231).

[233] Idem, ibidem, p. 46 (Ak 6.232).

[234] Em *Vigilantius* ele havia formulado essa proposição do seguinte modo: "onde existe um direito em si mesmo, também está presente um poder de coerção resultante" (*Lectures on Ethics*, p. 289, Ak 27.528).

[235] Esse aspecto levou Otfried Höffe a destacar que a coerção em Kant é legítima somente sob duas condições restritivas: primeiro, só é possível recorrer à coação quando alguém infringe a esfera de liberdade legítima de outra pessoa; segundo, que a coerção é sempre *protetiva*, jamais *agressiva*: "ela não ataca, mas defende". V. ob. cit., p. 114.

e faculdade de coagir é deduzida do próprio conceito prático-moral de liberdade humana,[236] noção que já aparece bem formulada na seguinte passagem de *Vigilantius*:

> O direito de coagir e a retitude da ação (*justitia facti*) derivam sua justificação da medida em que eles coincidem com a lei universal da liberdade, e por isso tem sido até agora um presunção não provada do direito considerar o direito de coagir como um axioma jurídico. Porque esse direito tem sido considerado um conceito básico do direito e tem sido alojado na sua própria definição. Mas como ninguém pode exercer um direito de coagir sem que tenha obtido esse direito a partir de um fundamento mais elevado, que consiste, contudo, na própria liberdade de cada um e na sua congruência com a liberdade de todos de acordo com uma lei universal, é claro que o direito de coagir somente pode ser derivado da idéia de direito em si mesma.[237]

De certa forma, o argumento exposto na *Doutrina do Direito* é um desenvolvimento do raciocínio que já havia sido formulado em *À Paz Perpétua*, quando Kant tratou da igualdade externa enquanto reciprocidade de sujeição à lei. Naquele texto, ele havia sustentado que não é possível conceber o direito como um sistema que assegura a coexistência das liberdades externas de acordo com uma lei universal da liberdade sem associar necessariamente a esse sistema uma lei de coerção recíproca geral.[238] É por isso que para ele não é possível separar o direito em dois elementos, a obrigação legal e a faculdade de coagir; ao contrário, "podemos situar diretamente o conceito de direito na possibilidade de associar a coerção recíproca universal com a liberdade de cada um".[239] Entretanto, embora no texto da *Rechtslehre*, Kant recorra a uma analogia com a lei da simetria da ação e reação para tentar provar que o conceito de coerção resulta analiticamente do conceito de direito,[240] o fundamento apresentado em *À Paz Perpétua* parece mais consistente: a razão prática pode determinar *a priori* que nenhum sistema de direito pode efetivamente funcionar na prática sem um esquema de coerção recíproca universal, pelo fato de que não haveria razões suficientes para que eu aceitasse a restrição ao uso da minha liberdade externa sem que todos os outros membros da comunidade política em que vivo também tivessem restringida a sua liberdade externa, sempre pressupondo um sistema de restrições recíprocas fundado em uma lei universal da liberdade. Por consequência, ainda que se possa dizer que o conceito de coerção é analítico em relação ao conceito de di-

---

[236] Neste sentido, Paul Guyer, "Kant's Deduction of the Principles of Right", p. 24-65.

[237] Kant, LE, p. 287-288 (Ak 27.526).

[238] Gary Banham, por exemplo, afirma que para Kant "a coerção recíproca é a base de um estado de coisas jurídico; cf. *Kant's Practical Philosophy: from Critique to Doctrine*, p. 156. Ver, também, Arthur Ripstein, "Authority and Coertion".

[239] Kant, MC, p. 45 (Ak 6.232).

[240] Para uma defesa desse argumento, ver Zeljko Loparic, "O problema fundamental da *semântica jurídica* de Kant", p. 284-287.

reito, não se pode contudo dizer que é um conceito *puro* da razão prática, na medida em que só posso chegar a ele através de dados da experiência sensível.²⁴¹ Ele é *a priori* porque tem validade necessária, objetiva e universal.

3.4.3. O Direito Privado

A *Doutrina do Direito* está dividida em duas partes: a primeira denomina-se Direito Privado e a segunda Direito Público. A parte que recebeu o título de *Direito Privado* corresponde ao *Direito Natural* na teoria kantiana do direito e refere-se aos princípios racionais do direito vigentes no estado de natureza; o *Direito Público*, por sua vez, corresponde ao *Direito Positivo* vigente já no estado civil. Não é arriscado dizer que as ideias e conceitos expostos na primeira parte da obra são os mais originais da *Doutrina do Direito* na sua relação com as demais obras nas quais o sistema de direito vinha sendo desenvolvido por Kant. Boa parte dos argumentos nela apresentados não estavam sequer prefigurados nos textos antecedentes,²⁴² e pode-se entender por que ele teria atribuído a demora na conclusão da *Metafísica dos Costumes* à dificuldade em finalizar a sua abordagem sobre o direito de propriedade.

Vimos antes que o problema fundamental da filosofia transcendental é explicar como são possíveis os juízos sintéticos *a priori*. A crítica da razão pura havia se ocupado de demonstrar as condições de possibilidade desses juízos para objetos da natureza e para a matemática, ou seja, juízos *a priori* teóricos. Na sua obra tardia, Kant estendeu o seu programa filosófico para demonstrar como são possíveis juízos sintéticos sobre as ações humanas, ou seja, juízos *a priori* práticos. Dizer que um juízo sintético *a priori* é possível "significa explicitar as condições nas quais ele pode ser aplicado num domínio de dados *sensíveis*".²⁴³ A possibilidade ou realidade objetiva dos juízos teóricos *a priori* é assegurada pela *dadabilidade* dos

---

²⁴¹ Neste sentido, Loparic, ob. cit., p. 281, segundo o qual o conceito de ação legítima de Kant "não é um conceito *a priori* inteiramente abstrato, pois ele se refere às ações enquanto *facta* antropológicos do tipo explicitado. Mas ele tampouco é *a posteriori*, pois se refere às ações *livres* ... Trata-se de um conceito misto, que possui notas *a priori* e *a posteriori*, tal como são certos conceitos teóricos". Nesta nota (nota de rodapé nº 14), Loparic cita inclusive passagem da segunda edição da *Crítica da Razão Pura*, da qual se deduz que, para Kant, havia conceitos *a priori* puros, que são aqueles aos quais nada de empírico está mesclado, e conceitos *a priori* impuros, porque são conceitos que só podem ser tirados da experiência (CRP, B, 3). Sobre a diferença entre conceitos puros e conceitos *a priori*, ver Jeffrie Murphy, *Kant: The Philosophy of Right*, p. 45-46.

²⁴² Conforme registramos acima, nem mesmo nas notas de aula de *Vigilantius*, que correspondem ao curso sobre a Metafísica dos Costumes que Kant ministrou em 1793 e 1794, ou seja, apenas três ou quatro anos antes da publicação da *Metaphysik der Sitten*, aparecem elementos antecipatórios da teoria do direito de propriedade exposta na parte dedicada ao Direito Privado na *Rechtslehre*.

²⁴³ Loparic, "O problema fundamental da *semântica jurídica* de Kant", p. 278.

objetos do conhecimento teórico da natureza. Nos juízos práticos *a priori* essa possibilidade é garantida pela *exequibilidade* das ações humanas.[244]

A tarefa da *Doutrina do Direito* é expor os juízes sintéticos *a priori* do direito.[245] Para comprovar a existência desses juízos, Kant elege como argumento central o problema de comprovar que o conceito de liberdade externa implica que deve ser possível às pessoas o uso e a posse de objetos externos a elas,[246] ou, em outras palavras, que deve ser possível afirmar que algo externo é meu. Isto é, ao aplicar para o domínio do direito o método da solubilidade de problemas da razão pura desenvolvido pela filosofia transcendental,[247] ele escolhe demonstrar como é racionalmente necessário que exista *a priori*, ou seja, independentemente da experiência, um direito de propriedade sobre objetos externos enquanto expressão da liberdade de ação externa do homem como agente racional. É questionável se o argumento poderia ter sido baseado em outras espécies de ações externas da razão prática e, ainda assim, produzido o mesmo resultado teórico, isto é, a garantia do fim último do direito: um estado de paz universal e permanente. É possível que sim.[248] Talvez algumas outras escolhas pudessem tê-lo livrado da associação com teorias do liberalismo econômico, da ideologia burguesa e do individualismo possessivo.[249] Contudo, duas ressalvas devem ser feitas. Primeiro, a "escolha" do direito de propriedade como exemplo de juízo sintético *a priori* do direito não é aleatória. Kant parece efetivamente considerar o direito de propriedade a manifestação mais clara do exercício da liberdade externa em um sistema de direito. Segundo, do ponto de vista estritamente metodológico, o

---

[244] Loparic, "O problema fundamental da *semântica jurídica* de Kant", p. 278.

[245] Idem, idem.

[246] Kevin Thompson, ob. cit., p. 70.

[247] V. Zeljko Loparic, "Kant's Semantic Turn".

[248] Com efeito, se o fundamento filosófico-transcendental do direito depende do *fato* de que as ações dos seres humanos, enquanto *feitos* humanos livres (*facta*), podem ter influência sobre os outros, e se o critério para a "escolha" do direito de propriedade para desenvolver o argumento do direito privado é o fato de que o ato através do qual declaro algo como meu influencia as ações dos outros "no sentido de lhes impor a abstenção do uso desse objeto" (cf. Loparic, ob. cit., p. 280), é possível pensar noutros direitos (subjetivos) que poderiam ter ocupado o espaço do direito à propriedade na formulação do direito privado kantiano, no mínimo os direitos à vida, à integridade física e psíquica e outras manifestações da liberdade. Kant utiliza o critério da influência recíproca em uma nota de *À Paz Perpétua*, onde ele afirma que a todos os artigos definitivos do tratado subjaz o seguinte postulado: "Todos os homens que entre si podem exercer influências recíprocas devem pertencer a qualquer constituição civil" (p. 127, B 19).

[249] Podemos citar aqui dois exemplos de associação entre a filosofia do direito de Kant e o liberalismo econômico. O primeiro deles, célebre na literatura constitucional, encontra-se em Carl Schmitt, que considera "as formulações de Kant a expressão mais clara e definitiva" das representações da ilustração burguesa, sobre as quais se assenta o Estado burguês de direito, caracterizado pelo liberalismo e pelo individualismo (ver *Teoría de la Constitución*, p. 138-139). No Brasil vamos encontrar essa associação em Luís Fernando Barzotto, "Levando o direito (demasiado) a sério: imperialismo do direito em Immanuel Kant".

recurso às ações humanas que exprimem a liberdade de ter algo externo como meu, como "campo de aplicação" dos juízos sintéticos *a priori* do direito, revelou-se uma eleição bem sucedida como estratégia de argumentação e defesa da tese.

Sem embargo, ao contrário do que essa ancoragem da fundamentação do direito natural sobre o direito à propriedade pode sugerir, o problema central para o qual Kant estava buscando uma solução não era o da fundamentação filosófica do direito de propriedade. A questão central que Kant busca resolver é a de como demonstrar a necessidade *a priori* posta pela razão de ingressar em um estado civil regido por uma constituição jurídica capaz de assegurar a coexistência da liberdade de escolha dos membros de uma comunidade política, num primeiro nível, e de todo o gênero humano, em um nível mais amplo.

Kevin Thompson sustenta que "o conceito de autoridade política é a problemática condutora da filosofia política madura de Kant",[250] mas essa assertiva necessita ser matizada, já que a questão que Kant busca resolver não é o de fundamentar a autoridade política *tout court*, tal como Hobbes; o problema da filosofia política kantiana consiste em fundamentar uma forma de autoridade política compatível com a promoção da liberdade humana. A rigor, o problema de Kant não é muito diferente da questão fundamental da filosofia política que Rousseau propôs em *O Contrato Social*.[251] Quando disserta sobre o "pacto social", Rousseau diz que há um momento no estado de natureza em que os obstáculos prejudiciais à conservação do homem sobrepujam as forças que cada indivíduo pode empregar para se manter nesse estado. Assim, há um ponto em que tanto o indivíduo quanto o próprio gênero humano podem não subsistir se permanecerem no estado de natureza. Portanto, o indivíduo e o gênero humano precisam deixar o estado de natureza para não perecerem. Mas surge, então, uma dificuldade, um verdadeiro problema filosófico, que Rousseau coloca nos seguintes termos:

> Encontrar uma forma de associação que defenda e proteja com toda a força comum a pessoa e os bens de cada associado, e pela qual cada um, unindo-se a todos, só obedeça, contudo, a si mesmo e permaneça tão livre quanto antes. Este é o problema fundamental cuja solução é fornecida pelo contrato social.[252]

Conquanto as soluções e a metodologia de Kant sejam diferentes das sugeridas por Rousseau, o problema é substancialmente o mesmo. De

---

[250] Kevin Thompson, "Kant's Transcendental Deduction of Political Authority", p. 62.

[251] Kant foi um leitor atento e mesmo apaixonado de Rousseau, sobretudo nos anos sessenta, embora jamais tenha se tornado seu seguidor, como mostra Manfred Kuehn, ob. cit., p. 131-132. Uma interessante abordagem da relação entre os pensamentos político-jurídicos de Rousseau e Kant é feita por Simone Goyard-Fabre, *Philosophie critique et raison juridique*, especialmente p. 55-65.

[252] J.J. Rousseau, *O Contrato Social*, p. 20-21.

fato, embora toda a estrutura da argumentação sobre o direito natural, assim como sobre o próprio contrato social e a origem do estado civil esteja ancorada no direito de propriedade, Kant estava na verdade em busca de uma solução para a fundamentação filosófica da associação política como tal, e em última análise do próprio direito. Rousseau visava a fundamentar uma associação política cujos fins eram a defesa da *pessoa e de seus bens* e a garantia da *autonomia pública* dos membros da comunidade política. O projeto kantiano é basicamente o mesmo: para Kant, o fim supremo da associação política é a garantia da *paz perpétua*, mas, para atingi-la, é preciso instituir um sistema jurídico que proteja na máxima medida possível a liberdade externa do homem, tanto nas suas relações privadas, com a garantia da pessoa e dos seus bens, quanto nas suas relações públicas, com a garantia da sua autonomia política. A filosofia jurídico-política kantiana de modo algum busca assegurar apenas os *bens* dos indivíduos, apesar do que possa sugerir a linha de argumentação eleita.[253] Vejamos, pois, como Kant desenvolve a sua tese sobre a fundamentação filosófico-transcendental do direito com base no direito de propriedade.

Os conceitos fundamentais da doutrina do direito privado na *Rechtslehre* são o conceito de *posse empírica*, também chamada de posse provisória, empírica ou fenomênica; e o conceito de *posse inteligível*, também chamada de posse peremptória, jurídica ou numênica. Ambas as posses referem-se exclusivamente a objetos exteriores que uma pessoa pode ter como seus. Kant define "o meu exterior" como aquilo que está fora de mim para diferenciar do que é meu, mas está dentro de mim – como a minha liberdade de consciência, por exemplo – e, por isso, pertence ao conceito de direito inato, sobre o qual falaremos no próximo capítulo. Os objetos exteriores do arbítrio podem ser: 1) uma coisa corpórea, da qual deriva o direito real (direito de propriedade); 2) o arbítrio de outrem em relação a um determinado ato, do qual deriva o direito pessoal (direito dos contratos); e 3) o estado de outrem em relação a mim, do qual deriva o direito pessoal de caráter real (direito conjugal, direito dos pais). Como o direito privado refere-se "ao meu e ao teu exterior em geral", os conceitos de posse empírica e posse inteligível aplicar-se-iam às três classes de relações jurídicas de direito privado enunciadas acima, embora Kant não explicite com suficiente clareza como é possível aplicar esses conceitos próprios da relação do homem com coisas corpóreas a relações contratuais e familiares.

---

[253] Por isso não é possível concordar com Kevin Thompson, quando ele afirma que "autoridade política para Kant é o direito do Estado de promulgar e impor (*enforce*) as leis necessárias para instituir uma condição em que os cidadãos possam gozar os seus direitos de posse" (*in* "Kant's Transcendental Deduction of Political Authority"), p. 68. A autoridade política deve proteger todos os direitos do cidadão, inclusive o direito inato de liberdade em suas diversas manifestações, e não apenas os direitos *de posse*.

A posse empírica ou sensível é a posse em que eu detenho fisicamente o objeto externo. A posse inteligível é aquela que ocorre quando um objeto externo é meu mesmo que eu não o detenha fisicamente. Contudo, embora Kant use sempre tão somente o conceito de posse na sua exposição sobre o direito privado, na realidade o que é decisivo para a sua argumentação é a *propriedade* que incide sobre a posse, ou, nas palavras de Simone Goyard-Fabre, "como se opera a passagem da posse para a propriedade".[254] Quando eu digo que algo é meu, essa minha asserção significa que eu tenho a propriedade desse algo, não apenas a posse; eu posso ter a posse de algo sem ter dele a propriedade. Portanto, a fundamentação da posse na doutrina do direito privado é uma teoria sobre a propriedade. É por isso que ele precisa apresentar um argumento que justifique a minha pretensão de ser proprietário de algo no estado de natureza. Na condição jurídica, o argumento fica facilitado sempre que eu aceito que para declarar justificadamente algo como meu, vale dizer, como minha propriedade, basta que essa minha asserção encontre respaldo no sistema de leis públicas em vigor no Estado onde tenho algo que reivindico ser minha propriedade. No estado de natureza, esse fundamento não está disponível. Caso o argumento fosse dirigido tão somente para justificar a posse física de um objeto externo no estado natural, Kant não estaria diante de um verdadeiro problema de filosofia política ou jurídica. Como ele vai além e quer justificar a propriedade em termos transcendentais, e como reivindicar a propriedade de algo implica *necessariamente* impor obrigações a outros, então ele precisa irremediavelmente de uma justificativa.

A justificativa que ele encontra é o *postulado jurídico da razão prática*. Segundo esse postulado, a razão prática determina que é possível ter como meu qualquer objeto externo porque seria irracional recusar-nos a possibilidade de usar objetos externos que podem ser usados como meios para nossos fins.[255] Se fosse vedado pelo direito o uso de objetos externos que seja compatível com a liberdade de todos segundo uma lei universal, então "a liberdade privar-se-ia a si própria de usar o seu arbítrio em relação a um objeto seu, ao impossibilitar o uso de objetos externos utilizáveis, quer dizer, ao aniquilá-los de um ponto de vista prático e ao convertê-los em *res nullius*".[256] Assim, a razão prática não pode conter nenhuma proibição absoluta de uso de objetos externos, porque isso "seria uma contradição da liberdade exterior consigo mesma"; por isso "é uma pressuposição *a priori* da razão prática considerar e tratar qualquer objeto

---

[254] Simone Goyard-Fabre, *Philosophie critique et raison juridique*, p. 98. Nesse trabalho a autora oferece uma das mais cuidadosas interpretações da doutrina do direito privado de Kant.

[255] Paul Guyer, "Kant's Deduction of the Principles of Right", p. 58.

[256] Kant, MC, p. 68-69 (Ak 6.246).

(externo) do meu arbítrio como um meu e teu objetivamente possíveis".[257] O corolário desse argumento é que a existência de uma máxima que proibisse a posse de objetos externos contradiria em última análise o próprio princípio do direito. Esse postulado, que Kant chama de lei permissiva (*lex permissiva*) ou postulado jurídico da razão prática,[258] confere-nos a faculdade de impor a todos os outros a obrigação, que de outro modo não teriam, de se absterem de usar os objetos do nosso arbítrio que tomamos com anterioridade na nossa posse.[259]

Mas se a razão prática autoriza a postular que deve ser permitida a posse de objetos externos como consequência lógica da liberdade externa, as proposições jurídicas *a priori* sobre a posse de algo externo são distintas conforme seja a posse empírica ou não. A proposição jurídica *a priori* sobre a posse empírica é *analítica* porque já está implicado (pelo princípio da não contradição) no próprio conceito de liberdade externa que se eu sou o detentor de algo, aquele que me priva do seu uso, sem o meu consentimento, afeta a minha liberdade. Já o conceito de posse meramente inteligível, ou seja, de um objeto externo de que não tenho a detenção, não pode ser deduzido diretamente do conceito de liberdade externa por meio do princípio da não contradição, por isso a proposição que trata da posse inteligível é *sintética*, já que acrescentada algo novo ao conceito de posse. Enquanto no caso da posse empírica a minha declaração unilateral de que algo externo de que tenho a detenção física é meu é suficiente para obrigar os outros a não lesar a minha posse, no caso da posse de algo sobre o qual não detenho a posse física, não posso impedir outras pessoas de usá-lo com base em uma declaração unilateral e sem o consentimento delas.

Isso obriga a deduzir o conceito de posse não empírica, que Kant chama também de jurídica ou numênica. A posse jurídica de algo externo é o direito de considerar como juridicamente meu qualquer objeto exterior que tenho sob o meu poder, mesmo não o tendo sob minha posse física. A dedução da posse jurídica baseia-se nos princípios da reciprocidade e da universalidade, segundo os quais, se eu quero e posso ter um objeto externo como meu independentemente de exercer sobre ele posse física, então devo também admitir que os outros tenham um objeto externo como seu nas mesmas condições. Como sintetiza Kevin Thompson, "se eu possuo algo e estou assim autorizado a colocar os outros sob a obriga-

---

[257] Kant, MC, p. 70 (Ak 6.247).
[258] Sobre algumas aporias da relação entre o conceito de lei permissiva e a concepção de propriedade em Kant, ver Brian Tierney, "Kant on Property: The Problem of Permissive Law"; para um estudo comparativo entre a visão de Kant e concepções anteriores, ver, do mesmo autor, "Permissive Natural Law and Property: From Gratian to Kant".
[259] Kant, MC, p. 70 (Ak 6.247).

ção de absterem-se de usá-lo, então eu devo também estar obrigado a me abster de usar os objetos que estão legitimamente na posse dos outros".[260] Apesar de longa, a passagem seguinte merece ser citada porque nela Kant formula essa lei prática da razão com nitidez:

> Se declaro (verbalmente ou por atos): quero que algo exterior seja meu, declaro que qualquer outro está obrigado a abster-se do objeto do meu arbítrio; obrigação essa que ninguém teria sem este meu ato jurídico. Mas nesta minha pretensão está ínsito igualmente o reconhecimento de estar reciprocamente obrigado em relação a qualquer outra pessoa a uma abstenção semelhante, no que respeita ao seu exterior; pois que a obrigação dimana aqui de uma regra universal da relação jurídica exterior. Não estou, portanto, obrigado a respeitar o seu exterior de outrem se este não me garantir por seu lado que se comportará segundo o mesmo princípio em relação ao meu exterior; garantia essa que não carece de um ato jurídico especial, mas está já incluída no conceito de uma obrigação jurídica externa em virtude da universalidade, mas também, conseqüentemente, da reciprocidade da vinculação decorrente de uma regra universal.[261]

A posse jurídica, portanto, é garantida pela existência de uma obrigação jurídica externa universal de abstenção de condutas lesivas aos bens de outras pessoas, obrigação essa que deriva do princípio prático-moral da reciprocidade da vinculação a uma lei externa que garanta universalmente o meu e o teu. Uma vontade unilateral não pode gozar da força de vincular todos a respeitar o que eu entendo ser meu. O reconhecimento da posse jurídica de todos só pode decorrer de uma manifestação coletiva da vontade de todos, mediante a qual cada um se compromete a submeter-se a uma legislação externa universalmente válida que oferece segurança à posse de bens externos. Conclui-se, assim, que no estado de natureza não é possível oferecer segurança ao exercício da posse sobre objetos externos, já que nele não há como assegurar a *exequibilidade prática* do princípio da reciprocidade, que só se efetiva por meio de uma vontade *omnilateral* de todos os que tomam parte de uma determinada sociedade.[262] Para obter essa garantia é preciso sair do estado de natureza e ingressar em um estado civil, no qual exista uma legislação pública externa com força coercitiva. A partir desse raciocínio, Kant apresenta como corolário uma forma embrionária do postulado do direito público, que só será definitivamente exposto no § 42: "Se for juridicamente possível ter um objeto exterior como seu, então o sujeito há de estar também vinculado a compelir qualquer outro com quem entre em conflito sobre o meu e o teu acerca de tal objeto a entrar com ele numa constituição civil."[263]

---

[260] Kevin Thompson, ob. cit., p. 71.
[261] Kant, MC, p. 85 (Ak 6.256).
[262] Para uma interessante exposição crítica deste argumento, ver Robert Pippin, "Mine and thine? The Kantian State".
[263] Kant, MC, p. 86 (Ak 6.256).

Assim, na estrutura da doutrina do direito kantiana, a posse jurídica de algo externo só é possível – só tem *realidade objetiva* e *exequibilidade prática* – no estado civil regido por uma constituição jurídica. A posse empírica, ao contrário, seria possível já no estado de natureza: "o modo de ter algo exterior como seu no estado de natureza é a posse física, que goza da presunção jurídica de se poder converter em jurídica mediante a união com a vontade de todos em uma legislação pública e tem comparativamente o valor de uma posse jurídica enquanto se aguarda por um tal estado".[264] Mas se é procedente o que dissemos mais acima, isto é, se o conceito com o qual Kant efetivamente trabalha é o conceito de propriedade, então a mera posse empírica jamais pode ser o fundamento de um direito, mesmo no estado de natureza. O direito de ter algo como meu é desde sempre um direito à propriedade da coisa, ou seja, um direito de usar e dispor de algo exterior que não pode ser impedido pela ação de outra pessoa e que é lesado quando essa outra pessoa o obstrui. A posse empírica é juridicamente irrelevante, inclusive provisoriamente no estado de natureza, se a ela não se acrescenta essa qualidade que é a pretensão de que este algo que possuo fisicamente é meu, isto é, minha propriedade.[265] Com isso, de nada adianta dizer que o conceito de posse empírica está contido na própria ideia de liberdade, que é analítico em relação ao conceito de liberdade externa, pois o conceito verdadeiramente importante é o de propriedade de algo externo sobre o qual se exige a posse física. Esse conceito não pode ser deduzido analiticamente do conceito de liberdade, já que acrescenta algo novo a ele. Por isso o próprio conceito de posse empírica exige uma justificativa para que eu tenha o direito de preservar algo sobre o qual exerço posse física contra ataques de outras pessoas e para que eu possa afirmar que esse ataque viola o meu direito sobre a coisa, e essa justificativa só pode ser uma fundamentação do direito de propriedade.

Kant considera que "a indeterminação a respeito da quantidade e qualidade do objeto exterior a adquirir torna esse problema o mais difícil de resolver".[266] Ele quer dizer com isso que, no estado de natureza, surge um problema de justiça distributiva que só pode ser superado com a instituição de uma lei pública que reparta o meu e o teu sobre a terra. Mas esse problema também existe no caso da posse meramente física de objetos externos do arbítrio. Por que eu tenho direito de defender a posse das cinco maçãs que tenho em minhas mãos quando alguém que não

---

[264] Kant, MC, p. 87 (Ak 6.257).
[265] Neste sentido, Leslie Mulholland, *Kant's System of Rights*, p. 239: "a posse física não é suficiente para a aquisição de um direito a um objeto. Ela não provê ninguém com o título para obrigar outras pessoas a abster-se de usar um objeto sem o consentimento do possuidor".
[266] Kant, MC, p. 102 (Ak 6.266).

tem nenhuma ataca-me para arrancar-me uma a fim de dá-la a seu filho faminto? Por que teria eu direito de defender a minha posse física de cinco mil hectares de terra em face de um grupo de pessoas que não possui terra alguma e qualquer outro meio de sobreviver? Ou seja, também a propriedade que depende da posse física está sujeita ao problema da justiça distributiva, o que significa que mesmo a própria "propriedade empírica" precisa ser jurídica e só pode ser efetivamente assegurada pela vontade geral mediante o ingresso em um estado civil, no qual todos se comprometam a respeitar o meu e o teu de cada um. Consequentemente, o fundamento filosófico formulado por Kant para a posse inteligível deve valer também para a posse sensível.

Assim, independentemente de que a posse que eu exerço sobre um objeto externo do meu arbítrio seja física ou não, quando eu, no exercício da minha liberdade externa, afirmo o meu direito de propriedade sobre esse objeto, e portanto sustento que tenho o direito de usar a coerção para defender o que é minha propriedade, eu devo simultaneamente reconhecer a legitimidade de reivindicações idênticas das outras pessoas. Essa norma que obriga todos a respeitar o meu e o teu de forma recíproca e universal é uma norma *a priori* imposta pela razão prática pura. O fundamento dessa norma não é o auto-interesse do proprietário, mas o dever prático-moral de reconhecer a legitimidade da pretensão dos outros que é idêntica à nossa. Como esse dever impõe-se sobre todos, eu posso obrigar cada um a ingressar comigo em uma condição civil, que é a única na qual a liberdade externa de cada um – representada na argumentação pelo conceito do meu e do teu externos – pode ser efetivamente garantida. Como vimos antes, os princípios da reciprocidade e da universalidade da obrigação política já haviam sido esboçados na exposição do conceito de igualdade externa em *À Paz Perpétua*.[267] Na *Rechtslehre*, Kant os reapresentou com uma fundamentação bem mais desenvolvida e adequada, tanto em relação ao programa do idealismo transcendental quanto em relação a sua teoria geral da liberdade. É justamente na exposição desses princípios na doutrina do direito privado que se percebe que para Kant a conquista da liberdade é uma tarefa de toda a humanidade, e que o seu conceito

---

[267] A rigor, uma forma embrionária deste argumento fundamental da filosofia do direito kantiana estava já esboçada na Reflexão nº 6896, da fase 1776-1778: "As regras do direito em face de outro são recíprocas. Também ao outro tenho que produzir o seu direito. Daí que tenha que me submeter a mim mesmo à coação de acordo com a qual o direito do outro está assegurado. Que eu tenha que me comportar legalmente a respeito dos outros, é a condição da obrigação para com os outros. Em primeiro lugar, fixo o que é justo. Logo se dá ainda a pergunta se estou ou não obrigado a deixar-me limitar na relação com outro através de seu simples direito. Isso vale apenas quando o outro me assegura de maneira recíproca exatamente o mesmo direito, já que então não tenho a necessidade de confiar-me a minha própria força" (*Reflexiones*, p. 119-120, Ak 19.198-199)

de justiça política implica que a liberdade de cada indivíduo só pode ser efetivamente atingida quando a liberdade de todos está assegurada.[268]

Neste ponto da argumentação, Kant está já iniciando a transição do direito privado para o direito público na exposição sistemática da sua doutrina do direito.[269] Ao chamar a atenção para o fato de que os homens estão necessariamente sujeitos a coexistirem no espaço e no tempo pelas circunstâncias naturais em que vivem na terra,[270] o conflito entre pretensões sobre os objetos externos do arbítrio é inevitável, e a única forma de evitar e superar o estado de guerra que domina o estado de natureza é a formação de um contrato social através do qual a vontade geral institua uma constituição jurídica que garanta a passagem para um estado civil. A solução do problema reside no *postulado do direito público*, apresentado na forma definitiva justamente na transição da doutrina do direito privado para a doutrina do direito público: "se a relação de coexistência com todos os outros é inevitável, deves sair do estado de natureza para entrar em um estado jurídico, quer dizer, num estado com justiça distributiva".[271] Essa passagem é efetuada por meio de um contrato social, deriva da vontade legisladora unificada de todos e institui originariamente um estado civil entre os homens.

O contrato social originário não é um fato histórico, mas uma ideia da razão, que, no entanto, tem realidade prática objetiva porque decorre de um princípio da razão prática que regula necessariamente e *a priori* o modo como os homens podem organizar-se em uma comunidade política. Percebe-se agora que toda a rebuscada argumentação do direito de propriedade no estado de natureza tem como propósito central demonstrar que a razão prática pura obriga os homens a ingressarem em um estado civil, instituindo uma constituição republicana e leis públicas externas dotadas de generalidade e coercitividade. A estrutura discursiva da doutrina do direito privado visa a resolver o problema da fundamentação filosófico-transcendental da associação política, ainda que o argu-

---

[268] Neste sentido, Katrin Flikschuh, ob. cit., p. 79: "a idéia de liberdade (externa) como uma idéia comum da razão e uma tarefa da humanidade em geral é crucial tanto para a concepção cosmopolita de direito de Kant quanto para a sua concepção de justiça política, de acordo com a qual a liberdade de ninguém está totalmente atingida até que a liberdade de cada um tenha sido assegurada em um nível global".

[269] Na sua edição da *Rechtslehre*, Bernd Ludwig desloca os §§ 41 e 42 da parte dedicada ao Direito Privado, que tratam da "passagem do meu e do teu no estado de natureza ao meu e ao teu no estado jurídico", para a segunda parte da obra, dedicada ao Direito Público. Independentemente das razões filológicas que justificam essa alteração, os parágrafos dedicados à exposição do postulado do direito público compõem de fato a transição entre as duas partes, de modo que qualquer ordenação editorial seria aceitável. Entretanto, considerando a coerência interna da estrutura da obra, a solução de Ludwig parece ser a mais acertada.

[270] Na Reflexão nº 6952 (1776-1778) ele anotou: "A liberdade dos homens não é ilimitada: eles estão amarrados" (*Reflexiones*, p. 130, Ak 19.211-212).

[271] Kant, MC, p. 170 (Ak 6.307); a tradução deste trecho foi ligeiramente alterada.

mento conduza Kant a explicitar também um fundamento teórico para o direito de propriedade. Aliás, a própria garantia da propriedade, que a passagem do estado de natureza para a condição civil pretende oferecer, é a rigor a garantia da liberdade externa, que para Kant em larga medida dependia do direito de ter algo externo como meu, mas que de modo algum se resumia a esse direito. Por isso é um equívoco interpretar a exposição do direito privado fundamentalmente como uma defesa do direito de propriedade. A doutrina do direito privado prepara os fundamentos para a fundamentação teórica do direito público, que é o direito de um estado civil regido por uma constituição e por leis públicas coercitivas. Na próxima seção examinaremos como Kant concebe esse estado.

3.4.4. O Direito Público

Enquanto a doutrina do direito privado remete à temática tratada sob o título de direito natural, a doutrina do direito público corresponde ao direito positivo de um Estado, como fica claro no conceito exposto já no primeiro parágrafo da segunda parte da *Rechtslehre*:

> O conjunto de leis que precisam de uma promulgação universal para produzir um estado jurídico é o direito público. Este é, portanto, um sistema de leis para um povo, quer dizer, para um conjunto de homens, ou para um conjunto de povos, que, achando-se entre si numa relação de influência recíproca, necessitam do estado jurídico sob uma vontade que os unifique, ou seja, de uma constituição (*constitutio*), para se tornarem participantes daquilo que é o direito. Este estado dos indivíduos num povo, em relação uns com os outros, chama-se estado civil (*status civilis*) e o seu todo, em relação aos seus próprios membros, chama-se Estado (*civitas*), o qual, em virtude da sua forma, ou seja, na medida em que está unido pelo interesse comum de todos em estar no estado jurídico, recebe o nome de coisa pública (*res publica latius sic dicta*).[272]

Segundo essa definição, o direito público é o ordenamento jurídico que um povo ou um conjunto de povos, constituído em um Estado ou em uma federação de Estados, convenciona adotar e o faz mediante a promulgação de leis positivas, respaldadas por força coercitiva e sujeitas à aplicação por meio de um sistema de justiça pública. Conforme examinaremos com mais atenção no próximo capítulo, o sistema de direito privado de Kant tem validade objetiva e universal independente da sua incorporação em um ordenamento de leis positivas promulgadas em um determinado Estado. No entanto, como ele vale apenas no estado de natureza, a sua validade objetiva e universal não é acompanhada pela coercitividade e pela possibilidade de aplicação pela justiça pública que caracterizam o sistema de direito público de um Estado. A passagem do direito privado para o direito público é formulada como uma ideia ne-

---
[272] Kant, MC, p. 175 (Ak 6.311).

cessária da razão prática *a priori* justamente porque é apenas na chamada condição civil, ou seja, em um Estado dotado de uma constituição e de leis positivas, que os direitos e os deveres das pessoas podem ser garantidos e impostos pela força coercitiva exercida com exclusividade pelo poder público. Portanto, o direito público é o direito positivo de um Estado concretamente existente no espaço e no tempo.

A formação de um Estado jurídico é uma necessidade que a razão prática nos impõe para superar o fato da natureza humana de que, quando estão em um estado natural em que não existe uma legislação exterior que os discipline, os homens vivem em um estado de violência mútua permanente, no qual cada um faz o que lhe parece justo e bom sem levar em consideração as opiniões e os interesses dos outros. O estado de natureza é uma condição em que o desentendimento entre os indivíduos ou é sempre iminente ou está já presente. Nele não existem leis públicas para coordenar as condutas humanas e não existem juízes para dirimir os conflitos interpessoais, isto é, não existem mecanismos de superação do desentendimento alternativos ao uso da violência física entre os adversários. O ingresso na condição civil oferece justamente esse mecanismo de superação dos conflitos do estado natural, que é a existência de juízes com competência para decidi-los de modo juridicamente vinculativo, com base em leis públicas aplicáveis para todos os membros do Estado.[273] Muito embora essa concepção já estivesse bem delineada nas obras políticas tardias, a exposição sobre a transição do estado de natureza para a condição civil e sobre os fundamentos do direito público feitas nos §§ 41 a 44 da *Rechtslehre* deixa absolutamente claro que o conceito de coerção pública como alternativa à violência pessoal é um conceito essencial na arquitetura da teoria do direito de Kant; mais ainda, que o direito não pode sequer ser pensado como tal sem a coerção. Nessa passagem decisiva da sua obra, ele leva a termo a sua afirmação anterior segundo a qual "direito e faculdade de coagir são uma só e a mesma coisa" ("Recht und Befugnis zu zwingen bedeuten also und ernerlei").[274]

Após exibir os fundamentos filosóficos do direito público, Kant apresenta a forma final da estrutura orgânica ideal de um Estado.[275] Em *À Paz Perpétua* ele havia sustentado que a razão prática pura impõe aos homens uma norma segundo a qual "a constituição de um Estado deve ser republicana" para atingir a paz permanente e universal, que é o fim supremo da política e do direito. Ao explicitar o seu conceito de repúbli-

---

[273] Kant, MC, p. 177 (Ak 6.312).

[274] Idem, ibidem, p. 46 (Ak 6.232).

[275] Para uma exposição sistemática do Direito do Estado na *Doutrina do Direito*, ver Christian Niebling, *Das Staatrecht in der Rechtslehre Kants*, e Leslie A. Mulholland, *Kant's System of Rights*, capítulo dez.

ca, Kant descola-se das classificações tradicionais sobre os modelos de Estado que remetiam a Aristóteles. Ainda que faça referência à distinção entre autocracia, aristocracia e democracia como formas de Estado ("segundo a diferença das pessoas que possuem o poder supremo"), ele na verdade dedica-se a distinguir os Estados "segundo o modo de governar, seja quem for o governante". Existem apenas dois modos de governar, diz Kant, que podem ser implantados igualmente em uma autocracia, uma aristocracia ou uma democracia: ou o governo é republicano, e há separação entre o poder executivo e o poder legislativo; ou ele é despótico, e não apenas não existe essa separação, como a vontade pública é manejada pelo governante como sua vontade privada.[276]

Na *Doutrina do Direito*, a defesa do princípio republicano será confirmada, retomada e levada adiante. A estrutura do Estado republicano deve contemplar a tripartição do poder político: o poder soberano do legislador, o poder executivo do governante e o poder judicial na figura do juiz. Esses três poderes devem estar coordenados entre si, porquanto um é o complemento do outro para a execução plena das funções do Estado; mas são também independentes, visto que cada um tem o seu próprio princípio e não pode usurpar a função dos outros.[277] Ponto chave dessa separação é a vedação ao governante de exercer a função de legislador: "um governo que fosse ao mesmo tempo legislador, teria de ser apelidado de despótico, por contraposição ao governo patriótico"; "o soberano do povo não pode, pois, ser ao mesmo tempo o governante, uma vez que este está submetido à lei e obrigado por ela, por conseguinte, por um outro, o soberano".[278] O poder legislativo, por seu turno, "só pode caber à vontade unida do povo",[279] já que todo o direito deve decorrer dele. Os membros do Estado que exercem o poder legislativo são os cidadãos, cujos atributos jurídicos são similares àqueles que já haviam sido anunciados em *Teoria e Prática* e *À Paz Perpétua*: a liberdade legal de não obedecer a nenhuma outra lei senão a que deram o seu consentimento; a igualdade civil, consistente na reciprocidade de sujeição à legislação jurídica; e a independência civil, que reside na capacidade de não poder ser representado por nenhum outro cidadão nos seus assuntos jurídicos, inclusive e sobretudo nas decisões políticas do Estado.

Em relação à teoria do Estado que vinha sendo elaborada nos escritos políticos anteriores, dois aspectos merecem destaque. O primeiro refere-se ao esclarecimento do conceito de república que fora exposto em *À Paz Perpétua*. No texto de 1795, a república havia sido apresentada como

---

[276] Kant, PP, p. 130 (B 24-26).
[277] V. Norberto Bobbio, *Direito e Estado no Pensamento de Emanuel Kant*, p. 140-143.
[278] Kant, MC, p. 184 (Ak 6.317).
[279] Idem, ibidem, p. 179 (Ak 6.313-314).

um modo de governar no qual o poder legislativo e o poder executivo são separados e exercidos por pessoas distintas. Embora diga ser indiferente quem exerce o poder legislativo, de modo que uma república pode ser implantada em qualquer das três "formas de Estado" (autocracia, aristocracia e democracia), Kant sustenta que:

> a democracia é, no sentido próprio da palavra, necessariamente um *despotismo*, porque funda um poder executivo em que todos decidem sobre todos e, em todo o caso, também contra um, portanto todos, sem no entanto serem todos, decidem – o que é uma contradição da vontade geral consigo mesmo e com a liberdade.[280]

Logo a seguir a concepção de república é associada à forma representativa de governo, sob a justificativa de que "o legislador não pode ser ao mesmo tempo executor da sua vontade numa e mesma pessoa". Para Kant essa é a razão pela qual, ao contrário dos outros dois regimes, a democracia é intrinsecamente antirrepublicana, porque nela há necessariamente uma confusão entre o legislador e o governante; a instituição de uma república conforme à ideia de direito é justamente o meio de evitar que a confusão, em uma mesma pessoa ou um mesmo conjunto de pessoas, do poder de legislar com o poder de executar, permita que o governante se beneficie pessoalmente dos poderes inerentes à força executiva do direito criando leis que lhe favoreçam.[281]

Essa rejeição explícita à democracia por um advogado da república representativa parece evidentemente estranha para os padrões da filosofia política contemporânea. Contudo, não se pode ignorar o contexto político em que Kant vivia na Prússia imperial do final do século XVIII e mesmo na Europa politicamente dividida pelos acontecimentos que se seguiram à Revolução Francesa.[282] O próprio conceito moderno de democracia representativa não tinha à época expressão teórica, e a sua experiência prática a rigor reduzia-se a uma incipiente concretização nos Estados Unidos. Mesmo assim, já em *À Paz Perpétua* fica claro que a rejeição à democracia não impede Kant de considerar o governo representativo o modelo ideal de Estado, tanto assim que ele dirá, logo após censurar a democracia, que "ao modo de governo que deve ser conforme à ideia de direito pertence o sistema representativo, o único em que é possível um modo de governar republicano e sem o qual todo o governo é des-

---

[280] Kant, PP, p. 130 (B 26).
[281] V. Paul Guyer, *Kant*, p. 282-283.
[282] Não se pode ignorar que Kant foi um entusiasmado defensor da Revolução Francesa até a sua morte, em que pesem as restrições que opôs ao assassinato do rei e apesar de um certo isolamento nessa defesa em relação ao ambiente em que vivia. Ver, a respeito, Manfred Kuehn, *Kant: a Biography*, capítulo oitavo; para uma visão geral do impacto da Revolução Francesa na filosofia política de Kant, ver Howard Williams, *Kant's critique of Hobbes*.

pótico e violento (seja qual for a sua constituição)".[283] De qualquer modo, na *Doutrina do Direito* não apenas a rejeição ao governo democrático será atenuada, a rigor limitando-se a afirmar que se trata da mais complexa das formas de Estado, como a explicitação do seu conceito final de república representativa termina por equiparar-se ao conceito moderno de democracia representativa:

> Mas toda a verdadeira república é e não pode ser senão um sistema representativo do povo, que pretende em nome do povo e mediante a união de todos os cidadãos, cuidar dos seus direitos, por intermédio dos seus delegados (deputados). Mas enquanto um chefe de Estado se faz representar pessoalmente (seja o rei, a nobreza ou o povo inteiro, a associação democrática), o povo unido não só representa o soberano, como é ele próprio o soberano: porque é nele (no povo) que se encontra originariamente o poder supremo, do qual hão de derivar-se todos os direitos dos indivíduos, como meros súditos.[284]

Pode-se ver que Kant faz aqui uma defesa vigorosa dos conceitos intercambiáveis de Estado democrático de direito e de constitucionalismo republicano que se transformaram no modelo ideal de Estado ao longo da segunda metade do século XX. A rejeição à democracia é, na verdade, dirigida ao modelo de democracia direta que havia sido proposto por Rousseau,[285] o filósofo político que mais influenciou Kant. Se descontarmos a sua concepção elitista e antipluralista de cidadania – apenas em certa medida compreensível no seu contexto político pessoal –, teremos uma fundamentação filosófica consistente de um modelo de democracia constitucional muito próximo daquele adotado nos Estados contemporâneos.[286] Estamos, portanto, frente a uma teoria política liberal, que se opõe

---

[283] Kant, PP, p. 132 (B 29).
[284] Kant, MC, p. 224 (Ak 6.341).
[285] V. Christian Niebling, *Das Staatrecht in der Rechtslehre Kants*, p. 155-156: "(o) julgamento negativo da democracia não representativa encontra-se também, como se sabe, no escrito sobre a paz (*Fridenschrift*). Contudo, na redação do texto publicado, em nenhum momento Kant apresenta uma exposição sobre democracia representativa, de modo que a sua crítica à democracia, no sentido próprio da palavra, isto é, como democracia direta, entendida como legislação e governo direto de todos no sentido de uma constituição política ática (*attischen*), deve aparecer como uma crítica à democracia pura e simplesmente. Kant sugere, portanto, uma identificação direta (*umstandlose*) entre não representação e democracia, e assim entre democracia e despotismo. Porém a observação imediatamente seguinte, de que toda a forma de governo não representativa é ... na verdade uma não forma (*Unform*), permite ver que a sua crítica de fato vale apenas para a democracia direta". No original: "Diese letzte negative Beurteilung der nicht-repräsentativen Demokratie findet sich bekanntlich auch in der *Friedensschrift*. In der Veröffentlichten Textfassung unterschlägt Kant allerdings seine Ausführungen zur repräsentativen Demokratie, so dass seine Kritik an der Demokratie 'im eigentlichen Verstand des Worts', d.h. an der direkten Demokratie schlechthin erscheinen muss. Kant suggeriert somit eine umstandslose Identifizierung von Nicht-Repräsentation und Demokratie und damit von Demokratie und Despotie. Einzig die unmittelbar anschliessende Bemerkung, dass ... alle Regierungsform nämlich, die nicht *repräsentativ* ist, ... eigentlich eine *Unform* sei, lässt durchblicken, das sein Kritik, eigentlich nur der direkten Demokratie gilt". Ver, também, Heiner Bielefeldt, "Autonomy and Republicanism: Immanuel Kant's Philosophy of Freedom", p. 545:
[286] Ingeborg Maus, em *Zur Aufklärung der Demokratietheorie*, oferece uma exposição sistemática de Kant como um teórico da democracia representativa. Nesta obra, Maus apresenta Kant como um

à ditadura e que sustenta uma forma de Estado capaz de reconciliar a autonomia privada do indivíduo com a sua autonomia pública por meio da instituição do império do direito.

O segundo aspecto a ser ressaltado contradiz o paradigma liberal da filosofia jurídico-política kantiana e mostra os limites de qualquer tentativa de reconstruí-la sob o signo da coerência discursiva plena. Na *Doutrina do Direito* Kant aprofunda a recusa do direito de resistência que já esboçara nos escritos anteriores até o ponto de admitir paradoxalmente um regime político autoritário. Para um leitor seduzido com a apresentação de uma proposta teórica para a transição do estado de natureza para o estado civil substancialmente diferente da solução do soberano com poderes absolutos de Hobbes, a recusa rígida e completa do direito de resistência pode soar incompreensível.[287]

É verdade que um leitor familiarizado com a obra política de Kant não poderia dizer-se surpreendido com a defesa radical dessa tese na *Rechtslehre*, já que ela aparecera firmemente exposta desde os textos da década crítica e havia sido um ponto constante nos textos políticos tardios. Mas se considerarmos a *Doutrina do Direito* como a forma final do sistema de direito e da filosofia política de Kant, era de se esperar uma concepção que assegurasse a eles unidade e coerência, inclusive porque nessa obra Kant apresenta a fundamentação filosófica e mesmo um modelo ideal extremamente bem elaborados de um Estado liberal de direito, e pelo menos desde o *Second Treatise on Government* de Locke, o pensamento liberal era identificado pelo reconhecimento da legitimidade dos direitos à resistência e à rebelião.[288] Entretanto, Kant mantém firme a posição de que o cidadão deve obedecer ao soberano e suas leis seja ele quem for, seja qual for a origem do seu poder e ainda que o seu governo seja injusto. Mesmo nas Observações Aclaratórias da *Doutrina do Direito*, publicadas na edição de 1798, ele permanece seguro dessa posição, como se vê na seguinte passagem:

> Portanto, quando existe um povo unido por leis sob a alçada de uma autoridade [...] existe aí uma constituição jurídica, no sentido geral do termo; e ainda que possa padecer de grandes falhas e erros graves e possa carecer reiteradamente de importantes aperfeiçoamentos, é, pura e simplesmente, vedado e punível opor-lhe resistência.[289]

Se podemos afirmar que Kant completou seu sistema de direito, é lícito dizer que ele deixou sem uma solução clara esse dilema que ele

---

advogado da concepção procedimental de democracia e do próprio direito, em oposição aos teóricos que consideram o filósofo alemão um jusnaturalista.

[287] Para uma comparação exaustiva entre as teses de Hobbes e Kant, ver Howard Williams, *Kant's critique of Hobbes*; ver, ainda, Katrin Flikschuh, *Kant and modern political philosophy*, p. 100-104.

[288] Ver Paul Guyer, ob. cit., p. 284.

[289] Kant, MC, p. 271 (Ak 6.371-372).

próprio criou na estrutura do seu pensamento político. A falta dessa solução não é a única, mas por certo é a principal fonte da oscilação entre interpretações que o consideram o principal teórico do jusnaturalismo moderno e outras que o têm como um precursor conspícuo do positivismo jurídico contemporâneo. No próximo capítulo vamos nos dedicar a explorar especificamente essa ambivalência teórica e a procurar verificar se é possível conferir coerência à relação entre o direito natural racional e o direito positivo na teoria do direito de Kant.

4. Direito natural e direito positivo em Kant

4.1. Introdução

Entre as razões que levam ainda hoje os intérpretes de Kant a disputar a sua classificação como um jusnaturalista moderno ou um pioneiro do positivismo jurídico deve-se debitar o fato de que ele foi um vigoroso teórico tanto da ideia de direito natural quanto de uma nova concepção de direito positivo quase desconhecida pelos seus antecessores, pautada pela ligação entre legislação e autonomia pública. Por outro lado, contribui fortemente para a indefinição quanto à verdadeira posição de Kant o fato de que ele aparentemente deixou sem solução clara algumas das aporias do seu pensamento no que concerne à relação entre direito natural e direito positivo. Essa falta de clareza seria uma característica do seu pensamento político tardio, desenvolvido já no entardecer da sua vida de filósofo, quando ele já não dispunha de tempo e de saúde mental para dar às suas ideias a unidade e a coerência que notabilizaram o programa da filosofia crítica.

Uma análise mais atenta e neutra das obras de filosofia jurídica e política de Kant pode, no entanto, desautorizar a acusação de que a disputa em torno da correta classificação da sua teoria do direito é causada pelas contradições e obscuridades do seu pensamento. Kant pode, sem dúvida, ser considerado um importante filósofo do jusnaturalismo moderno porque ele de fato construiu uma concepção inovadora, consistente e ambiciosa de direito natural baseado em princípios metafísicos da razão.[290]

---

[290] Vimos no primeiro capítulo alguns autores que classificam Kant como um precursor do positivismo jurídico. Entre os autores que o consideram um jusnaturalista podem ser citados Leslie A. Mulholland, *Kant's System of Rights*, p. 10-15; Mario A. Cattaneo, *Mettafisica del diritto e ragione pura*, p. 150-181; e Norberto Bobbio, *Direito e Estado no Pensamento de Emanuel Kant*, p. 83-87. Cattaneo apresenta um histórico bem elaborado das disputas em torno dessa classificação desde Gustav Hugo, que na segunda edição do seu *Lehrbuch des Naturrecht, als einer Philosophie des positiven Rechts*, de 1809,

Por outro lado, ele pode também ser considerado um filósofo do direito positivo, porque concebeu uma fundamentação filosófica da legislação pública que deu a ela uma dignidade teórica até então inédita na história do pensamento jurídico e político. Não se pode dizer propriamente que Kant foi um positivista, porque o positivismo jurídico legalista ainda não havia sido pensado e praticado no seu tempo, quando os códigos europeus viviam uma fase apenas embrionária; mas não é incorreto apontá-lo, juntamente com Hobbes, como um importante propulsor das ideias que formariam o núcleo do positivismo jurídico a partir do século XIX.

Desde logo é possível dizer que não se pode procurar em Kant um tipo de direito natural que vincule juridicamente o legislador e funcione, por exemplo, como condição de validade da legislação e nem mesmo um direito natural composto de normas morais diretamente aplicáveis pelos juízes. Os princípios metafísicos do direito natural de Kant não são normas que obrigam juridicamente os poderes de um Estado e que garantem direitos individuais independentemente da sua incorporação em um estatuto legal; esses princípios são ideias e conceitos da razão que têm validade objetiva e universal enquanto tais e que vinculam o legislador apenas moralmente a adotá-los nos processos de formação da constituição e das leis da república. Mas também não se pode procurar em Kant uma concepção de direito positivo meramente convencional ou indiferente aos conteúdos que podem ser escolhidos no processo legislativo. Os princípios metafísicos do direito racional obrigam moralmente o legislador a respeitá-los, porque o direito positivo deve realizar o fim supremo do direito e da política, que é a garantia de um estado civil que assegure a igual liberdade externa de todos e desse modo estabeleça as condições para atingir a paz perpétua.

Kant estava bem consciente de que o legislador pode não respeitar os princípios metafísicos do direito e pode inclusive submeter o direito positivo a propósitos injustos e antagônicos ao direito natural. Jusnaturalistas "puros" reivindicariam que, nesses casos, ou pelo menos nos casos mais graves de violação do direito natural, a legislação pública deve ser considerada nula e sem eficácia jurídica. Para Kant essa solução era impensável. O direito natural não é um critério de validade "jurídica" das leis, e quando o direito positivo contraria normas, valores ou deveres do direito natural, ele permanece juridicamente obrigatório para todos os cidadãos, que não podem resistir ao poder soberano ou desobedecer a suas leis e ordens apelando a uma suposta injustiça materializada pela viola-

---

teria pela primeira vez criticado a interpretação jusnaturalista de Kant. O próprio Cattaneo, contudo, afirma que "podemos declarar tranqüilamente que a filosofia jurídica kantiana é uma doutrina jusnaturalista" fundada em princípios transcendentes da razão (ob. cit., p. 150).

ção aos princípios jurídicos da razão prática pura.[291] A definitiva conciliação entre direito natural e direito positivo é um dever ético-político a ser cumprido pelo gênero humano dentro do processo histórico que o impele em direção ao ideal de república. Kant acredita e procura demonstrar que há elementos objetivos e universais na história da humanidade que revelam que o gênero humano está em constante progresso moral e político, e que esse progresso levará as sociedades a adotarem constituições republicanas, que, por sua vez, farão do direito positivo um instrumento de concretização do direito natural. O direito positivo de um Estado concreto nunca atingirá a perfeição das ideias racionais *a priori* do direito e da república, mas a história do gênero humano mostra que é possível esperar uma aproximação cada vez maior entre eles.

Neste capítulo vamos estudar como Kant pensa o direito natural e o direito positivo e como estabelece as bases de uma possível conciliação entre eles no âmbito da teoria do direito e da filosofia da história.

4.2. O direito natural e a legislação

Os estudiosos da filosofia de Kant queixam-se de que não existem dados consistentes sobre o desenvolvimento do seu pensamento antes da década de publicação das três *Críticas*. Na década imediatamente anterior (os *anos silentes*, na expressão de Manfred Kuehn[292]), Kant pouco publicou, e os escritos pré-críticos, como são chamados aqueles que foram publicados até 1770, não revelam elementos significativos para compreender a gestação do idealismo transcendental. Ainda, assim, as três *Críticas* e a *Fundamentação* deixam claro quais eram os filósofos com quem ele mantinha um diálogo intelectual e quais as ideias filosóficas que o mobilizavam. Kant pretendia demonstrar que o idealismo transcendental era capaz de superar as deficiências que ele acreditava existir tanto na concepção de metafísica do racionalismo dogmático de René Descartes, G. W. Leibniz e Christian Wolff quanto na rejeição da metafísica pelo empirismo de John Locke, David Hume e George Berkeley. A "revolução copernicana" pretendia salvar a metafísica dos equívocos dessas duas tradições de pensamento nascidas já na era moderna.[293] Nem na *Crítica*

---

[291] Portanto, Kant não aceitaria nem mesmo concepções moderadas de jusnaturalismo, como as de Radbruch e Alexy, que sustentam a invalidade *jurídica* de normas de direito e mesmo de sistemas jurídicos inteiros sempre que eles configurem casos de injustiça extrema e intolerável. Ver Gustav Radbruch, *Filosofia do Direito*, e Robert Alexy, *The Argument from Injustice*.

[292] Manfred Kuehn, ob. cit., p. 188-237.

[293] Ver J. Everet Green, *Kant's Copernican Revolution: The Transcendental Horizon*.

da Razão Pura nem na *Fundamentação* ou na *Crítica da Razão Prática* Kant estabelece uma discussão com filósofos clássicos ou com filósofos cristãos da Idade Média. Seu alvo preferencial são os filósofos da modernidade inaugurada por Descartes.[294]

Pois bem, o estudo da evolução da filosofia do direito de Kant é ainda mais carente de fontes históricas. Sabe-se, por exemplo, que Kant lecionou de forma intermitente sobre direito natural na Universidade de Königsberg desde 1767[295] até os anos noventa, mas não se tem uma visão satisfatória das obras e autores que eram discutidos nas aulas. Embora esteja fora do objetivo deste trabalho analisar a intertexualidade de Kant sobre a temática do direito em geral, pode-se dizer, com base no exame das suas obras publicadas, que ele não se ocupou com os escritos sobre direito natural de autores da tradição clássica, como Aristóteles, Santo Agostinho e Tomás de Aquino ou qualquer um de seus discípulos e comentadores.[296] Entre os autores da modernidade, não há qualquer dúvida que Thomas Hobbes, Hugo Grotius, John Locke, Christian Thomasius, Christian Wollf, David Hume e Jean-Jacques Rousseau foram lidos por ele e tiveram impacto em maior ou menor medida na elaboração tanto da sua obra política quando da sua teoria do direito,[297] mas não se pode afirmar que um autor tão representativo dessa escola como Samuel Pufendorf (segundo Finnis, o fundador do jusnaturalismo moderno) tenha sido estudado.[298] Alexander G. Baumgarten foi um dos filósofos wolffianos que mais o influenciou na elaboração de algumas das principais ideias usadas na construção da *Metafísica dos Costumes*, mas não é citado na *Doutrina do Direito*,[299] e escritores menos conhecidos do público contemporâneo, como Gottfried Achenwall[300] e Gottlieb Hufeland, foram lidos nos anos

---

[294] Entretanto, nas *Reflexionen zur Moralphilosophie* encontramos diversas referências a filósofos gregos clássicos.

[295] V. Manfred Kuehn, ob. cit., p. 204 e 359.

[296] Allen Wood, embora defenda a tese de que a filosofia moral kantiana possui importantes similaridades com a ética aristotélica, chega inclusive a dizer que "Kant parece não ter compreendido muito bem a ética de Aristóteles" (*Kantian Ethics*, 144).

[297] Sobre o impacto de alguns destes autores sobre a filosofia jurídico-política de Kant, ver Wolfgang Kersting, *Kant über Recht*, p. 197-132.

[298] Schneewind, por exemplo, sustenta que Kant provavelmente não leu Pufendorf; cf. *A invenção da autonomia*, p. 565.

[299] Ver Joãosinho Beckenkamp, "O Direito como Exterioridade da Legislação Prática em Kant" e José Lamego, na apresentação à sua tradução da *Metafísica dos Costumes*. Segundo Lamego, "as preleções iniciais de Kant sobre filosofia moral eram feitas com base nos compêndios do wolffiano Baumgarten e a sua obra pré-crítica intitulada *Eine Vorlesungen über Ethik* – que serviu de texto das suas exposições sobre filosofia moral entre 1775-1785 – reflete ainda a estrutura e a conceptualização da *philosophia practica* wolffiana".

[300] Kant refere sua discordância com Aschenwall em relação à dualidade estado de natureza-estado social na Reflexão nº 7523 (período 1766-1768) e no § 41 da *Doutrina do Direito* (MC, p. 168, Ak 6.306).

de preparação da *Metafísica dos Costumes*.[301] De qualquer forma, o raio de abrangência da teoria do direito natural de Kant é formado pelas obras sobre filosofia moral, política e jurídica produzidas pelos autores da modernidade, ou seja, a partir de Hobbes e Grotius.[302]

Kant jamais expôs uma doutrina sistemática sobre o direito natural. A sua teoria do direito natural só pode ser compreendida a partir de uma leitura do conjunto dos textos em que ele trata de filosofia jurídica, moral e política, embora seja possível afirmar que a *Metafísica dos Costumes* é de fato o texto fundamental para estudar o tema. O direito natural surge pela primeira vez na *Metafísica dos Costumes* já na introdução geral à obra, e a sua abordagem aparece desde então associada ao direito positivo:

> As leis vinculativas para as quais é possível uma legislação externa chamam-se, em geral, leis externas (*leges externae*). Entre estas, estão aquelas a que se pode reconhecer vinculatividade através da razão mesmo sem legislação externa *a priori*, e que são, na verdade, leis externas mas naturais; aquelas outras que, pelo contrário, de modo algum obrigam sem legislação externa efetiva (sem a qual não seriam, portanto, leis), chamam-se leis positivas. Pode-se, pois, pensar uma legislação exterior que contenha somente leis positivas, mas então deveria ser precedida por uma lei natural que fundamentasse a autoridade do legislador (quer dizer, a faculdade de obrigar outros apenas mediante o seu arbítrio).[303]

Na Introdução à Doutrina do Direito, Kant voltará a tratar do direito natural, que novamente recebe tratamento conjugado ao direito positivo:

> O conjunto das leis para as quais é possível uma legislação externa chama-se doutrina do direito (*Ius*). Se tal legislação é realmente existente, então é doutrina do direito positivo e aquele que é nela versado, o jurisconsulto (*Iurisconsultus*), chama-se perito em direito (*Iurisperitus*) se conhece as leis externas também exteriormente, quer dizer, na sua aplicação aos casos que se apresentam na experiência, doutrina que pode então também ser chamada jurisprudência (*Iurisprudentia*), mas que sem a conjugação de ambas subsiste como mera ciência jurídica (*Iurisscientia*). A última denominação corresponde ao conhecimento sistemático da doutrina do direito natural (*Ius naturae*), se bem que o jurisconsulto tenha de retirar desta última os princípios imutáveis para toda a legislação.[304]

Ainda na Introdução à *Rechtslehre*, quando propõe uma "divisão geral dos direitos", ele formula a seguinte distinção:

---

[301] Manfred Kuehn, ob. cit., p. 309.

[302] As notáveis exceções são Cícero, em relação à doutrina estóica do dever, e o jurista romano Ulpiano, acerca dos três princípios básicos do Direito, *honeste vivere, neminem laedere* e *suum cuique tribuere*, tratados na "Divisão geral dos deveres jurídicos" da *Metafísica dos Costumes*. Para um estudo da exposição de Kant sobre os princípios de Ulpiano, ver Höffe, *Kant's Cosmopolitan Theory of Law and Peace*, p. 119-131.

[303] Kant, MC, p. 34-35 (Ak 6.224), tradução ligeiramente alterada por questão de estilo.

[304] Idem, ibidem, p. 41 (Ak 6.229).

> Os direitos, enquanto doutrinas sistemáticas, dividem-se em direito natural, que assenta em puros princípios *a priori*, e direito positivo (estatutário), que procede da vontade de um legislador.[305]

Por fim, já ao final desta Introdução, ele apresenta outra definição classificatória de direito natural:

> A divisão suprema do direito natural não pode ser a divisão em direito natural e direito social, o primeiro dos quais é denominado direito privado e o segundo direito público. Porque ao estado de natureza não se contrapõe o estado social, mas o civil: pois naquele pode muito bem haver sociedade, só que não é civil (que assegure o meu e o teu mediante leis públicas) e daí que o direito se denomine no primeiro caso direito privado.[306]

Essas passagens mostram que o conceito de direito natural exerce um papel fundamental na teoria do direito de Kant. Entretanto, o direito natural kantiano é parte da estrutura filosófica do idealismo transcendental e por isso ele implica um rompimento com as concepções teóricas sobre o direito natural formuladas pelos filósofos gregos e medievais e mesmo pelos jusnaturalistas modernos. A primeira diferença a ser realçada é que o direito natural kantiano não é um direito da natureza, isto é, não é um direito que já está dado na natureza das coisas ou na natureza humana tal ela é em si ou como Deus a concebeu, e que a razão apenas apreende enquanto objeção da cognição humana. Conforme vimos antes, o direito natural pertence à classe das leis morais que são leis da liberdade dadas pela razão prática pura. Lamego corretamente assinala que "o que é novo em Kant é, precisamente, o método transcendental de fundamentação da obrigação moral, depurando a idéia de vontade moral de todo o condicionamento empírico".[307]

Em *Vigilantius*, Kant estabelece algumas distinções que são fundamentais para compreender o lugar que o conceito de direito natural ocupa na estrutura da sua filosofia moral. Em primeiro lugar, ele distingue as *leis da natureza* das *leis da liberdade*. As leis da natureza "determinam a existência de uma coisa e se apresentam de um modo necessário", como ocorre com a influência da lua sobre o clima; as leis da natureza nunca implicam um *dever ser*. Já as leis da liberdade são regras da ação racional livre, através das quais a ação se torna possível pela livre escolha do agente; essas regras "determinam sempre que algo *deve* acontecer".[308] O que torna possível inserir essas duas espécies tão distintas dentro do mesmo conceito de "lei" é que ambas podem ser consideradas como fundadas *a*

---

[305] Kant, MC, p. 55 (Ak 6.237).
[306] Idem, ibidem, p. 64 (Ak 6.242).
[307] Lamego, "Apresentação" à *Metafísica dos Costumes*, p. XXI-XXII.
[308] Kant, LE, p. 258 (Ak 27.487).

priori e válidas necessária e objetivamente.[309] Por outro lado, Kant expõe um outro significado de leis naturais que nada tem a ver com regras da natureza: entre as leis morais existem também *leis naturais* da razão prática que se distinguem das *leis positivas ou estatutárias*. Enquanto as leis naturais são conhecidas *a priori* pela razão prática pura, as leis estatutárias são dadas somente a partir da vontade de alguém, e emanam da escolha de uma outra pessoa, que é a fonte da própria obrigação: "portanto, diz Kant, [a distinção entre] leis naturais e leis estatutárias depende de se o fundamento do dever é conhecido pela legislação da mera razão ou dado pela vontade de uma outra pessoa".[310] Na medida em que define o direito natural como composto de leis da liberdade conhecidas pela razão, Kant rejeita as formas de jusnaturalismo que haviam sido propostas desde a Grécia Antiga até a Idade Moderna e portanto rompe com o jusnaturalismo do realismo metafísico aristotélico-tomista.

O fundamento do direito natural não é algo que está determinado heteronomamente pelos fins intrínsecos da natureza humana ou em qualquer concepção de bem que seja independente da razão.[311] Todavia, ele

---

[309] Kant, MC, p. 21 (Ak 6.215).

[310] Kant, LE, p. 275 (Ak 6.511).

[311] O conceito de legislação em Kant é tradicionalmente vinculado à concepção de autonomia da vontade e por isso o seu conceito de direito natural é também frequentemente confundido com uma concepção voluntarista de jusnaturalismo. Algumas das passagens mais célebres de seus escritos sobre filosofia moral contribuem para estimular esse equívoco. Na *Fundamentação* ele afirma que "o homem está sujeito unicamente a sua legislação" (p. 63) e que "a autonomia da vontade é a propriedade da vontade, graças à qual ela é para si mesmo a sua lei (independentemente da natureza dos objetos do querer)" (p. 70). No entanto, a ideia kantiana de lei moral como legislação que a razão conhece *a priori* e que vale necessária, objetiva e universalmente é evidentemente incompatível com qualquer concepção voluntarista, tanto de lei moral quanto de direito natural. O direito natural não é algo criado pela vontade dos homens, mas algo que a razão dos homens reconhece como uma lei *a priori* que obriga praticamente de modo necessário e objetivo. Apenas as leis estatutárias ou positivas vinculam unicamente pela vontade de alguém, no caso a vontade do detentor do poder político (ver *Vigilantius*, §§ 18 e 27). Essa questão ainda não parece suficientemente esclarecida pelos especialistas na filosofia moral kantiana. Recentemente Allen Wood desafiou a interpretação convencional do conceito kantiano de autonomia ao sustentar que, como as leis naturais não são determinadas pela vontade de nenhum ser racional ou divino, e como elas vinculam os homens de modo necessário e absoluto, Kant deve ser considerado um realista metaético porque ele extrai as leis morais não da vontade dos seres racionais, mas "da natureza (ou na essência) das coisas" (*Kantian Ethics*, p. 112-114). A favor da tese iconoclasta de Wood contam algumas passagens importantes das *Vorlesungen über Ethik* que não foram incluídas na *Metaphysik der Sitten*. No § 18 de *Vigilantius*, por exemplo, ele diz que "existe uma distinção entre leis da razão, i.e., que podem ser conhecidas puramente *a priori* a partir da razão *e da natureza do caso* (grifei); e leis estatutárias, i.e., que são conhecidas unicamente a partir da vontade de outrem, e emanadas da vontade de outrem". Para conciliar essa concepção realista de lei moral com o conceito de autonomia da vontade, Wood sugere que "nós devemos nos considerar legisladores da lei moral apenas na medida em que a obedecemos"; "somente aqueles que a obedecem por respeito à sua autoridade objetiva são verdadeiramente autônomos"; "nós ascendemos à dignidade da auto-legislação somente quando *obedecemos* à lei cuja necessidade prática é reconhecida por nós como absoluta e independente das nossas escolhas arbitrárias"; "a lei moral não é uma lei da autonomia porque nós estamos em uma relação de autoridade soberana sobre a lei, tal como seria se fôssemos o autor de leis meramente positivas ou estatutárias. É uma lei da autonomia apenas na medida em que nós somos bem sucedidos em alinharmos nossa vontade ao que a lei objetivamente comanda, realizando assim

também descarta o jusnaturalismo fundado em uma concepção voluntarista de contrato social que surge na modernidade.[312] O direito natural kantiano chama-se assim porque é o direito que regula as relações entre os homens no estado de natureza, mas o estado de natureza kantiano também jamais existiu ou existe na natureza fenomênica, pois se trata de uma ideia da razão. Kant sustenta que a razão pura pode pensar um estado de natureza em que os homens necessariamente entram em relações recíprocas, as quais, por sua vez, estão desde sempre reguladas por princípios que a própria razão concebe *a priori*. Este estado é chamado de natural ou privado, porque a ele se opõe um estado não natural, no qual os homens ingressam em uma condição civil e nela instituem uma legislação externa que forma o direito público dotado de obrigatoriedade geral e força coercitiva. Por isso o direito do estado de natureza é o direito natural, e o direito do estado civil é o direito civil ou público. O direito natural é, portanto, uma lei da razão[313] que vale necessária, objetiva e universalmente como um ditame da própria razão prática pura, antes e independentemente do ingresso em um estado jurídico.

Sem qualquer pretensão de esgotar o exame do direito natural na obra kantiana e a sua repercussão na história da filosofia jurídica, dividiremos analiticamente este estudo em três tópicos, que, no seu conjunto, permitem uma visão global do tema: (a) o conteúdo do direito natural, (b) a sua relação com o direito positivo e (c) a vinculação do Estado e, particularmente, do legislador aos comandos do direito natural.

4.2.1. O conteúdo do direito natural

O conteúdo do direito natural kantiano está centrado na proteção da liberdade externa da pessoa humana, em consonância com o próprio sistema da moralidade em Kant, cujo princípio supremo é a autonomia moral do homem. Enquanto a *ética* determina o exercício da liberdade interna do homem vinculando suas ações à capacidade de resistir às inclinações da natureza (liberdade interna negativa) e ao poder da vontade de agir motivada por deveres que o homem se dá através de sua própria razão (liberdade interna positiva), o *direito* é o conjunto das condições que permite a coexistência da igual liberdade externa de todos de acordo com uma lei universal da liberdade. Assim como a liberdade interna tem

---

a natureza da nossa vontade como uma faculdade da razão prática" (ob. cit., p. 119). A aceitação da tese de Allen Wood exigiria repensar a relação da filosofia moral kantiana sobretudo com a tradição aristotélica, e inegavelmente colocaria sob suspeita o grau de ruptura do direito natural kantiano *vis-à-vis* o jusnaturalismo clássico. Contudo, essa tarefa sumamente interessante e importante está além do limites estabelecidos para este estudo.

[312] Franz Wieacker, *História do Direito Privado Moderno*, p. 401-404.
[313] Otfried Höffe, *Kant's Cosmopolitan Theory of Law and Peace*, p. 95.

um aspecto negativo e um positivo, a liberdade externa implica também uma defesa contra ações que limitam ou impedem o uso da nossa liberdade externa (*liberdade externa negativa*) e uma faculdade de escolher e agir externamente conforme determina a nossa razão – desde que a ação seja compatível com uma lei universal da liberdade –, e não conforme fins pessoais impostos pelo legislador (*liberdade externa positiva*).[314] Além disso, o direito assegura ainda uma outra dimensão da liberdade, que é a *autonomia pública* do cidadão, ou seja, o direito dos cidadãos de criar as leis jurídicas que regem as suas condutas e definem os seus direitos e deveres jurídicos. Assim, o direito exerce uma tríplice função em relação à liberdade externa: 1) uma função de defesa contra a violência física dos outros; 2) uma função de proteção da liberdade de escolha em face do paternalismo moral; e 3) uma função de garantia da autonomia pública dos cidadãos.

Não surpreende, por isso, que para Kant a liberdade seja o único direito inato e originário, "que corresponde a todo o homem em virtude da sua humanidade".[315] O termo *direito inato*, diz Kant, "refere-se a nada além do que o uso do meu arbítrio, ou a liberdade de resistir à escolha de outra pessoa, na medida em que a máxima da minha ação é compatível com a liberdade dos outros de acordo com uma lei universal".[316] Os demais direitos do homem são todos direitos adquiridos, vale dizer, o homem só os tem quando deixa o estado de natureza e ingressa na condição civil mediante a instituição de uma constituição jurídica. O direito de propriedade, os direitos contratuais e os direitos de família que foram expostos ao longo da doutrina do direito privado (Parte I da *Rechtslehre*) são todos direitos que o homem só adquire quando previstos na legislação pública de um Estado. Já a liberdade externa é o único direito que o homem tem independentemente do ingresso na condição civil. Ao explicitar o conteúdo do direito inato à liberdade na Introdução à Doutrina do Direito, Kant confere-lhe três manifestações:1) a independência em relação ao arbítrio violento de outrem, 2) a igualdade inata, que nos assegura a liberdade de não sermos obrigados pelos outros a mais do que reciprocamente os podemos obrigar, e 3) a faculdade de fazermos aos outros o que não lhes prejudica, como a faculdade de comunicar-lhes nosso pensamento e contar-lhes ou prometer-lhes algo. Como vimos no parágrafo anterior, uma sistematização das reflexões de Kant sobre o direito inato à liberdade expostas no conjunto da sua obra jurídica permite uma composição bem

---

[314] Essa dimensão positiva da liberdade externa decorre do argumento de Kant de que o Estado existe apenas para proteger a liberdade externa de cada um de seus membros, e não para promover a felicidade deles; v. Paul Guyer, *Kant*, p. 281.

[315] Kant, MC, p. 56 (Ak 6.238).

[316] Kant, LE, p. 337 (Ak 27.588).

mais complexa e rica do conteúdo deste direito do que sugere a modesta passagem a ele dedicada na *Metafísica dos Costumes*.

Uma chave de leitura decisiva para compreender o alcance do direito inato de liberdade encontra-se na sua associação conceitual com a "humanidade" do homem. Na segunda formulação do imperativo categórico na *Fundamentação da Metafísica dos Costumes*, Kant havia deixado assentada a fórmula da humanidade, cujo princípio consiste em que a "natureza racional existe como um fim em si mesmo", e cuja lei determina o seguinte: "age de tal maneira que possas usar a humanidade, tanto em tua pessoa como na pessoa de qualquer outro, sempre e simultaneamente como um fim e jamais como um meio".[317] A fórmula da humanidade contém um princípio subjetivo das ações humanas e, "ao mesmo tempo, um princípio objetivo, do qual, como princípio prático supremo, hão de poder derivar todas as leis da vontade".[318] Por conseguinte, já na *Fundamentação* a fórmula da humanidade é apresentada também como um princípio objetivo do qual são derivadas todas as leis da vontade, expressão essa que, em Kant, refere-se a todas as leis morais, inclusive as leis do direito, que só serão expostas na *Metafísica dos Costumes*.

Pois bem, o fundamento moral *material* da proteção da liberdade externa dos homens através do império do direito é o princípio objetivo da humanidade. Em *Vigilantius*, Kant sustenta que, no que concerne aos fundamentos determinantes dos nossos deveres, pode-se considerar os deveres em relação à *forma* e em relação à *matéria*. O princípio universal do direito enquanto coexistência das liberdades sob uma lei universal é um princípio meramente formal dos deveres. Se, no entanto, os deveres e seus fundamentos de determinação são considerados em relação à matéria, então a ação necessita de um objeto ao qual esteja relacionada:

> Este objeto, ou a matéria nessa determinação do dever, é o fim da ação. Embora esse fim seja indeterminado em seus limites, há, contudo, um fim que nós devemos ter em vista quando cumprimos nossos deveres, e que deve assim ser constituído de modo que a retidão universal possa coexistir com ele. [...] Além da liberdade de ação, há assim um outro princípio presente, que em si mesmo é ampliativo, e que, enquanto a liberdade é restringida pela determinação de acordo com a lei, aqui ela é, pelo contrário, ampliada por essa matéria ou fim, e algo está presente que tem que ser adquirido. O direito moral universal agora divide-se, por conseguinte, em dever formal e dever material de acordo com o direito estrito (aqui *ethico-legale, não legale in sensu civili*).[319]

A seguir Kant explicita que o princípio que determina a matéria do nosso dever é o princípio da humanidade que havia sido apresentado na

---
[317] Kant, FMC, p. 59.
[318] Idem, ibidem, p. 59.
[319] Kant, LE, p. 300-301 (Ak 27.542-543).

Fundamentação.[320] A preservação da nossa própria humanidade e da humanidade de todas as outras pessoas depende necessária e objetivamente da instituição de condições que assegurem a fruição recíproca e universal da liberdade de ação de todos. O homem só se realiza como um fim em si mesmo, como alguém que não é um meio para a realização dos fins de outra ou de outras pessoas, inclusive quando representadas pelo Estado, quando a sua liberdade externa, isto é, a sua liberdade de escolher e de agir na vida prática, está institucionalmente garantida por um sistema de leis públicas no qual as liberdades externas de todos possam coexistir segundo uma lei universal da liberdade. Porém repita-se: o fundamento material do direito inato à liberdade não é o sistema de leis públicas, e sim o próprio princípio da humanidade, por isso se trata de um direito inato e originário do homem, cuja aquisição independe do consentimento das outras pessoas; não se trata, pois, de um direito adquirido, que precisamente depende do consentimento dos outros para ser reconhecido.[321]

Ocorre que a composição do conteúdo desse direito de liberdade, exposto com surpreendente brevidade e superficialidade por Kant, pode ir bem além do que consta na *Metafísica dos Costumes*. Dos textos de Kant podemos derivar do direito inato à liberdade o direito à liberdade de expressão, onipresente nos seus ensaios políticos (*Idéia de uma História Universal*, *O que é o Iluminismo?*, *Teoria e Prática*, *À Paz Perpétua* e *O Conflito das Faculdades*), o direito de comunicação do pensamento (*Introdução à Doutrina do Direito*), o direito dos filhos menores de serem cuidados, protegidos e educados por seus pais (*Doutrina do Direito, Parte I*) e o direito a objetos externos sobre os quais a pessoa detém posse física e a um espaço de terra necessário para a existência individual (*Doutrina do Direito, Parte I*).[322] Além dessas derivações feitas pelo próprio Kant, pode-se ir adiante para reconhecer que o direito inato à liberdade inclui necessariamente a proteção do nosso corpo contra a violência física que ameaça nossa vida e nossa integridade corporal, e, portanto, proíbe o homicídio, a tortura, o sequestro, o estupro e outras formas evidentes de ataque ao nosso corpo; do mesmo modo, o exercício da nossa liberdade de ação implica o reconhecimento do direito de livre locomoção física.[323] Está implícito também no texto da Introdução à Doutrina do Direito o direito à igualdade de direitos entre os membros de uma comunidade política, fundado no princípio da "igualdade inata", segundo o qual eu só posso ter os direitos que

---

[320] Kant, LE, p. 301-302 (Ak 27.542-543).
[321] Paul Guyer, *Kant*, p. 266.
[322] Leslie Mulholland, *Kant's System of Rights*, p. 201-231.
[323] Ver, a propósito, Paul Guyer, *Kant*, p. 244-245. Guyer sustenta que o direito de comunicar nossos pensamentos a outras pessoas, de contar-lhes ou prometer-lhes algo, exposto no texto dedicado ao direito inato, é um exemplo do direito de livre uso do nosso corpo (v. p. 285).

os outros podem também simultaneamente ter, assim como não posso ter os direitos que os outros simultaneamente também não podem ter.[324]

Além da sucinta abordagem do direito inato à liberdade e das derivações que a interpretação da sua obra autoriza, o direito natural kantiano também está composto pela estrutura fundamental dos direitos adquiridos expostos na doutrina do direito privado, a *Parte I* da *Doutrina do Direito*. Vimos acima que o direito privado contempla três espécies de direitos adquiridos: os direitos reais (direitos de propriedade), os direitos pessoais (direitos contratuais) e os direitos pessoais de caráter real (direitos matrimoniais, direitos parentais e direitos de chefe de família). Esses direitos não pertencem à classe dos direitos inatos de liberdade que podem ser deduzidos diretamente do princípio da humanidade, e, portanto, são direitos que só valem quando são adquiridos por meio da sua incorporação no direito positivo de um Estado. Kant apresenta os direitos adquiridos como pertencendo à estrutura racional *a priori* das relações interpessoais, o que significa que eles podem ser pensados pela razão legisladora independentemente da sua incorporação em uma legislação, conquanto só possam ser reivindicados pelas pessoas quando essa incorporação ocorrer.

Embora considerados direitos adquiridos, esses direitos pertencem ao direito privado, porque a sua estrutura racional pode ser pensada *a priori* como intrínseca à interação entre os homens (*justitia commutativa*). Kant inclui nessa classe direitos tradicionais do direito civil desde o direito romano, como a usucapião, a herança, o comodato e a doação. Ao apresentar três formas de aquisição ideal de um objeto exterior do arbítrio (usucapião, herança e direito à reputação *post mortem*), Kant afirma que "só num estado jurídico podem estas três espécies produzir efeito, mas não se baseiam na constituição desse estado e em estatutos arbitrários, sendo, ao invés também concebíveis *a priori* no estado de natureza".[325] O mesmo argumento é usado na fundamentação do direito à herança: "os testamentos são válidos desde logo segundo o mero direito natural (*sunt juris naturae*), afirmação esta que deve, contudo, ser entendida do seguinte modo: que são suscetíveis de e têm dignidade para serem introduzidos no estado civil (quando ele vier a surgir)".[326]

---

[324] Paul Guyer, *Kant*, p. 267. Kant denomina esse direito de igualdade inata um "princípio radical". De fato, anunciado de forma abstrata e sem nuanças, suas consequências podem ser excessivas e não encontrariam apoio em algumas posições idiossincráticas de Kant, como por exemplo a vedação do voto às mulheres e aos homens economicamente dependentes. Sem embargo, esse princípio tem o efeito de proibir, por exemplo, a escravidão e a servidão feudal, preocupações filosóficas, jurídicas e políticas muito mais urgentes à época de Kant.

[325] Kant, MC, p. 144 (Ak 6.291).

[326] Idem, ibidem, p. 150 (Ak 6.294).

O direito natural kantiano é, em síntese, composto pelo direito inato à liberdade e os direitos que podem ser dele derivados com base no princípio da humanidade, assim como pelos direitos adquiridos que podem ser pensados pela razão prática legisladora como intrínsecos às interações entre as pessoas. O direito inato existe em virtude da própria humanidade de cada pessoa e é *universalmente* o mesmo;[327] os direitos adquiridos, ao contrário, só existem quando e como previstos em uma legislação pública de um Estado, embora a sua estrutura racional possa ser pensada *a priori*. Contudo, isso não significa que o direito inato à liberdade tenha validade *jurídica* independentemente da sua incorporação na legislação. Todo o direito natural em Kant só tem validade jurídica e por isso só detém a força coercitiva inerente ao direito quando incluído na legislação positiva de um Estado e submetido às condições da justiça distributiva (*justitia distributiva*). Surge aqui o problema de definir as relações entre o direito natural e o direito positivo.

4.2.2. A relação do direito natural com a legislação jurídica

Na Introdução à Metafísica dos Costumes, Kant afirma que a legislação jurídica pode ser dividida entre as leis naturais do direito que vinculam *a priori* pela própria razão e as leis positivas do direito que não obrigam sem uma "legislação externa efetiva". Logo a seguir, ele ressalva que é possível "pensar uma legislação exterior que contenha somente leis positivas, mas então deveria ser precedida por uma lei natural que fundamentasse a autoridade do legislador".[328] Uma leitura isolada dessa passagem poderia levar o intérprete a concluir que existem duas alternativas de relação entre o direito natural e o direito positivo. Na primeira, o direito como um todo aparece dividido por duas espécies de legislação: o direito natural, que vale diretamente com base na razão humana, e o direito positivo, que vale com base na vontade geral; na segunda, o direito é composto somente pelo direito positivo, e o direito natural aparece apenas como fundamento da autoridade do legislador. Nessa última alternativa, o conteúdo da legislação positiva seria o produto da vontade arbitrária do legislador e não teria que estar baseado nos princípios do direito natural.[329] Embora admita a possibilidade dessa alternativa, Kant defende na *Rechtslehre* uma outra fórmula para o problema da relação entre o direito natural e o direito positivo.

---

[327] Kant, TP, p. 78 (Ak 8.240).
[328] Kant, MC, p. 35 (Ak 6.224).
[329] Estas alternativas podem ser refinadas e originar novas subdivisões; no entanto, não há necessidade de avançarmos esse refinamento no argumento que estamos desenvolvendo.

Na doutrina do direito privado, Kant sustenta que o direito natural vale provisoriamente no estado de natureza e somente adquire efetividade ou caráter definitivo quando incorporado na legislação pública de uma constituição jurídica. Mas o legislador não é livre para decidir se deve ou não incluir os princípios do direito natural no direito positivo: "O direito natural no estado de uma constituição civil (quer dizer, aquele que pode inferir-se para ela a partir de princípios *a priori*) não pode ser posto em causa pelas leis estatutárias desta última".[330] Antes de ser incorporado na legislação de um Estado, o direito natural tem existência como ideia da razão e vale apenas provisoriamente. Somente quando e se é incorporado no direito positivo de um Estado é que o direito natural passa a ter validade jurídica definitiva e a gozar da força coercitiva que está analiticamente ligada ao conceito do direito. No entanto, o conteúdo da legislação positiva deve basear-se nos princípios do direito natural. O direito público, diz Kant, "não contém mais deveres das pessoas entre si ou outros deveres distintos dos que se podem conceber no estado de direito privado; a matéria do direito privado é precisamente a mesma em ambos os estados".[331] Na doutrina do direito público, ele apresenta o argumento mais bem acabado na defesa desta tese:

> Se antes de entrar no estado civil não se quisesse reconhecer nenhuma aquisição como legal, nem sequer provisoriamente, então aquele estado seria ele mesmo impossível. Porque no que diz respeito à forma, as leis sobre o meu e o teu no estado de natureza prescrevem precisamente o mesmo que prescrevem no estado civil, conquanto este seja concebido somente de acordo com conceitos racionais puros, só que neste último são oferecidas também as condições sob as quais aquelas alcançam efetivação (de acordo com a justiça distributiva).[332]

Assim, o direito privado, que é o direito natural para Kant, oferece ao mesmo tempo o fundamento racional da autoridade política e os conceitos racionais com base nos quais o legislador deve instituir o direito positivo. O direito positivo kantiano não é, pois, fruto de uma convenção que reflete um poder absoluto e arbitrário da autoridade política, já que está racionalmente condicionado pelo direito natural.[333] Kant, portanto, subverte a antiga dicotomia a respeito do direito entre natureza e convenção:[334] o direito natural não está nem na natureza nem nas convenções humanas, mas em princípios *a priori* da razão prática pura que dizem

---
[330] Kant, MC, p. 86 (Ak 6.256).
[331] Idem, ibidem, p. 169 (Ak 6.306).
[332] Idem, ibidem, p. 177-18 (Ak 6.313).
[333] Ver, a respeito, Nigel Simmonds, *Law as a Moral Ideal*, p. 12-13.
[334] Ver, sobre a história desta dicotomia, James Bernard Murphy, *The philosophy of positive law: foundations of jurisprudence*, onde o autor estuda essa bipolaridade nas filosofias de Platão, Tomás de Aquino, Thomas Hobbes e John Austin.

como o direito é enquanto *ideia da razão* e oferecem o conteúdo do direito positivo. Em contrapartida, o direito natural só tem efetividade e definitividade e só goza do atributo específico do direito que é a força coercitiva quando é incorporado na legislação pública. Sem essa "positivação", o direito natural não é direito no sentido estrito do conceito. Essa tese, decisiva para compreender o conceito de direito natural em Kant, estava anunciada já na Reflexão n° 7084 (datável entre 1776-1778): "Sem a ordem civil, o direito natural como um todo é uma mera doutrina da virtude, e se chama direito simplesmente enquanto um plano para uma possível lei coativa, portanto, para uma ordem civil".[335]

Esse arranjo teórico entre os dois pólos do direito desloca Kant dos esquemas tradicionais de solução para o problema da relação entre direito natural e direito positivo. Infelizmente o filósofo alemão jamais foi suficientemente claro na explicação sobre a sua própria solução. É somente quando examinamos especificamente a questão da vinculação do legislador ao direito natural no conjunto da sua obra que podemos compreender melhor o seu pensamento.

4.2.3. A vinculatividade do direito natural

Dos três temas centrais que estamos examinando, a questão da vinculação do legislador e dos poderes públicos do Estado aos princípios racionais do direito natural é provavelmente o que provoca maior dificuldade de interpretação. Isso ocorre porque Kant não aborda diretamente essa questão, de modo que somos forçados a recorrer a uma interpretação sistemática dos seus textos jurídicos e políticos para entender a sua verdadeira posição. No ensaio *Teoria e Prática*, em que se ocupa de refutar a tese de que argumentos teóricos não têm ou podem não ter nenhum valor na prática, ele assinala que "em nenhum lado uma práxis que passa por cima de todos os princípios puros da razão se pronuncia com mais pretensão sobre a teoria do que na questão acerca das exigências de uma boa constituição política".[336] Essa advertência parece ser dirigida *prima facie* contra a pretensão "positivista" de que o direito positivo de um determinado povo vale e deve ser obedecido independentemente da sua concordância com os princípios teóricos do direito. Ao tratar do contrato social originário como pacto fundador do estado jurídico, Kant recusa o caráter histórico desse contrato e afirma que ele é *uma simples ideia da razão*. No entanto, o fato de ser uma *ideia da razão* e de pertencer ao plano da teoria não elimina a aplicação prática do contrato originário, conforme ele esclarece nesta passagem:

---

[335] Kant, *Reflexiones*, p. 156 (Ak 27.244-245).
[336] Kant, TP, p. 93 (Ak 8.268).

> Mas [o contrato originário] é uma *simples idéia* da razão, a qual tem no entanto a sua realidade (prática) indubitável: a saber, obriga todo o legislador a prover as suas idéias como se elas *pudessem* emanar da vontade coletiva de um povo inteiro, e a considerar todo o súdito, enquanto quer ser cidadão, como se ele tivesse assentido pelo seu sufrágio a semelhante vontade. É esta, com efeito, a pedra de toque de toda a lei pública.[337]

Conquanto Kant diga aqui que o contrato social *obriga* o legislador apesar de ser uma mera ideia da razão, o argumento não chega ao ponto de especificar que espécie de obrigação recai sobre o poder legislativo e quais são as consequências para uma lei que contraria os princípios racionais do direito. Entretanto, em uma passagem mais adiante, no mesmo ensaio, Kant parece assumir uma posição mais firme sobre esta questão:

> Mas se existe na razão algo que se pode exprimir pela palavra direito público (*Staatsrecht*) e se, para homens que se encontram entre si no antagonismo da sua liberdade, este conceito tem uma força vinculante, por conseguinte, realidade objetiva (prática), sem ser preciso, no entanto, olhar pelo bem-estar ou pelo incômodo que daí lhes pode provir (e cujo conhecimento se funda apenas na experiência): então baseia-se em princípios *a priori* (pois a experiência não pode ensinar o que é o direito), e há uma *teoria* do direito público (*Staatsrecht*), *sem cuja concordância nenhuma prática é válida.*[338] (grifei)

Essa passagem exortaria o intérprete a entender que Kant está afirmando que o direito positivo de um determinado Estado só é válido quando concorda com o direito da razão prática pura. Todavia, no enigmático parágrafo seguinte, ele tornará as coisas mais difíceis para seu intérprete ao admitir que, contra esse argumento, pode se alegar que "os homens podem ter na cabeça a ideia dos direitos que lhes são devidos, porém, em virtude da dureza do seu coração, seriam incapazes e indignos de ser tratados em conformidade com eles".[339] Ou seja, os homens podem conhecer o direito racional, mas como são seres livres e moralmente imperfeitos, podem ainda assim instituir leis públicas contrárias às ideias da razão. Nesse caso, Kant concede que um soberano com poder supremo e dotado de prudência poderia manter o povo em ordem, mas então não haveria um império do direito, e sim o império da força do soberano, contra a qual o povo poderia se levantar para tentar impor a sua própria força e, assim, tornar insegura "toda a constituição jurídica". Por isso, "se nada existe que *pela razão* force ao respeito imediato, então todas as influências sobre o arbítrio dos homens são impotentes para restringir a sua liberdade" (grifei). Aparentemente, ele está dizendo que o legislador está vinculado *pela razão* à *ideia do direito* que lhe dá a razão prática pura. O problema é que o conceito de *vinculação pela razão* no domínio do direito jamais foi suficientemente esclarecido por Kant. O parágrafo transcrito

---

[337] Kant, TP, p. 83 (Ak 8.250).
[338] Idem, ibidem, p. 93 (Ak 8.269).
[339] Idem, ibidem, p. 93-94 (Ak 8.269).

logo acima sugere que as leis que contrariam os princípios do direito natural não têm validade, o que no direito só pode significar que elas não possuem a força coercitiva que é lhe própria e, por conseguinte, não obrigam juridicamente ninguém a seguir os seus comandos. O comentário seguinte, entretanto, afrouxa o argumento ao insinuar que essa vinculação não é propriamente jurídica, pois os princípios do direito natural obrigam apenas *na razão*. É verdade que esse conceito é eminentemente kantiano e só pode ser compreendido no interior da filosofia kantiana. Contudo, quando aborda o problema do conceito de direito, Kant se mantém fiel ao discurso dos juristas modernos que associaram o direito à ideia de coerção pública. Para Kant, as leis jurídicas e somente elas sempre gozam de força coercitiva; por consequência, as leis morais da razão que não gozam de força coercitiva não são jurídicas.

A exasperante indefinição que ainda está presente no ensaio de 1793 irá dissipar-se completamente na *Doutrina do Direito*. Em 1797 Kant já estava suficientemente seguro para afirmar que os princípios racionais do direito natural, embora forneçam ao legislador "os princípios imutáveis de toda a legislação positiva",[340] só ganham validade jurídica e força coercitiva quando são incorporados em uma legislação pública por uma decisão da autoridade política. A complexa e minuciosa fundamentação do direito de propriedade no estado de natureza conduz a argumentação em defesa da supremacia do direito positivo e leva Kant a concluir que só a vontade geral (omnilateral)[341] pode oferecer à propriedade (o meu e o teu externos) a segurança jurídica necessária, mas o estado submetido a uma legislação externa pública, acompanhado de poder, é o estado civil. Por isso, só no estado civil pode dar-se um meu e teu exteriores. Isto é, somente quando o direito de propriedade e, por extensão, todos os demais direitos estão garantidos no direito positivo é que ele se torna de fato um direito jurídico. O argumento vale, inclusive, para o direito inato à liberdade e todos os seus direitos derivados, já que sem a positivação na condição civil eles permanecem no estado de incerteza e indefinição que é inerente ao estado de natureza.

Em síntese, o direito natural kantiano funciona tanto como fonte dos conteúdos do direito positivo quanto como critério ou padrão de avaliação da justiça das leis públicas, mas não tem validade jurídica direta. A sua força jurídica depende necessariamente da sua inclusão na legislação estatal, e o legislador não está *juridicamente* obrigado a incorporar seus

---

[340] Kant, MC, p. 41 (Ak 6.229).

[341] Como aponta Tatiana Patrone, o conceito de vontade omnilateral em Kant é sinônimo de vontade universal *a priori* e nada tem a ver com o número real de vontades unidas. A vontade omnilateral ou a vontade unida de todos é outra das *ideias da razão* expostas nos textos jurídico-políticos de Kant. Ver Patrone, *How Kant's Conception of Reason Implies a Liberal Politics*, p. 261.

princípios racionais nas leis que cria. Por consequência, ninguém pode impor coercitivamente ao legislador a positivação do direito natural nem declarar inválida uma lei pública contrária ao direito natural, assim como nenhum juiz ou tribunal pode decidir contra o direito positivo apelando ao direito natural.[342]

Conforme veremos na última parte deste capítulo, Kant concebe a inclusão dos princípios racionais do direito como um dever moral não jurídico da autoridade política, ou seja, para ele esses princípios não funcionam como normas jurídicas prescritivas e diretamente vinculantes.[343] Em síntese, as leis naturais do direito pertencem às leis gerais da moralidade que conformam a metafísica dos costumes, porém só gozam do *status* de leis jurídicas quando transformadas em legislação externa positiva.

Como já dissemos, o problema do caráter vinculante do direito natural exige grandes esforços hermenêuticos dos intérpretes da teoria do direito de Kant. Provavelmente a sua real posição somente pode ser efetivamente compreendida quando analisamos a relação entre a autoridade do direito positivo e a firme rejeição do direito de resistência, seguramente um dos pontos mais bem definidos na obra jurídico-política do filósofo alemão. Na próxima seção, veremos como Kant encaminha uma teoria jurídica que em última instância fundamenta o império do direito na autoridade do legislador.

4.3. O direito positivo e a autoridade do legislador

Embora Kant só tenha dado forma final à sua teoria do direito nos anos noventa, dois de seus aspectos fundamentais estavam já bem assentados nas reflexões do período crítico. Um deles consiste na definição do direito como o conjunto das condições de coexistência dos arbítrios sob uma lei universal, que, como anotamos acima, fora exposta já na *Crítica da Razão Pura*. O outro fundamento com o qual desde cedo Kant se comprometeu é o caráter autoritativo do direito positivo vigente e a consequente proibição dos direitos de resistência, rebelião e revolução, esboçados

---

[342] Ver MC, p. 49-50 (Ak 6.235).

[343] Contra, ver Guido Antônio de Almeida, "Sobre o Princípio e a Lei Universal do Direito em Kant", p. 209-222. O autor sustenta que "as leis jurídicas podem ser caracterizadas como leis que exigem o que pode ser exigido moralmente de todos, portanto incondicionalmente" (p. 217). Contudo, esse conceito de legislação jurídica borra completamente os limites entre a ética e o direito, justamente uma das preocupações sistemáticas centrais da *Doutrina do Direito*. Caso a interpretação deste autor encontrasse respaldo nos textos kantianos, Kant poderia ser considerado um dos jusnaturalistas mais radicais da história do pensamento jurídico. Mas, como estamos tentando mostrar, essa interpretação não pode ser sustentada com base nos textos do filósofo alemão.

pela primeira vez no escrito *Was ist Aufklärung?*, de 1784. A rejeição de um direito de resistência, rebelião ou revolução será o argumento mais duradouro e sólido dos seus escritos tardios e acompanhará a filosofia jurídico-política kantiana mesmo nos textos que o consagraram com um dos fundadores do liberalismo político moderno, como *Teoria e Prática*, *Doutrina do Direito* e *O Conflito das Faculdades*. Assim, se, por um lado, o intérprete de Kant encontra aqui uma de suas bases teóricas mais consistentes, por outro lado, tem que lidar com a dificuldade de conciliar uma filosofia política liberal com uma recusa absoluta da existência de um direito natural de resistência a governos autoritários e injustos, exatamente uma das grandes bandeiras do pensamento liberal moderno.

Já em *O que é o Iluminismo?* o comprometimento teórico com essa tese aparecerá matizada pela sua filosofia liberal. Kant defenderá neste escrito que a ilustração é o movimento do homem em direção à conquista da "capacidade de se servir do seu próprio entendimento sem a orientação de outrem". A ilustração exige, no entanto, que seja assegurada aos intelectuais e aos cidadãos em geral a liberdade de fazer uso público da razão, o que significa o direito de expressar livremente seus pensamentos por meio da publicação de escritos, especialmente em assuntos religiosos, mas também em relação à legislação. O caminho do gênero humano em direção ao progresso moral implica a existência de um direito de crítica pública à legislação por parte dos cidadãos. Há, contudo, uma condição que ele apresenta como "um limite intransponível" ao cidadão de um Estado que vive sob um governo ilustrado: "raciocinai tanto quanto quiserdes e sobre o que quiserdes; mas obedecei".[344] Essa sentença sintetiza a delicada composição entre o dever incondicional do súdito de obediência à autoridade do soberano e o dever do governante de respeitar a liberdade de expressão dos membros da comunidade como limite do seu poder.

Quando no primeiro capítulo examinamos a visão de Jeremy Waldron sobre a filosofia política kantiana, dissemos que ele corretamente ressalta o fato de que, na transição da filosofia moral para a filosofia política, Kant parece dissociar a metafísica do direito (teoria moral do direito) da doutrina do direito positivo (teoria política do direito).[345] Assinalamos também que a complexidade e uma certa dose de obscuridade dessa transição explicam o fato de Kant ser considerado tanto um jusnaturalista quanto um positivista, já que quem dá maior peso à metafísica do direito tende a classificá-lo como um teórico do direito natural, e quem privilegia a doutrina do direito positivo classifica-o como um precursor do positivismo jurídico moderno. Uma das principais fontes dessa controvérsia exegética encontra-se no fato de que, na medida em que o súdito

---

[344] Kant, *O que é o Iluminismo?*, p. 19.
[345] Waldron, *The Dignity of Legislation*, p. 61.

deve obediência incondicional à legislação editada pelo soberano, ainda que ela não corresponda aos princípios e conceitos do direito racional, a rejeição dos direitos de desobediência assume ao fim e ao cabo a forma de uma defesa do caráter autoritativo juridicamente absoluto do direito positivo. A própria defesa da liberdade de expressão, por exemplo, que desde *Was ist Aufklärung?* até o *Conflito das Faculdades* será um pilar do liberalismo político kantiano, permanecerá antes um limite moral do que um limite propriamente jurídico à autoridade política.[346]

A partir de *Teoria e Prática*, Kant dará ao tema uma importância central nos seus escritos jurídico-políticos. Embora houvesse apoiado inicialmente a Revolução Francesa, os desdobramentos posteriores, como o ingresso no período do terror e a execução do rei, abalaram profundamente a sua confiança na capacidade de uma revolução impulsionar o progresso do gênero humano. Neste ensaio, Kant afirma que a legitimidade das leis públicas depende de o legislador editar suas leis "como se elas pudessem emanar da vontade coletiva de um povo inteiro". Se é impossível que o povo inteiro possa dar o seu consentimento à legislação, então ela não é justa; mas se é "apenas possível" que ele dê o seu consentimento, então ela deve ser considerada justa. Como exemplo desse argumento, ele diz que um povo não poderia considerar injusto um "pesado" imposto de guerra instituído de forma proporcional a todos, já que é sempre possível que o tributo seja inevitável e indispensável, e o povo não tem competência para julgar sobre a questão. Contudo, se o imposto incidir sobre certos proprietários e poupar outros que se encontram na mesma condição, então "um povo inteiro não poderia consentir em semelhante lei, e está autorizado a fazer pelo menos protestos contra ela, porque não pode considerar justa a desigual repartição dos encargos".[347]

Todavia, prossegue Kant, essa restrição vale apenas para o juízo do próprio legislador, não para o juízo do súdito, que não tem o direito de resistir à lei e "nada pode fazer a não ser obedecer". O legislador pode se enganar quanto ao que traz a felicidade aos súditos, mas jamais se engana quanto à compatibilidade da lei ao princípio do direito, pois "dispõe de uma bitola infalível da ideia do contrato originário".[348] Novamente aparece aqui a falta de clareza que tanta dificuldade traz aos intérpretes. Kant diz que se uma lei pública é conforme ao direito, então estão ligados a ela, por um lado, a autoridade para usar a coerção e, por outro, a proibição de se opor à vontade do legislador, ainda que sem usar meios violentos. Ele ainda reproduzirá a proposição exposta em *O que é o Iluminismo?*, segundo a qual "o que um povo não pode decidir a seu respeito, também

---

[346] V. Ernst-Jan C. Wit, "Kant and the Limits of Civil Obedience", p. 300-305.
[347] Kant, TP, p. 83 (Ak 8.250).
[348] Idem, ibidem, p. 85 (Ak 8.253).

o não pode decidir o legislador em relação ao povo",³⁴⁹ o que sugeriria um condicionamento do poder de coerção da autoridade à concordância com os princípios racionais do direito. Sem embargo, essa possibilidade é infirmada peremptoriamente na seguinte passagem do texto de 1793:

> Daí se segue que toda a oposição ao poder legislativo supremo, toda a sedição para transformar em violência o descontentamento dos súditos, toda a revolta que desemboca na rebelião, é num corpo comum o crime mais grave e mais punível porque arruina o seu próprio fundamento. E esta proibição é incondicional, de tal modo que mesmo quando o poder ou o seu agente, o chefe do Estado, violaram o contrato originário e se destituíram, assim, segundo a compreensão do súdito, do direito a ser legislador, porque autorizou o governo a proceder de modo violento (tirânico), apesar de tudo não é permitido ao súdito resistir pela violência à violência.³⁵⁰

Kant justifica o caráter irresistível do poder do Estado e a proibição absoluta de desobedecer ao poder legislativo supremo, mesmo quando ele legisla e governa contra os princípios racionais do direito, com o argumento de que a admissão do direito de resistência implicaria uma máxima que, universalizada, aniquilaria a constituição civil e, por consequência, o único estado em que os homens podem ter seus direitos assegurados. Quando um povo já vive sob o império de uma constituição civil, ele não mais dispõe do direito de determinar como ela deve ser administrada. Se o povo mantivesse o direito de julgar por si mesmo a compatibilidade da legislação pública à ideia racional de direito, seria necessário que um terceiro fosse o juiz do conflito entre o legislador supremo e o próprio povo, e neste caso o detentor do poder soberano já não seria nem o legislador nem o povo, mas o árbitro do conflito; e se o poder desse árbitro for contestado, a busca por um poder incontrastável em um Estado seria infinita e insolúvel (*regressus ad infinitum*). Por consequência, admitir a existência de um "chefe acima do chefe" é uma proposição contraditória e por isso racionalmente inconsistente.³⁵¹ Como corretamente aponta Gunnar Beck, este argumento mostra que para Kant a autoridade política é indivisível e, por essa razão, "a constituição não pode conter uma cláusula admitindo um 'direito legal de revolução', porquanto tal cláusula importaria uma contradição: ela permitiria a existência de dois soberanos, destruindo assim a própria base da soberania, que é indivisível".³⁵²

---

³⁴⁹ Kant, TP, p. 91 (Ak 8.266). Em *O que é o Iluminismo?* a proposição é assim exposta: "Mas o que não é lícito a um povo decidir sobre si mesmo menos o pode um monarca decidir sobre o povo, pois a sua autoridade legislativa assenta precisamente no fato de na sua vontade unificar a vontade conjunta do povo" (p. 46).

³⁵⁰ Idem, ibidem, p. 85-86 (Ak 8.254-255).

³⁵¹ Ver Sarah Williams Holtman, "Revolution, Contradiction, and Kant Citizenship", p. 209-231.

³⁵² Gunnar Beck, "Kant's Theory of Rights", p. 394-395. Ver, também, Ernst-Jan C. Wit, "Kant and the Limits of Civil Obedience", p. 288-292.

Assim como em *O que é o Iluminismo?*, em *Teoria e Prática* a autoridade irresistível do poder supremo é moderada com a defesa da liberdade de escrever. À vedação do direito de resistir ao poder supremo deve corresponder ao súdito, *mediante autorização do próprio soberano*, "a faculdade de fazer conhecer publicamente a sua opinião sobre o que, nos decretos do mesmo soberano, lhe parecer uma injustiça a respeito da comunidade".[353] Portanto, a defesa liberal da liberdade de escrever como elemento do Estado de direito é formulada como um direito do súdito que só tem existência jurídica quando "autorizada pelo soberano", vale dizer, quando e na extensão prevista na legislação positiva por ele instituída. A importância da liberdade de escrever jamais pode ser relevada na filosofia política kantiana, e é sem dúvida um símbolo da sua adesão ao projeto iluminista. A sua força está clara na seguinte proposição: "em toda a comunidade deve haver uma *obediência* ao mecanismo da constituição política segundo leis coercitivas, mas ao mesmo tempo um *espírito de liberdade*".[354] Entretanto, embora a liberdade não seja apresentada apenas como uma tolerância do súdito, ela não chega a ser um direito jurídico que o cidadão pode opor coercitivamente ao poder supremo, mas tão somente um direito natural ao qual corresponde o dever moral da autoridade de respeitá-lo e fazê-lo valer na vida política da comunidade. Embora os textos kantianos deixem margem para polêmica sobre a real extensão da liberdade de expressão,[355] o conjunto das referências a essa questão parece indicar que o direito de manifestação pública do pensamento é um direito moral que não tem força coercitiva até que seja incluído no direito positivo.

Em *Teoria e Prática*, vemos Kant ainda indeciso quanto a atribuir o poder supremo (*die oberste Macht*) ao legislador ou ao chefe do Estado. De modo geral, quando o texto fala em "chefe do Estado", ele parece se referir ao poder executivo, ainda que, como observa Paul Guyer, não esclareça por que este poder deva ser atribuído ao executivo e não ao poder legislativo;[356] a indefinição é realçada porque, em outras passagens, o argumento dirige-se expressamente ao legislador. É bem possível que as razões dessa indefinição estejam no contexto político de Kant, que vivia sob uma monarquia absoluta, à época governada por um imperador conservador (Frederico Guilherme II) que restringira a liberdade instituída pelo seu antecessor, o iluminista Frederico II, o Grande, morto em 1786. A própria experiência do terror após a Revolução Francesa pode ter-lhe suscitado dúvidas quanto à conveniência de atribuir o poder supremo a

---

[353] Kant, TP, p. 91 (Ak 8.265).
[354] Idem, ibidem, p. 92 (Ak 8.267).
[355] Para uma defesa da força normativa da liberdade de expressão, v. Ernst-Jan C. Wit, "Kant and the Limits of Civil Obedience", p. 300-305.
[356] Paul Guyer, *Kant*, p. 285.

um legislativo composto por representantes do povo. Mas há ainda uma outra razão decisiva de natureza teórica para a ambiguidade da sua concepção de poder supremo: em 1793 Kant ainda não havia determinado com precisão sua teoria do direito público e tampouco a definição do papel do legislativo no exercício do poder político. Seria preciso aguardar os avanços de *À Paz Perpétua* para que finalmente na *Doutrina do Direito* ele pudesse conceder ao poder legislativo a representação exclusiva do poder soberano do povo no exercício da autoridade política e jurídica.

Na *Doutrina do Direito* o poder soberano já se localiza no povo, e o poder de representá-lo e de instituir a legislação pública já é atribuído com exclusividade ao legislador: "o poder legislativo só pode caber à vontade unida do povo".[357] Somente a vontade coletiva do povo, na medida em que cada um decide o mesmo sobre todos e todos decidem sobre cada um, pode exercer o poder legislativo.[358] O modelo ideal de Estado é a república constitucional, a qual "não pode ser senão um sistema representativo do povo, que pretende em nome do povo e mediante a união de todos os cidadãos, cuidar de seus direitos, por *intermédio dos seus delegados (deputados)*" [grifei].[359] Em uma república, "o povo unido não só representa o soberano, como é ele próprio o soberano; porque é nele que se encontra originariamente o poder supremo".[360] Em *À Paz Perpétua*, Kant havia já apresentado um argumento decisivo a favor da república representativa. Ao justificar o primeiro artigo definitivo do tratado para a instituição da paz perpétua, ele afirma que uma das virtudes da constituição republicana consiste no fato de que ela retira do chefe do Estado o poder de decidir quando se deve ou não entrar em guerra e o concede aos cidadãos:

> Se (como não pode ser de outro modo nesta constituição) se exige o consentimento dos cidadãos para decidir 'se deve ou não haver guerra', então nada é mais natural do que deliberar muito em começarem um jogo tão maligno, pois tem de decidir para si próprios todos os sofrimentos da guerra.[361]

Nessa passagem pouco valorizada pelos seus intérpretes, o filósofo alemão não apenas advoga em favor de uma república constitucional, como também valoriza o caráter deliberativo da representação popular como mecanismo de exercício legítimo do poder político e de controle

---

[357] Kant, MC, p. 179 (Ak 6.313-314).

[358] Nesse sentido, também, ver o seguinte trecho de *A Religião nos limites da mera razão*: "Ora, se a comunidade a fundar tivesse de ser uma comunidade *jurídica*, então a própria multidão que se congrega num todo é que deveria ser o legislador (das leis constitucionais), porque a legislação que brota do princípio – *restringir a liberdade de cada um às condições sob as quais pode coexistir com a liberdade de todos os outros segundo uma lei geral* – e, portanto, neste caso, a vontade geral institui uma coação externa legal" (p. 104).

[359] Kant, MC, p. 224 (Ak 6.341).

[360] Kant, idem.

[361] Kant, PP, p. 128-129 (B 23).

do chefe do poder executivo, antecipando em um século e meio uma das teses fundamentais da teoria da democracia deliberativa.[362] Se as consequências e os custos da guerra recaem sobre os cidadãos, eles é que têm o direito de deliberar sobre a necessidade e conveniência de entrar em uma guerra. Neste ensaio fica claro que para Kant a constituição republicana deve assentar-se no princípio da autodeterminação dos cidadãos. Conforme assinala Wolfgang Kersting, "enquanto os súditos de uma constituição não republicana não têm voz, como cidadãos que se reconhecem reciprocamente como livres e iguais na percepção da sua autonomia civil, podem eles (em uma constituição republicana) dar validade aos seus interesses no quadro da formação de uma vontade jurídica geral".[363] Assim, em *À Paz Perpétua* e na *Doutrina do Direito* o filósofo alemão finalmente concilia a ideia de autonomia pública, que estava pressuposta na sua teoria geral da liberdade tal como formulada desde a *Fundamentação* e a segunda *Crítica*, com o seu conceito de autoridade política soberana.

A autonomia, que é "a propriedade da vontade de ser lei para si mesma",[364] é o princípio supremo da filosofia moral kantiana.[365] Vimos antes que o domínio da autonomia privada havia sido explicitado na *Fundamentação* e na *Crítica da Razão Prática* e que na *Doutrina do Direito* Kant cuidou de definir o domínio da autonomia pública dos membros de uma comunidade política. Como os homens são seres racionais dotados de livre arbítrio, eles são livres para criar leis públicas que regulam suas relações externas interpessoais de acordo com os princípios racionais do direito. O exercício da autonomia pública se faz através da vontade geral do povo, concretizada, em uma república constitucional, pelos seus representantes. O direito pressupõe, pois, a capacidade de autodeterminação política do povo, que não está vinculado a qualquer fim heteronomamente dado na sua natureza. O povo vincula-se apenas à lei que a vontade geral dá para si mesma, e, no exercício da sua autonomia pública, ele é livre para adotar os princípios racionais do direito, embora a razão práti-

---

[362] José N. Heck apreende bem este aspecto da filosofia jurídica tardia de Kant: "De acordo com Kant, a luta pelo aprimoramento do direito é travada com as armas da argumentação. Trata-se do empenho de emancipar a comunidade jurídica da tutela oriunda do senhorio violento das origens, rumo a um Estado republicano entranhado na liberdade. O processo desemboca na constituição de um Estado estabelecido pela união de uma multidão de seres humanos submetida a leis de direito. Nesse Estado, o povo exerce, por meio de seus representantes, a soberania, os poderes da República ficam comprometidos com a realização e a eficácia do direito"; cf. *Da Razão Prática ao Kant Tardio*, p. 269.

[363] Wolfgang Kersting, "'Die Bürgerlich Verfassung in jedem Staate soll republikanisch sein'", p. 96; no original: "Wahrend der Untertanen in nicht-republikanishen Verfassungen stumm bleibt, können sie sich als Freie und Gleiche wechselseitig anerkennenden Bürger in Wahrnehmung ihrer staatsbürgerlichen Autonomie, in Rahmen einer allgemeinen rechtlichen Willenbildung ihre Interessen zur Geltung bringen".

[364] Kant, FMC, p. 79.

[365] Cf. Allen Wood, *Kant's Ethical Thought*; "The Supreme Principle of Morality", p. 343-380, e *Kantian Ethics*.

ca lhe imponha a obrigação ética de instituir uma constituição jurídica e leis positivas conformes àqueles princípios. Porém, como os seres humanos são seres livres, mas imperfeitos, no uso dessa liberdade eles podem instituir leis que não se coadunam com os princípios do direito. Mesmo nesse caso, as leis públicas que os contradizem são o produto da autodeterminação política do povo, e portanto obrigam todos os membros da comunidade política da mesma forma que as leis positivas conformes ao direito natural.

Até *Teoria e Prática*, as teses da autoridade absoluta do poder supremo e da recusa incondicional do direito de resistência tinham como base a garantia da paz e da segurança jurídica da comunidade política. A guinada em direção a uma concepção efetivamente republicana de Estado não alterou o compromisso com essas teses, mas a autoridade da legislação e o dever de obediência dos cidadãos passaram a ter como fundamento filosófico adicional o fato de o direito positivo ser fruto da autonomia pública dos cidadãos de uma república constitucional. Como consequência, na república constitucional kantiana o poder legislativo é onipotente: "uma vez que dele deve decorrer todo o direito, não pode ele causar com a sua lei nenhuma injustiça".[366] Como a vontade geral congrega idealmente a "vontade concordante e unida de todos", na medida em que cada um decide o mesmo sobre todos e todos sobre cada um, não é possível que a vontade geral cometa injustiça contra os indivíduos. Por isso, "a vontade do legislador, no que se refere ao meu e ao teu exteriores", isto é, no que concerne à distribuição dos direitos e deveres individuais pelo direito positivo, "é insuscetível de reparo (irrepreensível)".[367]

Não existe nem um direito natural nem um direito constitucional de resistência e revolução,[368] porque isso aniquilaria a própria constituição jurídica e as bases da paz e da segurança jurídica que ela garante e porque implicaria um retorno à incerteza do estado de natureza, no qual cada um julga de acordo com suas próprias concepções pessoais, e não há um árbitro imparcial que possa decidir os conflitos. Como ele diz na *Doutrina do Direito*, "a indeterminação a respeito da quantidade e qualidade do objeto exterior a adquirir torna este problema o mais difícil entre todos de resolver",[369] e somente com a especificação da justiça distributiva sob leis públicas é possível solucioná-lo; pois bem, em uma república, o direito

---

[366] Kant, MC, p. 179 (Ak 6.314).

[367] Idem, ibidem, p. 183 (Ak 6.316).

[368] Jeffrie G. Murphy distingue direito de revolução e direito de resistência. Como a revolução é sempre violenta, não existe nem mesmo um direito moral que a justifique, já que a única forma de violência justificada é o uso da coerção estatal como uma prática social justa. No entanto, Murphy sustenta que Kant admite a existência de um direito moral (natural) às formas pacíficas de resistência sob certas circunstâncias; v. *Kant: The Philosophy of Right*, p. 116-118.

[369] Kant, MC, p. 102 (Ak 6.266).

de resistência contradiria ainda o princípio da autonomia pública. Esse argumento é repetido não apenas à exaustão na filosofia jurídico-política kantiana, como também com eloquência e convicção extraordinárias:

> Contra a autoridade legisladora do Estado não há, portanto, resistência legítima do povo; pois que só mediante a submissão a uma vontade universalmente legisladora se torna possível um estado jurídico; não existe, portanto, nenhum direito de sedição (*seditio*), ainda menos de rebelião (*rebellio*), e muito menos ainda o direito de atentar contra a sua pessoa (como monarca), inclusive contra a sua própria vida (*monachomachismus sub specie tyrannicidii*), sob o pretexto de abuso do seu poder (*tyrannis*). A menor tentativa a este propósito constitui alta traição (*proditio eminens*) e este tipo de traidor tem de ser punido como alguém que tenta assassinar a sua pátria (*parricida*), ou seja, nunca menos do que a pena de morte. A razão pela qual o povo deve suportar, apesar de tudo, um abuso do poder supremo, mesmo um abuso considerado como intolerável, é a de que a sua resistência contra a legislação suprema em si há de considerar-se como ilegal, como destruidora mesmo da constituição legal na sua globalidade.[370]

Quando analisamos sistematicamente a *Rechtslehre* no segundo capítulo, registramos que o compromisso de Kant com essa tese transparece no fato de que mesmo nas Observações Aclaratórias publicadas ao final da segunda edição da obra, em 1798, ele a reproduz com a mesma estrutura argumentativa. Neste texto, ele dirá que a submissão incondicional da vontade de um povo que vive em estado de natureza a uma vontade soberana que une a todos sob uma mesma lei só pode ocorrer quando do ingresso de todos em uma condição jurídica regida por uma constituição civil, e permitir uma resistência à autoridade política suprema "é contradizer a si mesmo, já que então este poder não seria o poder legal supremo, que determina em primeira mão o que pode ou não ser justo em termos públicos".[371] Por conseguinte, os cidadãos podem "arrazoar publicamente" sobre a legislação, mas devem obedecer estritamente ao comando que ordena: "obedecei à autoridade que tem poder sobre vós".[372]

Quatorze anos após a publicação de *Was ist Aufklärung?*, as suas convicções políticas fundamentais continuavam intactas e até fortalecidas. E embora na sua obra tardia seja possível identificar a evolução da natureza da soberania em direção a uma concepção efetivamente republicana, a autoridade absoluta e irresistível da legislação mantém-se incólume, independentemente da origem do poder estabelecido: "o poder legislativo atualmente constituído deve ser obedecido, qualquer que seja a sua origem".[373] Como ele diz, trata-se de um princípio prático da razão cuja validade decorre do princípio lógico da não contradição, e, portanto, não

---

[370] Kant, MC, p. 190 (Ak 6.320).
[371] Idem, ibidem, p. 272 (Ak 6.372).
[372] Idem, ibidem.
[373] Idem, ibidem, p. 188 (Ak 6.319).

pode ser confirmado nem infirmado por qualquer fato contingente da história política dos Estados.[374] O dever de obediência incondicional do povo decorre, pois, diretamente desse princípio, por isso "a origem do poder supremo é, sob um ponto de vista prático, imperscrutável para o povo que a ele esteja submetido: quer dizer, o súdito não deve entregar-se a elocubrações sobre essa origem, como se se tratasse de um direito controvertido (*ius controversum*) quanto à obediência que lhe deve".[375]

A tese do dever de obediência incondicional ao direito tem como subproduto a obrigatoriedade inclusive do direito injusto. Como Hobbes, Kant deplora a anarquia e considera que conceder ao indivíduo o direito de julgar a justiça das leis públicas é um caminho seguro em direção a ela.[376] Como a anarquia é ainda pior que a injustiça, qualquer governo é melhor que nenhum, e por isso os homens não têm direito de se rebelar mesmo contra um governante injusto.[377] No entanto, essa tese não pode levar à conclusão de que Kant respaldaria a obediência pacífica a regimes políticos violentos, terroristas ou que praticam o genocídio ou qualquer outra forma de assassinato em massa da população.[378] Como Kant jamais se manifestou sobre essa hipótese, aqui somente é possível defender uma interpretação coerente com o seu sistema filosófico. Neste tipo de regime, a dignidade da pessoa humana, tal como definida pelo princípio da humanidade exposto na segunda formulação do imperativo categórico ("age de tal maneira que possas usar a humanidade, tanto em tua pessoa como na pessoa de qualquer outro, sempre e simultaneamente como fim e nunca simplesmente como meio"), é totalmente ignorada para ao menos parte dos membros da comunidade política. Portanto, o dever moral de reciprocidade universal, que é inerente ao conceito kantiano de direito como coexistência das liberdades externas segundo uma lei universal da liberdade, é absolutamente desrespeitado. Nesse caso, nem mesmo haveria um sistema jurídico ou uma sociedade regida pelo direito, mas sim uma população humana vivendo em um estado de natureza, no qual o poder de usar a violência se encontra monopolizado faticamente por um

---

[374] Ver José N. Heck, *Da Razão Prática ao Kant Tardio*, p. 267-269.

[375] Kant, MC, p. 187 (Ak 6.318).

[376] Gunnar Beck registra que, para Kant, "a prevenção da anarquia tem prioridade sobre todas as demais considerações, incluindo aquelas sobre a justiça e a proteção dos direitos individuais, porque, uma vez que uma ordem duradoura estiver estabelecida, Kant espera com confiança que tudo o mais cuidará de si mesmo e a busca dos interesses bem-considerados (*well-considered*) contribuirá paradoxalmente para a reforma constitucional e a realização da justiça"; cf. *Kant's Theory of Rights*, p. 393.

[377] Cf. Gunnar Beck, ob. cit., p. 394. Para uma crítica à posição de Kant sobre o direito de revolução e uma tentativa de reconstruí-la nos próprios termos da filosofia kantiana, ver Leslie A. Mulholland, *Kant's System of Rights*, p. 344-346. Ver, também, Sarah Williams Holtman, "Revolution, Contradiction, and Kant Citizenship", p. 231.

[378] Ver, a propósito, Wolfgang Kersting, "Politics, order, and freedom: Kant's political philosophy", p. 360-361

determinado grupo. Seguindo a doutrina do direito de Kant, neste caso a desobediência ao tirano pode ser considerada inclusive uma forma de realizar o direito de obrigá-lo a ingressar em uma condição civil.[379]

A rejeição dos direitos de resistência, rebelião e revolução tem um endereço bem definido: trata-se de proibir que o cidadão, individual ou coletivamente, reivindique o direito de desobedecer às leis positivas do Estado, de resistir às ordens do poder executivo e as decisões do poder judiciário, ou o direito de rebelar-se e destituir as autoridades públicas. Contudo, a partir da *Doutrina do Direito*, quando os fundamentos da ideia de constituição republicana estavam já bem desenvolvidos, Kant vai além da condenação da anarquia inerente ao direito de desobediência dos cidadãos e sustenta que a autoridade absoluta da legislação impede inclusive os outros poderes públicos de desrespeitarem as leis instituídas pelo poder legislativo. Ele afirma inicialmente que "não pode haver na própria constituição nenhum artigo que tornasse possível a uma autoridade estatal resistir ao chefe supremo em caso de violação de leis constitucionais e, com isso, limitá-lo".[380] Mais adiante, a sua posição é ainda mais contundente e abrangente:

> A idéia de uma constituição política em geral, que é, para cada povo, ao mesmo tempo, um mandado absoluto da razão prática que ajuíza de acordo com conceitos jurídicos, é sagrada e irresistível; e mesmo que a organização do Estado seja em si deficiente, não pode, no entanto, *nenhum poder subordinado do Estado opor resistência ativa ao soberano legislador desse mesmo Estado*, tendo, ao invés, as enfermidades que lhe são imputadas de ser paulatinamente suprimidas por reformas efetuadas pelo próprio Estado. [grifei].[381]

Em várias passagens da *Doutrina do Direito* é possível perceber que a teoria do direito de Kant contém já os conceitos fundamentais do Estado de direito legiscentrista que, naquele momento histórico, estava ainda em gestação. Quando na Introdução à Doutrina do Direito, ao tratar da equidade, ele afirma que "um juiz não pode emitir o seu julgamento na base de condições indeterminadas", e que um tribunal de equidade encerra em si uma contradição, porque um tribunal deve decidir conforme o direito, e uma injustiça "não pode ser remediada por meio do direito",[382] Kant pensa idealmente em um direito racional plenamente concretizado em uma legislação pública dotada dos paradigmas jusracionalistas da unidade, completude e coerência. Como observa Franz Wieacker ao comentar a preparação dos primeiros códigos do jusracionalismo, "é precisamente a crença jusracionalista na possibilidade de um direito justo em absoluto (numa certa situação histórica) que faz crer ao legislador que é possível

---

[379] Neste sentido, ver Arthur Ripstein, "Kant on Law and Justice", p. 18-19.
[380] Kant, MC, p. 188 (Ak 6.319).
[381] Idem, ibidem, p. 271-272 (Ak 6.372).
[382] Idem, ibidem, p. 49 (Ak 6.234-235).

regular de uma vez por todas qualquer situação pensável".³⁸³ Não se pode ignorar que o projeto do Código Civil da Prússia (o *Allgemeines Landrecht*), o primeiro projeto de código moderno, foi apresentado à análise da opinião pública já em 1787 e a sua revisão final ocorreu em 1794,³⁸⁴ anos antes da publicação da *Rechtslehre*, e é bem possível que Kant tenha de algum modo tomado contato com as discussões geradas pelo projeto mesmo em Königsberg, na época uma das principais cidades e um importante centro jurídico da Prússia.³⁸⁵

Quando Kant afirma que as leis estatutárias – isto é, o direito positivo – têm como propósito estabelecer as condições exatas que prescrevem quando uma aquisição de algo exterior tem força jurídica, "de modo a que o juiz possa adjudicar a cada um aquilo que é seu do modo mais simples e sem hesitação",³⁸⁶ ele está falando como um típico jurista do jusracionalismo do século XVIII. Nas suas *Reflexionen zur Moraphilosophie*, por duas vezes ele recorre aos ideais de certeza e segurança jurídicas que se transformariam na pedra de toque do jusnaturalismo moderno e sobretudo do seu produto dileto, a codificação: "no caso do direito, tudo tem que ser determinado e certo" (Reflexão nº 7076, datável entre 1776-1778)³⁸⁷; "uma lei não tem que deixar nada ao arbítrio, senão que tem que determinar com precisão" (Reflexão nº 7259, datável entre 1780-1798).³⁸⁸

O poder judiciário, por seu turno, é aquele "que atribui a cada um o seu de acordo com a lei",³⁸⁹ e não de acordo com o direito natural da razão prática pura. Os juízes devem julgar sempre e apenas em conformidade com as leis públicas editadas pelo poder legislativo supremo, e jamais as podem contestar ou muito menos rejeitar sob o argumento de que elas violam os princípios *a priori* do direito.³⁹⁰ Mas em nenhum outro escrito ele foi tão claro a esse respeito quanto em *O Conflito das Faculdades*, de 1798, que pode ser considerado o repositório definivo de suas concepções sobre essa questão. Vejamos o que ele diz neste texto:

---

³⁸³ Franz Wieacker, *História do Direito Privado Moderno*, p. 379.

³⁸⁴ Wieacker, ob. cit., p. 375-376.

³⁸⁵ Somente dentro do espírito dessa época é possível compreender, por exemplo, que um decreto imperial prussiano de 3-8-1798 tenha proibido o desenvolvimento do direito através da interpretação da lei e submetido o esclarecimento de dúvidas de interpretação dos textos legais a uma comissão legislativa. Ver Wieacker, ob. cit., p. 377.

³⁸⁶ Kant, MC, p. 163 (Ak 303).

³⁸⁷ Kant, *Reflexiones*, p. 146 (Ak 27.231-232).

³⁸⁸ Idem, ibidem, p. 195 (Ak 27.295-296)

³⁸⁹ Kant, MC, p. 178 (Ak 6.313).

³⁹⁰ Há uma passagem de *À Paz Perpétua* em que Kant deixa entrever novamente que compreende a função dos juízes como sendo estritamente vinculada à aplicação do direito positivo: "o jurista que não é ao mesmo tempo filósofo (mesmo segundo a moralidade), sente a maior tentação para isso *porque é próprio do seu ofício aplicar apenas as leis existentes, mas não investigar se estas necessitam de um melhoramento*" (p. 150, grifo acrescentado).

> O *jurista erudito* não busca as leis que garantem *o meu e o teu* (se, como deve, proceder como funcionário do governo) na sua razão, mas no código oficialmente promulgado e sancionado pela autoridade suprema. Não pode justamente exigir-se dele a demonstração da sua vontade e legitimidade, nem a sua defesa contra a objeção antagônica da razão. De fato, os decretos é que primeiramente fazem que algo seja justo, e indagar se também os próprios decretos são justos é algo que os juristas têm de rejeitar como absurdo. Seria ridículo pretender subtrair-se à obediência perante uma autoridade externa e suprema sob o pretexto de que ela não se harmoniza com a razão. Com efeito, o respeito devido ao governo consiste precisamente em que ele não permite aos súditos a liberdade de julgar sobre o justo e o injusto, segundo os seus conceitos próprios, mas de acordo com a prescrição do poder legislativo.[391]

A obrigação de seguir as leis positivas do Estado impõe-se, pois, não apenas para os cidadãos em geral, na forma de proibição dos direitos de revolução e de resistência; ela impõe-se também às autoridades do próprio poder público, inclusive aos juízes. O direito racional fornece ao legislador um padrão ideal para as reformas necessárias do direito positivo, mas os juízes não podem pôr em questão as leis vigentes sob o argumento de que elas não concordam com o direito ideal. Portanto, nem a relativização da proibição da desobediência civil nem a atribuição ao poder judiciário do poder de controlar a validade das leis com base nos princípios racionais do direito estão disponíveis aos intérpretes de Kant como fórmulas para solucionar o paradoxo existente entre o seu liberalismo político e a rejeição absoluta do direito de resistência e revolução.[392] A forma final da filosofia política kantiana unifica a soberania política na vontade geral do povo concretizada pelos seus representantes eleitos. So-

---

[391] Kant, CF, p. 27-28.

[392] A formulação mais explícita desta solução que encontramos na literatura é de Ernst-Jan C. Wit, em "Kant and the Limits of Civil Obedience", p. 293-294: "Em caso de conflito entre o soberano e o povo sobre a interpretação de uma possível violação dos princípios do contrato original, é função do poder judiciário mediar e finalmente decidir qual lado está em conformidade com o direito (*the law*). Na verdade, os cidadãos do Estado podem levar um caso ao tribunal para requerer uma decisão judicial sobre a questão sobre se um certo ato legislativo do soberano desafia ou não a legitimidade para governar. O poder judicial do tribunal teria a competência (*jurisdiction*) para apresentar um julgamento definitivo. O veredito do tribunal teria diversas formas: ele poderia reconhecer que o chefe de Estado (*head of state*) está certo, ou ele poderia declarar que a sua legislação controvertida é ilegítima porque está em conflito com a vontade geral – caso em que ele (o chefe de Estado) teria que substituir a lei em questão". Essa tese não encontra nenhum respaldo nos textos de Kant e também não parece possível extraí-la de uma interpretação compreensiva da sua obra jurídico-política e apresentá-la como uma concepção kantiana, isto é, como uma concepção que pode ser defendida com base nos pressupostos teóricos formulados por Kant. Nesta parte do texto mostramos que esta seguramente não era a posição de Kant sobre a questão. Na parte conclusiva deste trabalho tentaremos mostrar que ela também não pode ser defendida como uma posição "kantiana". A rigor, Wit parece utilizar a experiência das democracias constitucionais modernas do controle judicial da constitucionalidade da legislação para solucionar o dilema da filosofia política de Kant; como se sabe, no entanto, essa experiência era absolutamente incipiente à época de Kant, já que ficava restrita à prática judicial inglesa – prática de resto altamente controvertida na própria Inglaterra. Ver R. C Van Caenegen, *An Historical Introduction to Western Constitutional Law*. De qualquer modo, Kant não poderia ter se baseado na experiência britânica para chegar a essa solução, já que considerava que a Grã-Bretanha vivia sob uma monarquia absoluta (v. o *Conflito das Faculdades*, p. 107-108, sobretudo a nota de rodapé nº 22).

mente os representantes da soberania popular podem apelar diretamente para os princípios racionais do direito quando instituem as leis positivas do Estado, mas para Kant o conceito de *representante do povo* inclui apenas os "deputados no parlamento" (*Deputierte im Parlament*),[393] e não os juízes do poder judiciário.

4.4. O direito e a história do gênero humano

A teoria do direito de Kant oscila, portanto, entre uma concepção ideal de direito, que tem como fundamento princípios *a priori* elaborados pela razão prática, à qual corresponde uma espécie de legitimidade que pode ser classificada de legitimidade moral do direito; e uma concepção política de direito, que valida o direito positivo historicamente estabelecido em qualquer Estado e confere a ele uma outra espécie de legitimidade, a legitimidade política do direito. Nigel Simmonds sustenta que essa contradição é recorrente no nosso entendimento comum sobre o que é o direito: "nós pensamos o direito tanto como sendo intrinsecamente uma ideia moral quanto como um instrumento moralmente neutro".[394] Sem dúvida, a dificuldade de Kant e de seus intérpretes em compatibilizar o direito natural racional com a tese da autoridade incondicional do direito positivo é um exemplo paradigmático dessa persistente contradição na história do pensamento jurídico.

Até aqui a abordagem que estamos apresentado da teoria kantiana do direito poderia sugerir que a razão está realmente com Michel Villey: o belo sistema teórico do direito racional de Kant tem o defeito de ser utópico e não ser aplicável *hic et nunc*: a razão pura pode fundar uma república de sonho, válida como ideal distante, que pode até servir como um vago modelo para o legislador, mas que não é realizável no mundo presente. Na prática, prossegue Villey, a doutrina de Kant abandona os juristas "ao império das leis positivas, sem restrição nem condição".[395] A doutrina metafísica do direito prestar-se-ia apenas para os filósofos ensinarem ao público erudito qual é a fórmula ideal de constituição jurídica e para os legisladores utilizarem como modelo para estabelecer, quando e como quiserem, as leis positivas do Estado. Porém, o direito concretamente válido, ao qual os cidadãos de um Estado devem irrestrita e incondicional obediência, é formado pelo conjunto das leis impostas por quem exerce o

---

[393] Kant, MC, p. 189, RL, p. 141 (Ak 6.320).

[394] Nigel Simmonds, *Law as a Moral Idea*, p. 51.

[395] Michel Villey, "Kant dans la l'histoire du droit", *Leçons d'histoire de la philosophie du droit*, p. 256-257.

poder soberano, independentemente de sua origem. A beleza do edifício teórico da doutrina metafísica do direito não livra Kant da acusação de ter destruído a eficácia do direito natural clássico e de ter estabelecido as bases filosóficas do positivismo jurídico contemporâneo.

Em um certo sentido, a teoria do direito de Kant de fato fornece uma fundamentação filosófica consistente para a doutrina do positivismo jurídico legalista que seria formulada apenas nos dois séculos que se seguiram ao seu próprio tempo. Por isso, como veremos na parte final deste trabalho, Waldrom não está errado em apontá-lo como um dos grandes precursores do positivismo jurídico moderno. No entanto, nem Villey nem Waldron atentaram para o fato de que Kant jamais se deu por satisfeito com essa tensão entre a validade incondicional do direito positivo e a natureza meramente ideal da doutrina metafísica do direito, e que ele procurou conciliar essas duas teses por meio da realização progressiva do direito ideal na história do gênero humano.[396] Por isso, é na filosofia da história de Kant que se pode encontrar a chave para a solução do paradoxo do seu liberalismo político no interior da sua própria teoria do direito,[397] e embora essa articulação entre filosofia jurídico-política e filosofia da história só tenha encontrado sua forma definitiva em *O Conflito das Faculdades*, de 1798, uma das suas últimas obras publicadas, ela já estava presente em *Idéia de uma História Universal de um Ponto de Vista Cosmopolita* e nos ensaios políticos da década de noventa, como em alguma medida antecipamos no segundo capítulo.

Em *Idéia de uma História Universal*, essa articulação está esboçada nas duas últimas das nove proposições explicitadas no texto. Segundo a oitava proposição, "pode-se considerar a história da espécie humana, em seu conjunto, como a realização de um plano oculto da natureza para estabelecer uma constituição política perfeita interiormente, e, quanto a esse fim, também exteriormente perfeita, como único estado no qual a natureza pode desenvolver plenamente, na humanidade, todas as suas disposições".[398] A nona proposição diz que "uma tentativa filosófica de elaborar a história universal do mundo segundo um plano da natureza que vise à perfeita união civil na espécie humana deve ser considerada possível e mesmo favorável a este propósito da natureza".[399] Como vimos antes, as proposições apresentadas nesse ensaio estão ainda presas a uma concepção fenomênica de natureza humana e uma concepção naturalista

---

[396] O argumento central defendido nesta parte do trabalho segue basicamente as propostas de interpretação da filosofia jurídico-política de Kant que foram formuladas por Zeljko Loparic, em "O Problema Fundamental da Semântica Jurídica de Kant", e por Gunnar Beck, em "Kant's Theory of Rights".

[397] V. Wolfgang Kersting, "Politics, freedom, and order: Kant's political philosophy", p. 342-366.

[398] Kant, IHU, p. 17.

[399] Idem, ibidem, p. 19-20

de filosofia da história, que serão fortemente matizadas até *O Conflito das Faculdades*. Sem embargo, já nelas está articulada a tese fundamental da filosofia da história kantiana, segundo a qual o gênero humano está em constante progresso para o melhor e esse progresso é materializado na constante aproximação em direção à forma ideal de um Estado regido por uma constituição republicana que estabelece a supremacia do direito. Para Kant, a filosofia da história é acima de tudo uma filosofia da história do direito.

Em 1784, Kant coloca em primeiro plano a força imanente da natureza que age sobre a história do gênero humano como um "mecanismo oculto" – à semelhança da teoria da mão invisível que atua sobre a economia formulada pelo escocês Adam Smith[400] – e que impele a humanidade, na forma de um "fio condutor", em direção ao aperfeiçoamento das constituições políticas dos diversos Estados. O progresso político do gênero humano pode ser percebido "se partirmos da história grega, como aquela em que se conservam todas as outras histórias que lhe são anteriores ou contemporâneas", e a seguir a história do povo romano, que absorveu o Estado grego, e a influência dos romanos sobre os povos bárbaros. É certo que a história política dos povos é uma corrente de evoluções e retrocessos e que momentos de glória constitucional são logo destruídos pelo vício inerente à natureza humana, mas é possível constatar, nesse movimento pendular, "que sempre permaneceu um germe de iluminismo que, desenvolvendo-se mais a cada revolução, preparou um grau mais elevado de aperfeiçoamento".[401] A consequência dessa evolução histórica por estágios é que a conquista da liberdade, obtida à medida em que as sociedades humanas se aproximam da constituição ideal, consolida-se como um bem que os homens não mais aceitam sacrificar. Assim, "a liberdade civil não pode mais ser desrespeitada sem que se sintam prejudicados todos os ofícios, principalmente o comércio, e sem que por meio disso também se sinta a diminuição das forças do Estado nas relações externas".[402]

Como muitos intérpretes chamam a atenção, Kant não está aqui fazendo uma história empírica ou narrativa, que ele denomina de *Historie*, mas uma filosofia da história (*Weltgeschichte*) que possui um fio condutor *a priori*, e que por isso é racionalmente rastreável.[403] Em *Teoria e Prática* ele retoma essa abordagem para se contrapor à tese de Moses Mendelssohn, que havia sustentado que a humanidade oscila historicamente entre avanços e retrocessos morais, mas "no seu conjunto conserva em todas as

---

[400] Kant era leitor de Smith, a quem ele cita em *A Metafísica dos Costumes*, p. 139 (Ak 6.289).
[401] Kant, IHU, p. 21.
[402] Idem, ibidem, p. 18.
[403] Ver Ricardo Terra, "Algumas questões sobre a filosofia da história em Kant", p. 44-45; Gérard Lebrun, "Uma escatologia para a moral", p. 71.

épocas mais ou menos o mesmo nível de moralidade, a mesma proporção de religião e irreligião, de virtude e vício, de felicidade e miséria".[404] Kant afirma haver "muitas provas de que o gênero humano no seu conjunto progrediu efetivamente e de modo notável sob o ponto de vista moral no nosso tempo, em comparação com todas as épocas anteriores".[405]

Seguindo o argumento de *Idéia de uma História Universal*, ele dirá que o inevitável antagonismo entre os homens, produto da insociável sociabilidade humana, é o fio condutor que os força a deixar o estado de natureza e a entrar em um estado jurídico dotado de uma constituição civil que proteja a liberdade externa de cada um, e que no plano das relações internacionais obriga os Estados a instituir uma federação de Estados na forma de uma constituição cosmopolita, que permita evitar as guerras e criar as condições de uma paz universal: "é precisamente o conflito das tendências entre si, de que promana o mal, que fornece à razão um livre jogo para a todas subjugar; e, em vez do mal, que se destrói a si mesmo, fazer reinar o bem que, uma vez existente, se mantém por si mesmo daí em diante".[406] Mesmo em *À Paz Perpétua* é ainda a "natureza" que aparece como *garantia* da consecução da paz perpétua:

> O que subministra essa *garantia* é nada menos que a grande artista, a *Natureza (natura daedela rerum)*, de cujo curso mecânico transparece com evidência uma finalidade: através da discórdia dos homens, fazer surgir a harmonia, mesmo contra a sua vontade.[407]

> Visto que a natureza providenciou que os homens possam viver sobre a Terra, quis igualmente e de modo despótico que eles *tenham* de viver, inclusive contra a sua inclinação, e sem que este *dever* pressuponha ao mesmo tempo um conceito de dever que a vincule por meio de uma lei moral; a natureza escolheu a guerra para obter este fim.[408]

> Deste modo, a natureza garante a paz perpétua através do mecanismo das inclinações humanas; sem dúvida, com uma segurança que não é suficiente para *vaticinar* (teoricamente) o futuro, mas que chega, no entanto, no propósito prático, e transforma num dever o trabalhar em vista deste fim (não simplesmente quimérico).[409]

Nessas passagens, entretanto, já se percebe a transição de uma visão *mecanicista* de natureza humana e do progresso do gênero humano para uma filosofia política efetivamente *normativa*,[410] com a introdução de um *dever moral* de adotar as medidas necessárias para atingir a paz perpétua.

---

[404] Em *O Conflito das Faculdades*, p. 97, o filósofo alemão denomina essa tese de *abderitismo*, em contraposição ao *terrorismo*, que sustenta que o gênero humano está em constante regressão, e o *eudemonismo*, segundo o qual a humanidade está em constante progresso.

[405] Kant, TP, p. 98 (Ak 8.277).

[406] Idem, ibidem, p. 100 (Ak 8.282).

[407] Idem, ibidem, p. 140 (B 47).

[408] Idem, ibidem, p. 144 (B 54-55).

[409] Kant, PP, p. 149 (B 66).

[410] V. Ingeborg Maus, *Zur Aufklärung der Demokratie*, p. 182-185.

As ideias ainda não estão claras e Kant chega a dizer que "a natureza transforma num dever o trabalhar pela paz perpétua", proposição incompatível com a filosofia moral crítica, que separa cuidadosamente o *Sein* do *Sollen*, e por isso só pode ser atribuída a um descuido do autor. O dever de instituir as condições necessárias para atingir a paz perpétua é na verdade imposto pela lei moral dada pela razão prática pura, não pela natureza.[411] A natureza humana atua para promover o progresso do gênero humano, mas ela não é suficiente para *vaticinar* que ele ocorrerá, porque a imperfeição humana e a sua propensão para o mal podem evitá-lo. Por isso a razão impõe ao homem um dever moral de adotar as medidas necessárias para instituir as condições que garantam a paz perpétua. Kant já está a tratar não do que a natureza faz do homem, mas do que o homem faz de si mesmo,[412] como ficará nítido em *O Conflito das Faculdades*.

De outro lado, conquanto a proposição fundamental da filosofia da história de Kant seja a de que o gênero humano está em constante progresso para o melhor, essa tese não se refere propriamente a uma constante evolução "ética" do homem individualmente considerado. Vimos já que para Kant o direito e o Estado não podem encarregar-se da realização da perfeição ética ou da promoção das virtudes do homem, mas tão somente estabelecer as condições para a coexistência das liberdades externas individuais. A rejeição da politização da ética é um dos mais evidentes pontos de ruptura da filosofia política kantiana em relação à tradição aristotélica, que, como registra Heiner Bielefeldt, "havia sempre enfatizado que a promoção da virtude dos cidadãos era o mais nobre propósito da política".[413] Essa tese aparece bem sintetizada na seguinte passagem de *A Religião nos Limites da Mera Razão*:

> Toda a comunidade política pode decerto desejar que nela se encontre também um domínio sobre os ânimos segundo leis da virtude; pois onde os seus meios de coerção não chegam – porque o juiz humano não pode perscrutar o interior de outros homens – ali operariam as disposições de ânimo virtuosas. Mas ai do legislador que, pela boa ação, pretendesse levar a cabo uma constituição orientada para fins éticos! Efetivamente, produziria assim não só o contrário da constituição ética, mas também minaria e tornaria insegura a sua constituição política.[414]

Pois bem, como a filosofia da história ocupa-se apenas do desenvolvimento do direito, também ela não cuida do aperfeiçoamento ético

---

[411] Que se trata de um descuido do autor fica claro nesse trecho: "Quando digo que a natureza quer que isto ou aquilo ocorra não significa que ela nos imponha um dever de o fazer (pois isso só o pode fazer a razão prática isenta de coação), mas que ela própria o faz quer queiramos ou não" (PP, p. 146, B 59).

[412] Kant, *Antropologia de um ponto de vista pragmático*, p. 21.

[413] Heiner Bielefeldt, "Autonomy and Republicanism: Immanuel Kant's Philosophy of Freedom", p. 542.

[414] Kant, R, p. 102.

da humanidade. Conforme nota Francisco Javier Herrero, "aos olhos de Kant, a história real de humanidade é, antes de mais nada, uma história política, porque a política é obra das liberdades humanas unificadas pelo direito".[415] Por consequência, o progresso significa aqui o avanço político-jurídico da humanidade, isto é, o constante aperfeiçoamento das instituições e das práticas políticas e jurídicas dos povos, que cada vez mais se aproximam do ideal de constituição republicana. Por isso o progresso para o melhor do gênero humano não traz *diretamente* "uma quantidade sempre crescente da *moralidade* na disposição de ânimo", como seria próprio de uma evolução ética ou de um progresso das virtudes humanas; o que ele propicia é um aumento dos "produtos da legalidade" das ações humanas, "sejam quais forem os motivos que as impulsionem".[416] Como resultado, esse acréscimo de obediência à legalidade diminuirá a violência por parte dos poderes e entre os indivíduos, aumentará a beneficência na sociedade e a confiança na palavra dada e reduzirá as rixas nos processos judiciais; e esses benefícios estender-se-ão aos povos nas suas relações internacionais, "sem que se possa minimamente ampliar o fundamento moral no gênero humano".[417] Ou seja, o progresso moral e o desenvolvimento cultural e intelectual da humanidade dependem primariamente do progresso jurídico e político das suas instituições e das suas relações externas, não do seu aperfeiçoamento ético.[418] Como assinala Loparic, o "melhor" para o qual a humanidade progride é pensado em termos de direito, como "qualificação de uma constituição civil comparativamente mais concorde com os interesses da razão prática".[419]

Quando Kant submete a conciliação entre o direito racional ideal e o direito positivo ao seu juízo fundamental da história, segundo o qual o gênero humano está em constante progresso para o melhor e continuará progredindo da mesma maneira no futuro, ele não está depositando a conciliação em uma esperança quimérica, em uma previsão ou adivinhação, mas em um juízo sintético *a priori* sobre a história do gênero humano. Segundo Loparic, o progresso do gênero humano pode ser reconhecido

---

[415] Francisco Javier Herrero, *Religião e História em Kant*, p. 146.

[416] Kant, CF, p. 109.

[417] Idem, ibidem, p. 109.

[418] Isso não significa, contudo, uma independência completa do progresso moral da humanidade em relação ao seu progresso político. Conforme sublinha Gunnar Beck, a evolução "da consciência moral pressupõe desenvolvimento cultural, que por sua vez só é possível quando, sob a proteção do Estado, a ameaça constante de morte por violência foi minimizada. Somente sob a estrutura jurídica do Estado podem os homens usufruir das condições necessárias para o pleno desenvolvimento das suas predisposições para a personalidade moral. O homem somente pode tornar-se humano, isto é, racional e moral, em sociedade, com o tempo e sob a autoridade das leis positivas e do Estado – uma posição geralmente associada com Fichte e sobretudo Hegel, mas raramente com Kant" ("Kant's Theory of Rights", p. 389).

[419] Loparic, "O Problema Fundamental da Semântica Jurídica de Kant", p. 306.

como um juízo sintético *a priori* da filosofia da história, e não apenas como uma esperança ou uma previsão, porque ele pode ser referido a uma experiência sensível que prova a sua possibilidade.[420] Em *Teoria e Prática*, Kant afirmara que havia muitas provas históricas do progresso do gênero humano, sem declarar quais seriam elas. Em *O Conflito das Faculdades*, ele apresenta a sua prova: o entusiasmo universal e desinteressado que a Revolução Francesa despertou na opinião pública em geral.

Não é a própria revolução como um fato que comprova o progresso da humanidade.[421] Como já registramos, conquanto o filósofo alemão tenha sido um defensor da Revolução Francesa desde o princípio, ele também criticou publicamente os acontecimentos que se lhe seguiram, especialmente, a execução do rei Luís XVI.[422] No entanto, Kant reteve dessa experiência o "modo de pensar (*Denkungsart*) dos espectadores [sobre a revolução]", a participação universal e desinteressada que beirava o entusiasmo por parte da população em geral, em todas as partes do mundo; esse entusiasmo, pondera o filósofo, demonstra um caráter moral do gênero humano, caráter esse que permite esperar o progresso para o melhor da humanidade: "a participação, segundo o desejo, na fronteira do entusiasmo [...] não pode ter nenhuma outra causa a não ser uma disposição moral no gênero humano".[423] Por outro lado, esse entusiasmo é um sentimento "de participação no bem com afeto", porém aqui o afeto não em relação aos fatos da revolução ou às suas consequências imediatas, mas ao ideal puramente moral representado pelo conceito de direito exposto na *Rechtslehre*. [424]

---

[420] Loparic, ob. cit., p. 306.

[421] Ver Luc Ferry, *Kant: une lecture de trois Critiques*, 323-347.

[422] Infelizmente Kant não escreveu o seu *Behemoth*, mas parece evidente que os intensos acontecimentos políticos da década de 1790 na Europa influenciaram decisivamente a formatação final da filosofia jurídico-política desenvolvida nos seus escritos tardios, assim como os acontecimentos políticos da Inglaterra das décadas de 1640-1650 influenciaram o pensamento político de Hobbes. Ver, a propósito de Hobbes, Nádia Souki, *Behemoth contra Leviatã: guerra civil na filosofia de Thomas Hobbes*. Para um exame comparativo do impacto da Guerra Civil Inglesa e da Revolução Francesa, respectivamente, em Hobbes e Kant, ver Howard Williams, *Kant's critique of Hobbes*, p. 20-44. Howard sustenta que esses eventos exerceram um papel crucial no desenvolvimento do pensamento político de ambos os filósofos: "É intrigante notar que tanto Kant quanto Hobbes tinham idades similares quanto essas revoluções ocorreram. Hobbes, que nasceu em 1588, tinha 64 anos quando a Guerra Civil Inglesa começou, e Kant, que nasceu em 1724, tinha 65 quando a Revolução Francesa começou. Nós temos que presumir que eles já haviam atingido uma maturidade intelectual e pessoal antes que seus horizontes sociais e políticos fossem dramaticamente alterados pelas respectivas revoluções" (p. 20).

[423] Kant, CF, p. 102.

[424] Idem, ibidem, p. 103. Na tradução para o português que estamos utilizando, de Artur Mourão, consta "participação no bem com *paixão*". No texto original consta "die Theilnehmung am Gutem mit Affect", por isso seguimos a tradução de *Affect* simplesmente como *afeto*, tal como sugere Zeljko Loparic em "O Problema Fundamental da Semântica Jurídica de Kant", p. 308. Loparic vislumbra nessa participação no bem comum com afeto por parte da coletividade uma extensão da ideia de participação afetiva na promoção do bem como virtude individual, que Kant expusera no § 34 da

O sentimento coletivo provocado pela Revolução Francesa age, portanto, como um signo histórico *rememorativo* da evolução da humanidade ao longo dos tempos, *demonstrativo* da atualidade dessa possibilidade e *prognóstico*, isto é, nos autoriza a prever que ela continuará progredindo.[425] Loparic mostra que para Kant essa experiência empírica sensifica[426] a ideia abstrata da vontade geral unificada e a apresenta como sujeito coletivo da história portador de uma tendência natural para o moral e juridicamente melhor. Torna-se possível, então, fundamentar um juízo sintético *a priori* da história, segundo o qual o gênero humano está em constante progresso para o melhor, o que significa que os povos e a humanidade em geral estão em constante aproximação do ideal de constituição republicana fundado nos princípios racionais do direito. E embora

---

Doutrina da Virtude. No § 35 desta obra ele diz ser um dever a participação ativa no destino do outro; por conseguinte, "constitui um dever indireto para esse fim cultivar em nós próprios os sentimentos naturais (estéticos) de compaixão e utilizá-los a cada um deles como meios para a participação que decorre de *princípios morais e do sentimento que lhe é correspondente*" (grifei). Essa expressa "correspondência" entre princípios morais e sentimento coloca em xeque a imagem tradicional de Kant como um filósofo moralista frio e distante da realidade humana ("o ogro prussiano moralista, inumano e rígido"), como tem destacado Allen Wood. Conquanto os deveres morais não possam ter como fundamento sentimentos empíricos como simpatia e amor, estes podem não apenas atuar como motivos empíricos da ação moral, como constituem deveres éticos autônomos (v. *Kantian Ethics*, p. xii e capítulo 9). Wood afirma mesmo que para Kant "a ação moral, que sempre se põe fins, envolve sempre um *desejo* racional por eles", e "sem desejo e sentimento, na visão de Kant, não pode haver nenhuma ação moral" (ob. cit., p. 36; ver, também, *Kant's Ethical Thought*, capítulo 8). Em suas aulas sobre o tema, o professor Zeljko Loparic compara esse *afeto* (o entusiasmo pelo progresso moral) ao sentimento de respeito pela lei moral que Kant expõe na *Crítica da Razão Prática*, a fim de ressaltar que ambos têm origem na razão prática pura, e não em motivos psicológicos empíricos. Embora esse interessante aspecto da filosofia moral de Kant tenha implicações decisivas para a sua filosofia política, ele evidentemente foge aos limites do nosso trabalho e não pode ser nele analisado com a profundidade necessária.

[425] Kant, CF, p. 101; v. Loparic, ob. cit., p. 308. É interessante notar que Waluchow também recorre a determinados "signos históricos" para demonstrar a tese de que a humanidade tem feito progressos morais importantes no âmbito do direito constitucional contemporâneo, entre os quais ele arrola a condenação quase universal da escravidão, a descriminalização de práticas sexuais entre homossexuais adultos e a iminente legalização do casamento entre pessoas do mesmo sexo, que ele circunscreve à situação do Canadá, mas que sabemos estar ocorrendo em grande parte dos países ocidentais. E adiante, adotando um acento kantiano, ele completa: "Eu considero todos esses fatos um significativo progresso moral. Não podemos nós esperar por progressos similares na ilustração moral no futuro?"; v. *A Common Law Theory of Judicial Review*, p. 159.

[426] Zeliko Loparic sugere traduzir o termo alemão *Versinnlichung* por "sensificação" (*A Semântica Transcendental de Kant*, p. 21). Este conceito estava já exposto na *Crítica da Razão Pura*, onde Kant afirma que "para cada conceito, exige-se primeiro a forma lógica de um conceito (do pensamento) em geral, e em segundo lugar a possibilidade de lhe dar um objeto a que se refira" (p. 259, B298). Adiante, ele afirma que "embora todos estes princípios e a representação do objeto, de que esta ciência [a matemática] se ocupa, sejam produzidos totalmente *a priori* no espírito, nada significariam, se não pudéssemos sempre mostrar o seu significado nos fenômenos (nos objetos empíricos). Para tal se requer que *se torne sensível* um conceito abstrato, isto é, que se mostre na intuição um objeto que lhe corresponda, porque, não sendo assim, o conceito ficaria privado de *sentido*, isto é, sem significação" [grifos no original] (p. 259-260, B299). Analisando esta questão, Loparic diz que "a possibilidade (validade objetiva) de um conceito é, por sua vez, assegurada por sua 'sensificação' (*Versinnlichung*), isto é, interpretação sensível. Essa interpretação usa dois domínios de entidades: o domínio dos possíveis *construtos* na intuição pura, ou domínio dos esquemas puros, e o domínio dos possíveis objetos empíricos, ou *exemplos*" (ob. cit., p. 21).

não se possa vaticinar ou profetizar que algum dia isso realmente acontecerá, é possível no entanto afirmar *a priori* que o gênero humano é dotado de uma tendência moral para reformar as suas instituições políticas e jurídicas de acordo com o ideal de uma constituição republicana e por isso aproxima-se constantemente da paz perpétua.[427]

Essa associação entre o direito e a filosofia da história consolida-se em *O Conflito das Faculdades* e produz três implicações decisivas para compreender a solução do dilema da relação entre o direito natural e o direito positivo na filosofia kantiana. A *primeira* implicação é que essa associação importa em uma rejeição da ideia de revolução como fator de evolução política das sociedades e um comprometimento com a ideia de reformas que se produzem prudentemente no tempo em direção ao ideal de constituição republicana.[428] Como ele assinala na *Doutrina do Direito*, "o espírito do contrato originário (*anima pacti originarii*) comporta a obrigação de a ir modificando paulatina e continuadamente até que esteja de acordo, quanto aos seus efeitos, com a única constituição conforme ao direito, quer dizer, à constituição de uma república pura".[429] A conquista do modelo perfeito de uma república constitucional e de uma federação constitucional de Estados é "obviamente" uma ideia irrealizável, mas os princípios políticos que conformam cada um desses ideais funcionam como meios de aproximação contínua em relação a eles.[430] Essa ideia, ele dirá,

> é a única que pode conduzir, numa contínua aproximação, ao bem público supremo, a paz perpétua, intentada e executada não revolucionariamente, de sopetão, quer dizer, mediante a derrubada violenta de uma constituição defeituosa existente até o momento – (porque nessa decorrência surgiria um momento de destruição de todo o estado jurídico) –, mas mediante reforma paulatina, de acordo com sólidos princípios.[431]

Kant rejeita a ideia de que uma revolução pode deflagrar "saltos civilizatórios" que apressem a aproximação das sociedades humanas do ideal de república. Ao contrário, um evento revolucionário tende a trazer mais prejuízos do que benefícios às sociedades. Como consequência da interdição absoluta do direito de revolução, Kant sustenta que o progresso para o melhor, isto é, em direção ao ideal de constituição republicana segue uma ordem "de cima para baixo", e não o oposto;[432] isto significa

---

[427] V. Heiner Bielefeldt, ob. cit., p. 551-552.

[428] Gunnar Beck adverte que, na filosofia da história kantiana, "os homens são obrigados a obedecer mesmo a uma longa sucessão de governos não-liberais e opressivos, porquanto a existência deles é necessária, embora deplorável, e o processo histórico providencialista (*providentialist*) conduz ao esclarecimento (*enlightenment*) e à realização de um estado liberal" (ob. cit., p. 399).

[429] Kant, MC, p. 223-224 (Ak 6.340-341).

[430] Idem, ibidem, p. 238 (Ak 6.350).

[431] Idem, ibidem, p. 245 (Ak 6.355).

[432] Kant, CF, p. 110-111. Ver, a respeito, Gunnar Beck, ob. cit., p. 394-395.

que as reformas jurídicas e políticas devem ser introduzidas não através de movimentos violentos e insurrecionais promovidos pelos súditos ou cidadãos, mas por meio de mecanismos institucionais que obedeçam aos parâmetros da legalidade instituída: "Uma mudança da constituição política (defeituosa), que por vezes pode muito bem ser necessária, só pelo próprio soberano pode ser introduzida, mediante reforma, e não pelo povo, mediante revolução, portanto".[433] Howard Williams corretamente registra que, por um lado, Kant admite que toda constituição deve conter a possibilidade de alterações e aperfeiçoamentos por meios pacíficos e não revolucionários; por outro lado, prossegue o autor, "sob uma constituição legalmente instituída, as mudanças políticas devem ocorrer através dos próprios legisladores, pois de outro modo a própria legalidade é prejudicada. Ao invés de uma alteração no direito, o que ocorre com uma inssurreição é uma completa dissolução do direito".[434]

O modelo ideal de constituição jurídica, em cuja direção as reformas devem ser realizadas, corresponde a uma constituição em consonância com o direito natural racional proposto na doutrina do direito público da *Rechtslehre*, ou seja, um Estado republicano em que "os que obedecem à lei devem ao mesmo tempo, na sua legislação, ser legisladores".[435] Quando essa forma de constituição estiver instituída em grande escala teremos atingido o bem supremo da política, a paz perpétua, tanto no plano interno dos Estados quanto no plano das relações internacionais. Por isso, a *segunda* implicação da relação entre a teoria do direito e a filosofia da história é que é um *dever moral* dos governantes introduzir as reformas necessárias para conduzir o Estado na direção desse ideal. Aqui a razão vem em apoio à natureza para assegurar que o gênero humano prossiga na direção da instituição de uma comunidade que viva sob o império do direito, e o faz mediante a imposição de um dever moral político de buscar a paz perpétua.

Esta implicação coloca em questão a natureza do dever de reformar as instituições políticas e jurídicas e a legislação do Estado para aproximá-las do direito ideal, assim como do dever do monarca autocrata de

---

[433] Kant, MC, p. 192, Ak 6.322. Leslie Mulholland sustenta que quando o soberano se recusa a implementar as reformas necessárias para aproximar o sistema jurídico-político do ideal de constituição republicana, os cidadãos estão autorizados a usar a força contra ele para levar a efeito as mudanças necessárias. V. *Kant's System of Rights*, p. 344-346. No entanto, essa posição não pode ser fundamentada com base nos textos kantianos. Com razão Wolfgang Kersting afirma que "se o governante mostra-se indisposto a reformar e ser influenciado pela crítica pública dos cidadãos e dos intelectuais – na verdade, mesmo se ele destrói a publicidade crítica através de medidas de censura – a filosofia de Kant pode apenas recomendar que os cidadãos cujos direitos de liberdade sejam assim limitados esperem por tempos melhores, já que a resistência violenta e a revolução não são permitidas"; cf. "Politics, order, and freedom: Kant's political philosophy", p. 360.

[434] Howard Williams, *Kant's critique of Hobbes*, p. 170.

[435] Kant, CF, p. 108.

governar republicanamente quando ainda não existem as condições necessárias para o cumprimento do primeiro dever. Não se trata, é evidente, de deveres jurídicos, já que a eles não está associada nenhuma autorização para coagir nem os legisladores, nem o monarca ou quem quer que exerça o poder político supremo. Eles parecem pertencer, portanto, à classe dos deveres éticos, embora de uma espécie distinta daquela que foi exposta na *Doutrina da Virtude*. Naquela obra, Kant explicita uma série de deveres éticos que se referem à virtude privada de sujeitos individuais. Diferentemente, os deveres que estamos analisando referem-se a uma espécie de ética política, isto é, são deveres aos quais alguém está sujeito não em face de uma outra pessoa, mas em relação à comunidade política atualmente existente e que são extensivos inclusive às próximas gerações, já que a gradualidade das reformas necessárias pode perfeitamente ultrapassar o tempo de vida de uma geração. Esses deveres podem ser considerados deveres que são simultaneamente um fim político, e portanto pertencem a uma parte da doutrina da ética que não foi tematizada na *Metafísica dos Costumes*.

Os escritos de Kant sugerem que o cumprimento dos deveres éticopolíticos de reformar a constituição para aproximá-la do modelo republicano ideal e de governar republicanamente não exige que os legisladores e o monarca autocrata ajam motivados internamente pelos respectivos deveres, ao contrário do que sugere a exposição de *À Paz Perpétua*. Se o fizerem, então as suas ações políticas serão dignas do mérito ético que Kant atribui exclusivamente às ações cumpridas apenas pelo dever. Mas se eles agirem motivados por razões internas distintas da motivação moral pura, ainda assim os deveres terão sido cumpridos e isso parece ser suficiente para o progresso para o melhor do gênero humano e, por conseguinte, para a consecução do fim supremo da política, que é a paz perpétua.[436]

---

[436] Otfried Höffe susteta que desde a *Fundamentação da Metafísica dos Costumes* existem implicitamente dois pares de "diferenças motivacionais" entre legalidade e moralidade: 1.1) deveres de direito que podem ser cumpridos em conformidade apenas externa com o dever (*legalidade jurídica*); 1.2) deveres de direito que devem ser obedecidos pelo próprio dever (*moralidade jurídica*); 2.1) deveres de virtude que podem ser cumpridos em conformidade apenas externa com o dever (*legalidade ética*); 2.2) deveres de virtude que devem ser obedecidos pelo próprio dever (*moralidade ética*). Höffe sustenta que os deveres de beneficência, de não cometer suicídio e de cultivar os próprios talentos naturais são apresentados na segunda seção da *Fundamentação* como deveres que podem ser satisfeitos ainda que o agente aja apenas em conformidade externa com eles, e não necessariamente motivado pelo dever. O agente pode satisfazer esses deveres ainda que atue motivado, respectivamente, pelo desejo de honra, pelo medo de punição ou pela perspectiva de avançar na sua carreira. Embora reconheça que essa possibilidade parece contrariar a classificação exposta na *Metafísica dos Costumes*, Höffe insiste que ela não foi rejeitada na obra de 1797 e por isso permanece coerente com o sistema kantiano (cf. *Kant's Cosmopolitan Theory of Law and Peace*, p. 87-91. Robert Pippin também identifica problemas de fronteira entre as classes de deveres e ressalta que Kant "por vezes parece ter confundido as coisas ao não notar que os deveres de virtude e as pretensões de direitos justiciáveis (*enforceable rights*) não exaurem todas as categorias de obrigação". Ver "Mine and thine? The Kantian State", p. 420- 421.

A *terceira* implicação decorre do fato de que os monarcas, embora tenham o dever moral de implantar as reformas que permitam a aproximação da constituição vigente ao modelo de uma constituição republicana, podem não encontrar as condições propícias para introduzi-las de imediato. Ainda assim, embora reine *autocraticamente*, o monarca tem também o *dever* de governar de modo *republicano*, vale dizer, tem o dever "de tratar o povo segundo princípios conformes ao espírito das leis de liberdade (como um povo de madura razão a si mesmo prescreveria), se bem que com relação à letra não seja consultado acerca da sua aquiescência".[437] Por isso Kant distingue a constituição republicana *quanto a sua forma*, que é aquela que de fato assumiu o modelo republicano ideal, e *quanto ao modo de governar*, que é aquela em que o Estado é administrado "na unidade do monarca em analogia com as leis que um povo a si mesmo daria de acordo com os princípios universais do direito", [438] ou seja, neste caso o soberano autocrata deve legislar e governar como um representante do povo.[439]

Esta última implicação não significa que o filósofo alemão aceitava resignadamente a monarquia absolutista como uma forma prototípica de constituição ideal. Como mostra o importante estudo comparativo de Howard Williams, este é o principal ponto de discordância entre as filosofias politicas de Hobbes e de Kant. Hobbes opunha-se à república e à democracia e apregoava um Estado absolutista que excluía completamente o povo da vida política e concedia a autoridade civil exclusivamente ao monarca ou ao grupo de governantes. Kant, diz Williams, "acredita firmemente que a política é negócio do povo" e deseja que o povo "considere-se a si próprio como co-participante no processo de governar que deve ser executado pelos seus representantes". Enquanto Hobbes oferece ao povo proteção em troca de obediência e o considera apenas um observador e súdito do governo, Kant apresenta um dos primeiros modelos de democracia participativa e de cidadania ativa da história do pensamento

---

[437] Kant, CF. p. 108-109. Na nota 21 da segunda parte de *O Conflito das Faculdades*, Kant diz expressamente que o direito natural racional "é sempre apenas uma idéia, cuja realização está restringida à condição de consonância dos seus *meios* com a moralidade, que o povo não pode transgredir – o que não pode ter lugar mediante a revolução, que é sempre injusta. – Reinar autocraticamente e, no entanto, *governar* à maneira republicana, i.e., no espírito do republicanismo e analogamente a ele, tal é o que contenta um povo em relação à sua constituição".

[438] Idem, ibidem, p. 105.

[439] Wolfgang Kersting extrai desse argumento a conclusão de que a ideia de contrato social exerce na filosofia política de Kant uma função equivalente a do imperativo categórico no âmbito da sua filosofia moral; mais especificamente, ela operaria como um teste de universalizabilidade de normas. Como Kant explicitamente admite que esse teste pode ser desenvolvido inclusive individualmente por um soberano autocrata, Kersting entende que este argumento é decisivo para distinguir a filosofia política kantiana das concepções ético-políticas baseadas na ética do discurso, especialmente as de Jürgen Habermas e Karl-Otto Apel. V. Kersting, "Politics, order, and freedom: Kant's political philosophy", p. 355.

político.[440] A associação entre a teoria do direito e a filosofia da história em Kant culmina, portanto, em uma defesa das reformas políticas graduais e prudentes a serem executadas pelos próprios representantes do povo em assembleias legislativas eticamente comprometidas com a ideia de constituição republicana.

4.5. Considerações finais

As reflexões expostas neste capítulo pretenderam demonstrar que a teoria do direito de Kant não se submete docilmente à classificação tradicionalmente binária que separa radicalmente o jusnaturalismo do positivismo jurídico. O pensamento jurídico-político do filósofo alemão não só é muito mais complexo do que essa distinção usualmente supõe, como de certa forma subverte a dualidade entre natureza e convenção e entre idealidade e realidade que em geral estão associados a ela. Por um lado, é verdade que o direito natural kantiano não pode ser diretamente usado pelos cidadãos ou pelo poder judiciário como fonte normativa imediata de direitos sem a prévia incorporação deles na legislação. Nenhum cidadão e nenhum juiz está autorizado a recusar-se a cumprir ou a negar a validade de uma lei sob o argumento de que ela é injusta ou de que ela viola princípios universais do direito.

Nesse sentido estrito pode-se reconhecer que Kant foi realmente um precursor do positivismo jurídico, seja porque ele rompe com a visão tradicional do jusnaturalismo, que considera o direito natural como fonte normativa direta de direito, seja porque reduz o direito aplicável *hic et nunc* ao sistema de legislação positiva instituído pelo legislador soberano, que tanto pode ser um monarca autocrata – e inclusive um déspota –, quanto um poder legislativo democraticamente eleito. Filósofos analíticos do direito poderiam animar-se a ver aqui uma forma embrionária do conceito de direito como "o conjunto de comandos do soberano respaldados pela ameaça de coerção" que John Austin celebrizaria no século XIX como o primeiro conceito teórico relevante elaborado pelo positivismo jurídico.[441] Mais ainda. Ao desvincular a validade jurídica do direito positivo da sua conformidade com os princípios metafísicos do direito e afirmar que o direito efetivamente válido é o direito posto pela autoridade soberana, independentemente do seu conteúdo e de seus méritos, Kant propõe uma concepção de direito que é perfeitamente assimilável à concepção de positivismo jurídico ligada à teoria das fontes, segundo a qual

---

[440] Howard Williams, *Kant's critique of Hobbes*, p. 129.
[441] John Austin, *The Province of Jurisprudence Determined*, p. 10-33.

o reconhecimento da validade das normas jurídicas depende apenas da identificação das suas fontes enquanto fatos sociais, e não de juízos de valor quanto ao mérito moral dessas normas.[442] Além disso, a sua concepção abre caminho para a construção de uma teoria pura do direito no sentido kelseniano, isto é, para uma teoria jurídica que desvincula o problema do *valor* ou da *justificação moral* do direito da questão da *validade* do direito positivo e confere à ciência do direito a função de demonstrar que um sistema jurídico tem existência e validade independentemente do seu valor moral ou da justiça das suas normas.

No entanto, Kant jamais restringe o conjunto da sua filosofia do direito ao puro voluntarismo político e à neutralidade moral do conteúdo do direito positivo. Em primeiro lugar, o direito natural kantiano não apenas fornece o fundamento racional para a legitimidade política e moral da autoridade do direito positivo, como preserva tanto a função de *critério de avaliação* da justiça dos sistemas de direito positivo efetivamente existentes no espaço e no tempo quanto a função de *modelo* ou, para usar suas próprias palavras,[443] de *arquétipo*,[444] que fornece aos legisladores um *maximum* do qual a constituição e as leis positivas do Estado devem aproximar-se sempre mais. [445] Em segundo lugar, a formulação de uma concepção ideal de direito fundada em princípios racionais moralmente vinculativos permite a Kant atribuir ao legislador e aos governantes em geral o dever ético-político de reformar as leis positivas do Estado gradualmente, ao longo do processo histórico, para adequá-las aos princípios metafísicos do direito racional. Embora esse dever não tenha força jurídica, já que o seu descumprimento não enseja o uso de coerção externa, ele obriga moralmente o legislador a positivar o direito natural racional,

---

[442] John Gardner define o positivismo jurídico do seguinte modo: "Em qualquer sistema jurídico, [saber] se uma determinada norma é legalmente válida, e, portanto, se pertence ao direito daquele sistema, depende das suas fontes, não de seus méritos" ("Legal positivism: 5 ½ myths", p. 199). Noel Struchiner denomina essa concepção de positivismo jurídico conceitual, o qual define com a seguinte proposição: "Para que um determinado sistema normativo receba o nome de direito, ou que uma determinada norma seja qualificada como jurídica, não é necessário que passe pelo escrutínio de critérios ou testes morais. Para identificar uma norma como jurídica e, portanto, como existente e válida, devem-se investigar as suas fontes, não o seu mérito" ("A primazia do positivismo conceitual", p. 316-319). Sobre o positivismo jurídico e a tese das fontes, ver, ainda, Joseph Raz, "Authority, Law, and Morality", in *Ethics in the Public Domain*.

[443] Kant, CRP, p. 311 (A317, B374).

[444] Embora sem citar Kant, Nigel Simmonds recentemente propôs que o conceito de direito sirva como um arquétipo que possa "ao mesmo tempo funcionar como uma categoria descritiva que serve para identificar uma forma distintiva de organização social, e um ideal orientador (*guiding ideal*) de especial relevância para este tipo de ordenação social"; cf. *Law as a Moral Idea*, p. 53.

[445] O conceito de *arquétipo* como ideal de perfeição também é usado por Kant em *A Religião nos Limites da Mera Razão* quando ele expõe a sua concepção do arquétipo do homem moralmente bom como ideal da perfeição moral: "Ora, elevar-nos a este ideal da perfeição moral, isto é, ao arquétipo da intenção moral na sua total pureza, é dever humano universal, para o que também a própria idéia que nos é proposta pela razão a fim de a ela aspirarmos pode nos dar força" (ob. cit., p. 67).

e quanto mais o direito positivo se apropria do direito natural racional, mais próximo ele se encontra de sensificar a ideia moral de direito e assim de realizar o fim supremo da política.

Porém, mesmo um direito positivo imperfeito e inclusive injusto está mais próximo da ideia moral de direito do que a anarquia que se estabelece quando cada cidadão pode determinar quando deve ou não respeitar a lei, e cada juiz está autorizado a julgar se uma lei é ou não justa, e, por conseguinte, se ela deve ou não ser aplicada. Por isso a incompatibilidade do direito positivo com o arquétipo do direito ideal não retira a obrigatoriedade do respeito às suas normas. O império do direito não depende da moralidade do conteúdo do direito, mas da existência e da eficácia do sistema jurídico. Os direitos dos indivíduos, como o direito inato à liberdade e o direito à propriedade, estão sempre melhor protegidos sob qualquer constituição jurídica efetiva do que em uma condição que se equipara ao estado de natureza. Ou seja, o direito natural kantiano afirma que nós devemos ingressar em uma condição civil regida por uma constituição jurídica e devemos nos submeter a qualquer forma efetiva de direito positivo efetivamente estabelecido. Em outras palavras, Kant utiliza o fundamento jusnaturalista da autoridade do direito que decorre da sua metafísica jurídica para propor uma teoria do direito positivista.

Assim, Kant é um jusnaturalista porque formula uma teoria do direito natural que (a) fundamenta a autoridade política do direito positivo, (b) fornece critérios para julgar a justiça dos sistemas jurídicos concretos e (c) funciona como "arquétipo de perfeição prática"[446] para a legislação pública do Estado; e é um positivista porque defende a tese de que o direito positivo deve ser obrigatoriamente obedecido ainda que não corresponda perfeitamente aos princípios metafísicos do direito, mesmo que algumas de suas normas ou o conjunto do sistema jurídico sejam injustos. Uma composição definitiva entre direito ideal e direito positivo somente pode ser atingida no curso da história. Mas ainda que a "moralização" da legislação dependa da evolução de cada Estado, a existência de um juízo sintético *a priori* da história política do gênero humano permite afirmar que os Estados evoluem necessariamente para a instituição de uma república constitucional fundada nos princípios da soberania popular, da democracia representativa e da separação de poderes, e o melhor modo de acelerar esse processo histórico é o respeito pela legalidade. Gunnar Beck corretamente adverte que "a filosofia da história de Kant tem consequências significativas para o seu compromisso com a proteção dos direitos individuais e com o liberalismo político, que é muito mais qualificado e preocupado com a dimensão histórica da vida política e moral do homem

---
[446] Ver Kant, CRPr, p. 205-206, nota 210 (Ak 5.229).

do que normalmente se sugere".[447] Essa é a razão pela qual a solução do dilema da relação entre o direito natural e o direito positivo na teoria do direito de Kant só pode ser encontrada no âmbito da sua filosofia da história.

---

[447] Gunnar Beck, ob. cit., p. 399.

5. Conclusão

5.1. Considerações gerais

O esforço de Jeremy Waldron em mostrar que a filosofia política de Kant havia estabelecido as fundações do positivismo jurídico legalista tem um propósito claro: (a) atacar o pensamento constitucional contemporâneo, que outorga às decisões do poder judiciário um papel cada vez mais dominante na construção do direito, e (b) recuperar a dignidade da legislação como fonte suprema de direito. Vimos antes que Waldron se destaca como um dos mais ácidos críticos do neoconstitucionalismo, a teoria constitucional que legitima e estimula a ampliação dos poderes dos órgãos judiciais para controlar as decisões dos parlamentos sobre questões de política e moralidade. Contudo, a partir das obras *The Dignity of the Legislation* e *Law and Desagreement*, ele foi além da crítica ao controle judiciário da legislação e à criação judicial do direito e passou a argumentar que o único procedimento política e moralmente legítimo de produção do direito é o processo legislativo parlamentar baseado no princípio majoritário. Waldron acredita que apenas uma constituição que acolhe os princípios da soberania parlamentar e da supremacia da legislação efetivamente trata cada pessoa como igual e respeita o desacordo sobre questões de justiça, moral e política que é inevitável em uma sociedade plural, composta por pessoas livres e iguais.

Um sistema jurídico que concede a função de criar direito a um grupo de juízes que não são representantes dos cidadãos fatalmente entrega a eles o poder de dirigir a comunidade de acordo com as suas convicções pessoais sobre essas questões tormentosas, ainda que seja possível admitir que existam verdades objetivas e cognoscíveis pela mente humana em temas sobre justiça, moral e política. Waldron considera que os Estados que adotam um modelo constitucional de supremacia judicial cometem um equívoco político grave e potencialmente desastroso: eles simplesmente colocam em risco o futuro da democracia. E Waldron está também convencido que Kant respaldaria as suas preocupações e referendaria a sua tese de que o processo legislativo é o meio mais legítimo para coordenar o inevitável desacordo entre as concepções pessoais sobre a justiça e o bem e, assim, para erigir uma comunidade política comprometida com a liberdade e com a paz.

Evidentemente não é possível que as concepções que Kant formulou sobre filosofia do direito e da política em uma monarquia absoluta no final do século XVIII sejam aplicadas diretamente aos problemas centrais dos sistemas constitucionais dos Estados modernos. O filósofo alemão jamais conheceu um sistema político com efetiva supremacia parlamentar na produção do direito, nunca conviveu com uma constituição dotada de uma declaração de direitos fundamentais e muito menos com um sistema jurídico no qual os juízes têm poder não apenas para anular leis criadas pelos órgãos políticos, como para eles próprios criarem o direito substituindo-se a estes órgãos. É preciso ter sempre em mente que o signficado de conceitos como constituição e república em Kant não são exatamente os mesmos que atribuímos hoje em dia a tais expressões, o que não quer dizer que as concepções kantianas sobre essas questões não tenham resistido à passagem do tempo e não possam sofrer adaptações que as tornem compreensíveis e úteis para as discussões contemporâneas a respeito desses temas.[448] Mas é necessário, também, estar consciente de que qualquer argumentação que tente utilizar o pensamento kantiano para avaliar e solucionar problemas atuais da teoria do direito e da doutrina constitucional deve evitar distorcer e até retorcer as ideias do filósofo alemão para adequá-las à sua estratégia discursiva. Waldron não comete esse equívoco. A sua análise da filosofia jurídico-política de Kant pode ser superficial e lacônica, mas é sóbria e fiel aos limites teóricos e históricos do programa kantiano.

O exame sistemático da teoria do direito de Kant ao longo deste estudo procurou obter subsídios para responder a dois questionamentos fundamentais suscitados pela abordagem que Waldron deu às concepções do filósofo alemão: 1) *a teoria do direito de Kant tem como fundamento um modelo de constituição política baseado na supremacia da legislação na criação do direito?* 2) *a teoria do direito de Kant admite atribuir ao poder judiciário uma função protagonista na criação do direito?* À primeira questão a resposta é positiva, e à segunda, negativa, embora nos dois casos sejam necessários ajustes e temperamentos a fim de que esse trabalho permaneça sendo apenas uma interpretação da obra de Kant, e não uma exposição sobre teoria do direito baseada nas ideias kantianas. As respostas a essas duas

---

[448] Ver, a respeito desse problema característico do estudo da história das ideias, Brian Tierney, *Religion, Law, and the growth of constitutional thought: 1150-1650*, prefácio.

questões conformam as teses defendidas neste estudo. No entanto é preciso deixar claro que as teses são sobre a teoria do direito de Kant, e, embora elas tenham como contexto os problemas de teoria constitucional discutidos por Waldron, o estudo não visa diretamente a examinar, refutar ou apoiar o conjunto das teses jurídicas do filósofo neozelandês.

5.2. A supremacia da legislação

Os princípios metafísicos do direito não dependem da vontade humana e nem são o resultado de uma deliberação parlamentar ou da decisão de um monarca autocrata. Eles são princípios *a priori* que a razão prática pura formula dentro dos limites da experiência possível, tanto da natureza humana quanto da natureza das relações sociais que os homens estabelecem entre si, nas condições de espaço e tempo que lhe estão dadas. Esses princípios gozam de validade necessária, objetiva e universal e, portanto, dispensam qualquer forma de concordância concreta de vontades individuais ou coletivas para obrigarem "na ideia", daí por que o direito racional não é o resultado da vontade concreta do indivíduo, nem da vontade concreta de uma comunidade política. As comunidades políticas são compostas por seres racionais imperfeitos, e seres imperfeitos podem não ser capazes de compreender os princípios racionais do direito, ou podem ser movidos por inclinações diversas e até adversas a eles. Ainda assim o direito racional obriga objetiva e universalmente a todos os homens, embora o faça apenas enquanto uma ideia da razão que vale para todos os seres racionais, e por isso não pode ser coercitivamente imposto a eles.

O direito natural racional só pode ter eficácia jurídica a partir do momento em que se transforma em legislação pública, com o ingresso dos homens em uma condição civil, mas a mera saída do estado de natureza e a entrada em um estado jurídico regido por uma constituição não garante a *plenitude* da vigência do direito racional. Isso porque o estado jurídico pode assumir em algum momento da sua história formas autocráticas e até despóticas de governo, e essas formas não têm capacidade para colocar em funcionamento pleno os princípios racionais do direito, que na sua essência estão ligados a uma constituição republicana. Quanto mais distante se encontra o Estado do arquétipo republicano e mais próximo de um modelo autocrata, menor é a relação entre o direito natural e a autonomia pública dos cidadãos. Nesse caso, a legitimidade do direito positivo instituído pela autoridade política tem como fundamento central a segurança jurídica e política e o controle da anarquia, fins que são garantidos mesmo por uma forma imperfeita de constituição jurídica.

Contudo, é necessário ter sempre em mente que todo o programa filosófico de Kant para o direito e a política dirige-se para a instituição de um estado cujo arquétipo ou modelo ideal de perfeição é uma república constitucional que garanta a coexistência das liberdades de todos os membros da comunidade sob um padrão de igualdade, universalidade e reciprocidade de sujeição ao direito. Esse arquétipo kantiano está assentado sobre dois pilares: por um lado, a constituição republicana ideal concretiza os princípios *a priori* do direito providos pela razão prática, isto é, uma república kantiana é um Estado dotado de uma constituição que incorpora o direito natural racional; por outro lado, a constituição republicana deve ser o produto do exercício da autonomia pública dos cidadãos, que têm o direito de viver sob um sistema jurídico cujas normas sejam criadas por representantes eleitos pelos seus votos, e que por sua vez devem instituí-las levando em conta o que o povo decidiria para si próprio. Mas a relação entre direito natural e autonomia pública não é apenas um vínculo de sujeição desta em relação àquele. A validade necessária, objetiva e universal dos princípios metafísicos do direito não significa que uma republica constitucional que se aproxima do arquétipo da perfeição resulta numa mera positivação de um direito natural que tem soluções completas e definitivas para todos os problemas que surgem das relações externas entre os membros de uma comunidade política.

A relação entre direito natural racional e autonomia pública é bem mais complexa. Em primeiro lugar, porque os princípios metafísicos do direito são formulados com um grau de imprecisão e de abertura para diferentes soluções concretas que permite e exige que o legislador dê a esses princípios o conteúdo e os contornos necessários para que eles sejam efetivamente aplicáveis e eficazes na regulação das relações jurídicas entre os cidadãos. Embora o direito natural exija a proteção da liberdade externa – nas suas diversas manifestações – e a garantia da propriedade, esses direitos só podem ser efetivamente assegurados na condição civil de um Estado de direito. A sensificação da vontade geral *a priori* e a realização da justiça distributiva pressupõem que o legislador dispõe de liberdade para a definição da forma concreta como esses direitos serão regulados na legislação positiva. Este aspecto dos princípios metafísicos do direito de Kant foi ressaltado por Mary Gregor:

> Mas os direitos não podem ser garantidos a menos que eles estejam determinados. Como Kant aponta, em um estado de natureza todos procedem de acordo com as suas concepções sobre direitos, e quando surge uma disputa sobre o que alguém adquiriu não pode haver nenhuma autoridade para resolver essa disputa, porque um juiz teria que decidir de acordo com seus próprios conceitos sobre direitos, ao invés de basear a decisão em leis

públicas vinculativas para ambas as partes da disputa. Existe uma distância para ser reduzida entre os primeiros princípios metafísicos do direito e leis suficientemente definidas para permitir que disputas sobre direitos sejam resolvidas. Portanto, o 'direito natural' de viver em uma sociedade envolve a autoridade de um legislador para editar leis positivas ou vincular outros por leis cujo conteúdo ele (o legislador) escolheu. [449]

Em segundo lugar, a complexidade da relação entre direito natural e direito positivo ocorre também porque os princípios metafísicos do direito deixam sem qualquer regulação uma quantidade infinita de situações da vida social que podem ser arbitrariamente reguladas pelo legislador. E em terceiro lugar, porque Kant dá à autonomia pública um valor independente da sua função de instância de concretização do direito natural racional, daí por que a soberania popular pode inclusive ignorar e até temporariamente contrariar os princípios metafísicos do direito.

É certo que para Kant "o direito nunca deve se adaptar à política, mas é a política que sempre deve se ajustar ao direito",[450] o que subordina a política ao direito. Mas embora no plano ideal o direito não seja o produto dos interesses políticos, no plano concreto o direito é produzido no contexto da política. E o contexto da política, para Kant, é o espaço próprio dos cidadãos de uma república constitucional. De acordo com a fórmula que ele fez amadurecer ao longo dos seus escritos tardios, os membros de uma república são cidadãos que se reúnem para legislar e que neste papel são dotados dos atributos (a) da liberdade de não obedecer a nenhuma outra lei senão àquelas a que deram o seu consentimento, (b) da igualdade civil de não reconhecer nos demais membros da comunidade nenhum superior e (c) da independência civil em relação ao arbítrio de qualquer outra pessoa nas suas ações enquanto cidadão da comunidade.[451] Por isso, a política kantiana é um espaço em que seres racionais livres e iguais desempenham de forma plena e madura todas as suas capacidades para debater, deliberar e decidir em conjunto todas as questões que envolvem a positivação dos princípios metafísicos do direito, como a conveniência e a oportunidade da própria positivação dos princípios, a definição do conteúdo dos direitos e das formas de garantia judicial deles, a regulação dos conflitos entre direitos e a distribuição de benefícios e ônus ligados à concretização da justiça distributiva.

Em Kant, o contexto da política que deve produzir o direito é fundado em um conceito rico de autonomia pública. O princípio fundamental da autonomia pública é o *princípio da soberania popular*, segundo o qual "o povo unido não só representa o soberano, como é ele próprio o sobe-

---

[449] Mary Gregor, "Kant on 'Natural Rights'", p. 69.
[450] Kant, *Sobre um suposto direito de mentir por amor à humanidade*, p. 178; e PP, p. 163-164 (B 96).
[451] Kant, MC, p. 179 (Ak 6.314).

rano";[452] a soberania popular implica que "o poder legislativo só pode caber à vontade unida do povo" e "só a vontade geral coletiva pode ser legisladora".[453] No entanto, outros princípios materializam o exercício da autonomia pública dos cidadãos de uma república. O segundo deles é o *princípio da democracia representativa*, conforme o qual a instância formal de produção do direito deve ser um parlamento composto por representantes do povo. Os representantes devem ser eleitos pelo voto dos cidadãos e devem posteriormente, no exercício de seus mandatos, agir como representantes efetivos da vontade geral do povo, isto é, devem decidir como o próprio povo decidiria para si: "toda a verdadeira república é e não pode ser senão um sistema representativo do povo, que pretende em nome do povo e mediante a união de todos os cidadãos cuidar de seus direitos, por meio de seus delegados (deputados)".[454] O terceiro é o *princípio da plenitude da soberania popular*, pelo qual nenhuma questão jurídica pode ser subtraída da decisão dos representantes da soberania popular. Todos os assuntos devem ser decididos pelos meios institucionais de deliberação parlamentar, inclusive, questões cruciais como a decisão sobre se o Estado deve ou não entrar em guerra, "pois os cidadãos têm de decidir para si próprios todos os sofrimentos da guerra".[455] O quarto princípio inerente ao conceito kantiano de autonomia pública é o *princípio da liberdade plena de uso público da razão*, pelo qual o Estado deve assegurar um regime de ampla abertura para a participação dos cidadãos e dos intelectuais nos debates não institucionais sobre todas as questões que envolvem o direito e a legislação. A opinião pública não deve ser censurada, porque exerce um papel múltiplo na consolidação da autonomia pública dos cidadãos: por um lado ela fomenta, preserva e eleva o padrão da compreensão crítica que a comunidade tem das suas leis e das suas políticas; por outro, ela abastece os governantes de visões críticas distintas sobre os fundamentos e os efeitos das leis e das decisões políticas que eles adotam em seus governos, realimentando assim a trajetória de aproximação da constituição republicana em relação ao modelo ideal.

Como disse Cassirer, Kant é o filósofo que levou o Iluminismo à sua glorificação final. Pois bem, o caminho na direção de uma república constitucional perfeita é um caminho que leva o homem ao mais elevado grau de amadurecimento político. Somente sob o conjunto das condições jurídicas que caracterizam o direito ideal o homem pode fazer "um uso pleno da sua própria razão". O plano de Kant é transformar cada cidadão em um iluminista, em um ser racional que faça uso da sua razão para

---

[452] Kant, MC, p. 224 (Ak 6.341).
[453] Idem, ibidem, p. 179 (Ak 6.314).
[454] Idem, ibidem, p. 224 (Ak 6.341).
[455] Kant, PP, p. 129 (B 23).

construir uma comunidade política de pessoas livres e iguais. Ao contrário do que sugere a imagem de Kant como o filósofo do liberalismo individualista, a forma final da república constitucional kantiana é o apogeu do homem como ser político, do homem que exerce plenamente a sua autonomia pública para instituir e aperfeiçoar permanentemente o sistema jurídico e político sob o qual quer viver.[456] Em *O que é o Iluminismo?* ele havia afirmado: "o Iluminismo é a saída do homem da sua menoridade de que ele próprio é culpado" e "a menoridade é a incapacidade de se servir do entendimento sem a orientação de outrem".[457] Essa menoridade é quase uma segunda natureza, por isso é cômodo ser menor e sujeitar-se à vontade de um outro, submeter-se às leis que o monarca, o déspota ou uma assembleia aristocrática ou oligárquica estabelecem como tutores de um povo de "preguiçosos e covardes" políticos. Mas quando os homens vivem em um regime de liberdade externa sob leis públicas e podem fazer um uso público da sua razão, então aumentará gradual e progressivamente o número dos que pensam por si mesmos e assim se tornarão ilustrados; com isso aumentará também o número de pessoas que possuem plenas condições de participar ativamente das decisões sobre todas as questões públicas, seja apenas opinando e publicando suas ideias no uso da liberdade de expressão, de crítica e de escrita, seja participando diretamente das decisões políticas no exercício da representação parlamentar do povo. Quanto maior a liberdade de expressão e de circulação do pensamento, tanto maior é o progresso da ilustração e o número de cidadãos que participa desse processo.

Voltemos, ainda uma vez, à já mencionada complexidade da relação entre o direito natural e a autonomia pública na teoria kantiana do direito. Como dissemos, para Kant o direito natural racional não é o produto da vontade concreta do povo ou de um monarca esclarecido. O seu conceito de autonomia pública não implica que o homem, enquanto legislador, é o *autor* do direito natural. O legislador "é o autor da obrigatoriedade da lei,

---

[456] A filosofia política de Kant é um exemplo da afirmação de John Rawls de que entre o liberalismo político e o republicanismo clássico não há uma oposição fundamental e pode haver entre eles conciliação. O liberalismo político tradicional considera que as liberdades políticas têm um valor intrínseco inferior ao das liberdades básicas, como as liberdades de pensamento e de consciência, o que significa que em uma sociedade democrática moderna participar ativamente da vida pública ocupa um lugar menor na vida dos cidadãos do que ocupava entre os cidadãos de Atenas. O republicanismo clássico, por outro lado, requer a participação ativa dos cidadãos que possuem as virtudes políticas necessárias para sustentar um regime constitucional. A preservação de uma república exige "uma ampla participação na política democrática por parte de uma cidadania vigorosa e bem informada movida em boa parte por uma preocupação com a justiça política e o bem público". A conciliação entre liberalismo político e republicanismo depende do grau em que se exige o engajamento dos cidadãos na vida política para salvaguardar as liberdades básicas. Ver John Rawls, *Justice as Fairness: A Restatement*, p. 140-145. O pensamento político tardio de Kant busca justamente atingir esse ponto de equilíbrio entre a proteção das liberdades básicas da pessoa e a participação política do cidadão.

[457] Kant, *O que é o Iluminismo?*, p. 11.

mas nem sempre é o autor da lei". O legislador é o autor da "lei positiva (contingente) e arbitrária" ("Gezetz positiv [zufällig] und willkürlich"), mas não da lei natural do direito.[458] Em *Vigilantius*, ele diz que

> se nós concebêssemos o legislador como um *auctor legis*, isto se referiria apenas a leis estatutárias. Mas se nós atribuímos um *auctor* às leis que são conhecidas, através da razão, da natureza do caso, ele pode ser somente o autor da obrigação que está contida na lei.[459]

O direito natural kantiano não é, pois, uma lei da vontade geral, exceto quando se considera a expressão "lei da vontade geral" em um sentido puramente ideal. Os princípios metafísicos do direito são ideias que o homem pode pensar *a priori* quando reflete sobre a natureza humana e sobre a natureza das relações entre os homens, portanto são ideias da razão. Esses princípios podem ser pensados como leis naturais por oposição a leis positivas ou leis arbitrárias da vontade humana. Por isso, a validade objetiva e universal dessas leis não depende de modo algum do consentimento ou da concordância de indivíduos concretos. Nesse sentido Kant jamais admitiria a afirmação de Waldron de que "o direito é fruto da política",[460] caso essa afirmação envolver também o direito natural racional. No nível ideal, o direito natural kantiano sobrepõe-se à política, porque fornece o próprio fundamento de legitimidade da sua autoridade e provê os conteúdos essenciais do direito político e os critérios de avaliação da justiça da legislação pública.

Entretanto, embora o homem, a comunidade política e próprio gênero humano estejam vinculados ao direito natural por força do dever moral de instituir uma constituição que corresponda ao seu ideal de perfeição, o homem é livre para adotá-lo ou não como o direito positivo do Estado, e o fundamento dessa liberdade é o princípio metafísico da autonomia pública dos cidadãos. As leis *a priori* do direito não são leis da natureza que determinam necessariamente as ações humanas, mas leis morais que se impõem ao homem como um imperativo da razão prática pura. Por isso o homem tem liberdade para decidir se e quando as transforma em leis que efetivamente obrigam com força jurídica. As leis jurídicas que vinculam coercitivamente as pessoas devem ser o produto da autonomia pública dos cidadãos de um Estado, isto é, de uma escolha livre da comunidade política.[461] O conceito de autonomia pública é tão forte em Kant

---

[458] MC, p. 38, RL, p. 25 (Ak 6.227). V. Ingeborg Maus, *Zur Aufklärung der Demokratietheorie*, p. 165-166.

[459] Kant, LE, p. 302 (Ak 27.545).

[460] Jeremy Waldron, *The Dignity of Legislation*, p. 36.

[461] Os ecos dessa concepção kantiana podem ser claramente identificados, por exemplo, no pensamento jurídico de Hans Kelsen: "Se se reconhece que a função essencial da norma jurídica é impor às pessoas uma obrigação de se comportar de determinado modo (a cujo comportamento oposto está ligado um ato coercitivo, a assim chamada conseqüência de um ato ilícito), então o ponto decisivo na avaliação da criação de uma norma jurídica é saber se a pessoa que está obrigada pela norma

que ele domina inclusive a forma, o tempo e o espaço da positivação dos princípios metafísicos do direito natural na legislação pública do Estado. O direito natural permanece exercendo todas as funções que destacamos anteriormente, mas o valor próprio e independente da autonomia pública dos cidadãos de uma república constitucional concede a ela uma prevalência prática sobre o valor moral dos princípios metafísicos.

Nesse aspecto, portanto, Kant respalda Waldron na sua cruzada pela recuperação da dignidade da legislação. Certamente ele jamais admitiria a tese de Waldron de que não existe um conjunto transcendente de ideias sobre o direito, mas concordaria que o desacordo sobre o significado preciso dos princípios metafísicos do direito é inevitável, e os conflitos que fatalmente surgirão caso cada pessoa queira fazer a sua própria compreensão do direito natural prevalecer sobre a compreensão dos outros pode levar a um estado de permanente violência e ameaça, isto é, implicaria um retorno ao estado de natureza: "até que seja edificado um estado legal público, os homens, povos e Estados isolados não podem nunca estar seguros face à violência de uns contra os outros, e isso por causa do direito de cada um fazer o que lhe parece justo e bom, sem para tal depender da opinião do outro".[462] Como esse desacordo, que é fruto da insociável sociabilidade humana, é inevitável nas circunstâncias políticas nas quais os homens estão obrigados a viver, então é preciso instituir órgãos e procedimentos que permitam a produção de normas jurídicas que se imponham autoritativamente sobre todos os membros da comunidade, inclusive sobre aqueles que discordam do conteúdo das normas jurídicas: "é necessário sair do estado de natureza, em que cada um age como lhe dá na cabeça, e unir-se a todos os demais (com quem não se consegue evitar entrar em interação) para se submeter a uma coerção externa legislada";[463] ou ainda: "no *statu naturali* cada homem exerce seu próprio direito privado; ele determina seus próprios direitos e os direitos dos outros de acordo com o seu próprio julgamento e procura obtê-los pelo seu próprio poder".[464]

---

participa de sua criação ou não. Em outras palavras, a questão é se a obrigação é imposta com ou sem o consentimento do sujeito da norma, eventualmente mesmo contra a sua vontade", cf. *Reine Rechtslehre*, 1ª edição, p. 117 (no original: "Erkennt man als die wesentliche Funktion der Rechtsnorm, dass sie den Menschen zu einem bestimmten Verhalten verpflichtet (indem sie das entgegengesetze Verhalten mit einem Zwangsakt, der sogenannten Unrechtsfolge verknüpft), dann ergibt sich als der entscheidende Gesichtspunkt, von den aus die Erzeugung der Rechtsnormen zu beurteilen ist: ob der durch die Rechtsnorm zu verpflichtende Mensch, der Normunterworfene, an der Erzeugung dieser ihn verpflichtenden Norm beteiligt ist oder nicht. Mit anderen Worten: ob die Verpflichtung mit seinem Wille oder ohne, eventuell sogar gegen seinen Willen erfolgt").

[462] Kant, MC, p. 176 (Ak 6.312).
[463] Idem, ibidem.
[464] Kant, LE, p. 289 (Ak 27.528).

Kant também concordaria com Waldron em atribuir a um poder legislativo com representação popular a função de instituir as normas jurídicas válidas, e que o processo adequado para a criação dessas normas é um processo legislativo caracterizado pelo caráter democrático, deliberativo e amplamente permeável aos debates da opinião pública em geral. Mais ainda: Kant também aceitaria que o processo legislativo conduzido por um parlamento composto de representantes da população e que decide com base no princípio majoritário é o método que efetivamente trata cada cidadão e cada indivíduo da comunidade como um agente racional livre e igual e capaz de fazer um uso pleno e maduro das suas capacidades humanas. Para Kant, o sistema majoritário, que em *Teoria e Prática* ele chega a considerar como o princípio supremo da instituição de uma constituição civil, deriva da necessidade de harmonização dos cidadãos quanto às leis públicas do Estado votadas em um contexto de impossibilidade prática de contar com a unanimidade de um povo inteiro e da necessidade de aceitação da lei mesmo pelos que dela discordam.[465]

Kant não é um utópico e sabe que não existem repúblicas ou sistemas legislativos perfeitos, porque repúblicas e legislaturas são criações humanas e "nada reto pode ser feito de uma madeira tão retorcida como o homem".[466] Mas se uma república perfeita é impossível, o processo legislativo de uma república que se aproxima cada vez mais do arquétipo ideal é suficiente para assegurar o exercício da autonomia pública dos cidadãos. Por isso a legislação é a forma por excelência de criação do direito em uma república constitucional. A própria existência de uma constituição republicana dotada de um poder legislativo representativo da soberania popular concretiza em larga medida o direito natural racional. De fato, a própria garantia das condições que asseguram o exercício da autonomia pública dos cidadãos em uma república constitucional pressupõe já um estágio avançado de concretização de muitos aspectos do direito natural kantiano, como a liberdade de expressão, a garantia de direitos políticos, um sistema de representação parlamentar e processos democráticos de legislação. Como diz Ingeborg Maus, "a constituição já se torna direito

---

[465] Nesse sentido, ver Allen D. Rosen, *Kant's Theory of Justice*, p. 57. Rosen observa que "mesmo o princípio majoritário deve ser qualificado, porque não é possível que em Estados extensos todos os cidadãos votem diretamente para todas as leis. Na prática, o direito de criar leis deve ser restringido a um pequeno grupo de representantes eleitos pelo povo. Na prática, portanto, a liberdade política implica não mais do que um direito de votar para eleger representantes para uma assembléia representativa majoritária. Desse modo, nós somos levados do princípio supremo da moralidade para a necessidade da liberdade política na única forma que Kant considera viável". Rosen tem razão em atribuir a Kant essa fundamentação quase trivial do princípio majoritário. Entretanto, não é possível concordar com a sua redução da liberdade política ao direito de votar nos representantes. Conforme estamos tentando demonstrar, o conceito de liberdade política é muito mais rico na filosofia política kantiana.

[466] Kant, IHU, p. 12.

natural positivo no momento em que institui um processo legislativo que corresponde aos critérios procedimentais suprapositivos".[467]

Por outro lado, a positivação legítima dos princípios metafísicos do direito racional exige o pleno exercício da autonomia pública tal como ocorre apenas em um processo legislativo de uma democracia representativa. Mesmo quando o parlamento de uma república retarda ou falha na incorporação do direito natural no direito positivo, a soberania popular preserva a prerrogativa de decidir autonomamente como e quando essa incorporação deverá ser feita. Nenhum tutor pode substituir-se a ela, ninguém, a não ser a vontade geral do povo, tem um acesso privilegiado e autoritativo ao direito da razão prática pura. O direito natural pode ser conhecido por qualquer ser racional, mas só pode valer como direito com força jurídica quando uma comunidade política decide convertê-lo em direito positivo através de um processo legislativo que expresse a autonomia pública dos seus membros. Se um povo quer sair da menoridade e deseja ilustrar-se, ele deve estar preparado para acertar e para errar sozinho, sem a tutela de nenhum superior. Ele conta apenas com a razão humana, e a razão humana é infelizmente imperfeita e limitada. Como diz Allen Wood, "fraca, falível, imperfeita e corrupta, a razão é sempre nosso último recurso, mesmo nosso recurso definitivo, para criticar tudo, incluindo nossos próprios equívocos e os abusos da razão mesma".[468] É a razão que nos permite instaurar uma vida comunitária na qual podemos nos comunicar livremente com os outros, criticar seus argumentos e termos os nossos criticados até o ponto de chegarmos a um entendimento comum e de atingirmos o reconhecimento compartilhado de normas e razões válidas para todos.[469] Por isso, somente um sistema jurídico que assegura e fomenta a capacidade humana de determinar suas leis por meio da comunicação e da deliberação pública livre e igualitária está de acordo com a faculdade de autodeterminação racional dos homens e, por conseguinte, com o princípio filosófico da autonomia pública dos cidadãos.

5.3. Os limites do poder judiciário

As razões expostas acima sugerem que Kant seria de fato um crítico de qualquer modelo constitucional baseado na supremacia judicial. É

---

[467] Ingeborg Maus, *Zur Aufklärung der Demokratietheorie*, p. 162. No original: "Die Verfasssung hat bereits positiviertes Naturrecht zu sein, indem sie ein Gesetzgebundsverfahren errichtet, das überpositiven prozeduralen Kriterien entspricht".

[468] Wood, *Kantian Ethics*, p. 6.

[469] Wood, ob. cit., p. 16.

verdade que o filósofo alemão raramente cita o poder judiciário nas suas obras sobre direito e política, especialmente quando se compara com as suas extensas abordagens sobre o poder legislativo. Na *Rechtslehre* ele se limita a definir o poder judiciário como o poder do Estado "que atribui a cada um o seu *de acordo com a lei*" (grifei).[470] Na Doutrina do Direito Privado, ele diz também que os princípios puros *a priori* do direito servem de fundamento para diversas leis positivas, as quais, por sua vez, "têm como propósito, sobretudo, estabelecer as condições sob as quais unicamente deve ter força jurídica uma forma de aquisição, de modo que o juiz possa adjudicar a cada um aquilo que é seu do modo mais simples e sem hesitações".[471] Como se percebe nitidamente nessa passagem, na divisão dos poderes da república kantiana o poder judiciário exerce uma função rigorosamente limitada à aplicação das leis criadas pelo poder legislativo, bem ao modo da distribuição das funções do Estado definida pelo liberalismo moderno desde Montesquieu.

Contudo, a mobilização de Kant para rediscutir os limites entre legislação e jurisdição no constitucionalismo contemporâneo exige ir além da pura exegese dos textos kantianos. Kant não refletiu sobre as consequências que uma constituição dotada de uma declaração de direitos fundamentais teria para uma filosofia política e uma teoria do direito assentadas sobre os princípios da soberania popular e da autonomia pública dos cidadãos; como dissemos antes, ele tampouco conheceu qualquer modelo de poder judiciário com poder para controlar a constitucionalidade das leis criadas pelo poder legislativo. Mas na medida em que o exercício da jurisdição constitucional se limitar a uma interpretação estrita do texto constitucional e que mesmo no exercício dessa função os juízes e tribunais respeitem a autonomia e a primazia dos representantes dos cidadãos para eles próprios interpretarem as normas constitucionais estabelecidas pela soberania popular, a teoria do direito de Kant não teria maiores dificuldades de conviver com um poder judiciário com a função de guardião da constituição. Isto é, a república constitucional kantiana é perfeitamente compatível com "um pré-comprometimento modesto"[472] com direitos morais que, quando incorporados às constituições, exerçam a função de limites ao poder legislativo.

O problema surge quando o exercício da jurisdição constitucional ultrapassa o limite da interpretação dos textos constitucionais e legais e passa a exigir juízos sobre a justiça, a moralidade ou a conveniência política de leis promulgadas pelo poder legislativo. Nesses casos, frequentemente a tarefa de interpretação do significado correto das normas

---

[470] Kant, MC, p. 178 (Ak 6.315).
[471] Idem, ibidem, p. 163 (Ak 6.303).
[472] Cf. W.J. Waluchow, *A Common Law Theory of Judicial Review*, p. 127.

constitucionais, sobretudo dos princípios gerais da constituição e dos direitos fundamentais, torna-se apenas um disfarce para o que se trata de uma forma de interpretação constitucional que é, na verdade, uma *interpretação constituinte*, feita não por uma jurisdição constitucional, mas por uma *jurisdição constituinte permanente*.[473] Waldron combate precisamente essa transformação do poder judiciário em um órgão do Estado que, a pretexto de proteger os direitos constitucionais, concede-se o poder de decidir questões fundamentais de justiça, moralidade e política, decisões que, em uma democracia constitucional fundada no princípio republicano, devem ser tomadas por instituições e procedimentos democráticos.

Entre as diversas teorias que buscam legitimar o exercício da jurisdição constitucional no constitucionalismo contemporâneo, uma delas merece a atenção por apresentar uma aparente ligação com a filosofia kantiana e porque exerce uma influência ampla e decisiva na teoria constitucional contemporânea: a doutrina da interpretação moral da constituição de Ronald Dworkin.[474] Em *Freedom's Law*, Dworkin expõe um conjunto de argumentos que visam a demonstrar que o poder judiciário tem legitimidade política e moral para realizar uma "leitura moral da constituição" e, por meio dessa atividade, controlar os atos do poder legislativo e criar novos direitos fundamentais ou estender a eficácia dos direitos já existentes, ainda que para exercê-la tenha que decidir questões de justiça e moralidade política. Na exposição desses argumentos, Dworkin rejeita o que ele denomina de concepção majoritária de democracia em favor de uma "concepção constitucional de democracia".[475] Essa concepção pressupõe determinadas condições democráticas que consistem em condições de participação moral (*moral membership*) em uma comunidade política. Uma dessas condições parece extraída de um texto de Kant:

> O processo político de uma comunidade genuína deve expressar alguma concepção sincera (*bona fide*) de igualdade de consideração pelos interesses de todos os membros, o que sig-

---

[473] V. Marcelo Andrade Cattoni de Oliveira, "Jurisdição Constitucional: Poder Constituinte Permanente?", p. 67-92.

[474] Não faremos uma analise detalhada da teoria constitucional que Dworkin tem desenvolvido constantemente desde a década de sessenta. No texto examinaremos alguns pontos específicos da sua doutrina que interessam ao argumento. A teoria constitucional do jusfilósofo norte-americano encontra-se exposta principalmente nas obras *Taking Rights Seriously, A Matter of Principle, Law's Empire* e *Freedom's Law*.

[475] A influência de Dworkin nas clivagens sobre a legitimidade do controle judicial da constitucionalidade das leis pode ser facilmente identificada na literatura jurídica sobre o tema. No entanto, é notável que no julgamento da já citada ADIN 3.510 (*caso das células-tronco embrionárias*), ao refutar o argumento do caráter contramajoritário da jurisdição constitucional, o ministro Gilmar Mendes recorreu justamente às teses do jusfilósofo norte-americano sobre a legitimidade da concepção constitucional de democracia: "Lembro, em contra-argumento, as palavras de Ronald Dworkin que, na realidade norte-americana, ressaltou o fato de que *os Estados Unidos são uma sociedade mais justa do que teriam sido se seus direitos constitucionais tivessem sido confiados à consciência de instituições majoritárias*" (grifo no original).

nifica que decisões políticas que afetam a distribuição de riqueza, benefícios e obrigações devem ser consistentes com a igual consideração de todos. A participação moral envolve reciprocidade: uma pessoa não é um membro a menos que ela seja tratada como membro pelos outros, ou seja, a menos que as conseqüências de qualquer decisão coletiva para sua vida sejam consideradas tão igualmente significativas quanto são as conseqüências da mesma decisão para a vida de todas as outras pessoas.[476]

Dworkin sustenta ainda que "uma comunidade política genuína deve, portanto, ser uma comunidade de agentes morais independentes. Ela não deve ditar o que seus cidadãos pensam sobre questões de julgamento político, moral ou ético, mas deve, pelo contrário, prover as circunstâncias que os encorajam a formar as suas crenças sobre essas questões através das suas próprias convicções reflexivas e individuais".[477] Todas essas afirmações são não apenas compatíveis com a filosofia moral, política e jurídica de Kant, como por vezes parecem meras reconstruções das ideias do filósofo alemão. No entanto, no âmbito da teoria constitucional, Dworkin extrai desses argumentos de linhagem kantiana a tese de que a jurisdição constitucional (*judicial review*) "pode fornecer um tipo superior de deliberação republicana" sobre algumas questões cruciais. A revisão judicial da constitucionalidade das leis é um empreendimento mais adequado ao desenvolvimento de um senso nacional de justiça, "pois participamos dele na qualidade de agentes morais que deliberam e justificam seus pontos de vista, e não de simples números numa contagem política".[478]

Essa tese de Dworkin é o epicentro das intermináveis discussões atuais sobre teoria do direito e doutrina constitucional, mas nesse trabalho não estamos tratando do mérito dessa polêmica. O que queremos afirmar é que essa tese não pode em absoluto ser sustentada com base em Kant. Para a filosofia jurídico-política kantiana nada, nem mesmo o processo judicial, pode satisfazer a autonomia pública dos cidadãos de uma república, exceto um processo legislativo que reflita a soberania política de um povo composto por seres racionais livres e iguais.[479] A soberania

---

[476] Ronald Dworkin, *Freedom's Law*, p. 25.

[477] Idem, ibidem, p. 26.

[478] Idem, ibidem, p. 346-347.

[479] Wood faz a seguinte sugestão a respeito da relação entre autonomia e liberdade na filosofia prática kantiana: "se eu vou raciocinar com outras pessoas, inclusive sobre qualquer questão teórica, eu devo pressupor nelas a mesma capacidade para governar seus julgamentos por normas racionais que eu pressuponho para mim. E se eu vou discutir com você sobre os fundamentos racionais que uma terceira pessoa tem para julgar, eu devo pressupor que ela tem a mesma capacidade que eu pressuponho existente em ti e em mim, como uma condição para sermos capazes de raciocinar em conjunto sobre essa questão ou qualquer outra. Assim, o ponto de vista do qual eu declaro que todo o ser racional somente pode agir sob a idéia de liberdade não pode ser pensado apenas sob um 'ponto de vista da primeira pessoa' (ou sob um 'ponto de vista do agente', em contraste com o 'ponto de vista do observador', o qual, de acordo com alguns filósofos, poderia sempre considerar os outros – embora nunca ele próprio – como meras máquinas). O ponto de Kant é que se nós vamos interagir

popular pode ser restringida por meio da instituição de limites constitucionais materiais e processuais ao poder legislativo, e estes limites podem em certa medida ser fiscalizados pelo poder judiciário no exercício de uma interpretação restrita das normas constitucionais. Mas o poder judiciário não pode cercear, tutelar ou substituir a soberania popular. Se o fizer, estará em rota de colisão frontal com o princípio da autonomia pública dos cidadãos, que como vimos é um dos mais caros princípios metafísicos do direito racional kantiano. Para Kant seria impensável que uma comunidade política delegasse decisões tão sensíveis como a liberação do aborto e da eutanásia, a instituição ou a eliminação da pena de morte, a criação de sistemas de cotas raciais para ingresso no ensino superior e a permissão para realização de pesquisas com células-tronco a um grupo de juízes que não exercem representação popular. Isso significaria uma renúncia à soberania popular incompatível com os princípios metafísicos do direito e com a ideia moral de república.

Um pressuposto da interpretação moral da constituição defendida por Dworkin é que os juízes podem reproduzir artificialmente o tipo de juízo que uma assembleia de representantes dos cidadãos faz quando delibera e decide uma questão de justiça, de moral ou de política no processo legislativo. Se um juiz ou um tribunal formular um julgamento no qual trate todos os cidadãos ou todas as pessoas efetiva ou potencialmente afetados pela decisão "com igual consideração e respeito", então a sua decisão gozaria de uma legitimidade política similar àquela atribuída ao poder legislativo. Esse argumento tem um acento kantiano na medida em que supõe que os juízes podem utilizar um procedimento mental do tipo do imperativo categórico ou do princípio universal do direito para avaliar a justiça ou a moralidade de uma lei. Jeremy Waldron destaca o fato de que "na teoria constitucional norte-americana, identificar alguém como kantiano é dizer que ele pensa que existem maneiras de determinar o que é realmente justo e que direitos realmente temos – maneiras que são modos de raciocínio *moral* e que não nos deixam à mercê do que certa legislatura decidiu ou do que porventura ocorreu a um punhado de constituintes em Filadélfia, em 1791".[480] Mas, como examinamos ao longo deste estudo, Kant jamais sustentou que um procedimento como o imperativo categórico ou ideias reguladoras da razão como o princípio universal do direito e o princípio do contrato originário pudessem ser utilizados no raciocínio judicial, muito menos para julgar a justiça das leis instituídas por um órgão de representação da soberania popular. É certo que, como Kant

---

com os outros como seres racionais – e tal interação, na visão de Kant, é uma condição necessária para a própria existência da razão –, portanto se nós vamos falar com eles, e mesmo falar sobre eles, nós devemos atribuir liberdade a eles"; ver *Kantian Ethics*, p. 133.

[480] Waldron, *The Dignity of Legislation*, p. 40.

jamais formulou uma teoria da argumentação jurídica ou uma teoria do juízo jurídico, não está de modo algum descartado que essas fórmulas da sua filosofia crítica possam ser utilizadas no raciocínio judicial.[481] O que parece definitivamente incompatível com a teoria do direito e a filosofia política kantiana é utilizá-las como justificativa para conceder ao poder judiciário uma função de representante da soberania popular que Kant nunca sequer sugeriu. Conforme já enfatizamos, a soberania popular expressa a autonomia pública dos membros de uma comunidade política e é exercida através de instituições e processos democráticos e não pode ser substituída por procedimentos artificiais de deliberação ideal.

Alguém poderia sugerir que a legitimidade da jurisdição constitucional para julgar a justiça e a moralidade política da legislação e para criar direito encontra respaldo na obra de Kant quando ele admite, na *Doutrina do Direito* e em *O Conflito das Faculdades*, que um monarca legisle para o povo de modo republicano, isto é, institua leis segundo os princípios racionais do direito, "tal como um povo de madura razão a si mesmo prescreveria, se bem que quanto à letra não seja consultado acerca da sua aquiescência".[482] Se um monarca pode individualmente ajuizar sobre os princípios racionais *a priori* do direito, nada impediria que juízes de uma democracia constitucional tenham também esse poder sempre que estiver em jogo a preservação dos valores constitucionais fundamentais, sobretudo se forem membros de um tribunal constitucional. Porém, se esse argumento não deixa de ter certa lógica, ele é contudo inconciliável com a forma final da teoria do direito e da filosofia política de Kant. De fato, a legitimação do governo monárquico "ao modo republicano" está restrita a uma forma muito imperfeita de república constitucional e que só é justificada em termos históricos quando não estão presentes as con-

---

[481] Encontramos algumas reflexões sobre o raciocínio judicial nas notas de *Vigilantius*. Nelas Kant afirma que o jurista prático deve combinar o conhecimento da teoria jurídica com o conhecimento da aplicação das leis e deve desenvolver a habilidade de distinguir o *casus datae legis* e em que medida esse *casus* está compreendido na lei; essa experiência, diz Kant, só pode ser obtida pela aplicação frequente da teoria a uma variedade infinita de casos. Segundo *Vigilantius*, Kant entendia que, embora as leis sejam derivadas de princípios da razão, "a experiência freqüentemente demonstra que elas são muito indeterminadas para serem facilmente aplicáveis em cada caso", o que exige definições mais concretas dos princípios, as quais podem ser encontradas nos precedentes judiciais: "assim nós verificamos o quanto os princípios adotados estão em conformidade com a experiência, e tais precedentes, portanto, facilitam e auxiliam a formulação de leis gerais, desde que esses princípios adquirem maior confiabilidade através das infinitas modificações empíricas. E desse modo eles servem para exercitar o poder do julgamento" (LE, p. 294-295, Ak 27.534-535). Já no § 59 ele desenvolve o argumento de que a *imputatio legis* requer sempre a *subsumptio facti sub lege*, e é constituída: a) pela arte de interpretar a lei, b) por um tribunal ou um juiz com autoridade para imputar a lei de maneira válida, aplicar as leis legitimamente ao fato e imputar a ele os efeitos conectados às leis; c) pela sentença, que consiste em um silogismo formado pela lei, como premissa maior, pelo fato, como premissa menor, e pela conclusão, mediante a aplicação das consequências derivadas da lei aplicada (LE, p. 324-326, Ak 27.572-573).

[482] Kant, CF, p. 109.

dições objetivas que exigem a instituição de uma democracia parlamentar representativa. Quando as instituições de uma república constitucional aproximaram-se do seu arquétipo e estão em funcionamento normal, ainda que imperfeitamente, o poder de criar as leis públicas pertence exclusivamente ao poder legislativo. Aqui é imperioso citá-lo novamente: "o poder legislativo só pode caber à vontade unida do povo. Uma vez que dele deve decorrer todo o direito, não pode ele causar com a sua lei injustiça a absolutamente ninguém"; daí por que "só a vontade concordante e unida de todos, na medida em que cada um decide o mesmo sobre todos e todos decidem sobre cada um, por conseguinte, só a vontade geral coletiva do povo pode ser legisladora".[483] Quando, na *Doutrina do Direito*, ele sustenta que os três poderes da república devem estar coordenados, Kant afirma também que eles devem estar reciprocamente subordinados, o que significa que cada um deve seguir o seu próprio princípio e não deve usurpar a função do outro. E a seguir ele insiste: "a vontade do legislador (*legislatoris*), no que se refere ao meu e ao teu exteriores, é insuscetível de reparo", isto é, "irrepreensível".[484]

Voltemos, agora, ao caso que mobilizou nossa atenção nas primeiras páginas deste estudo. Ao contrário, por exemplo, do que sustentou o Ministro Gilmar Mendes no julgamento da ADIN 3.510, a questão da legitimidade política da supremacia do poder judiciário na interpretação e na concretização da constituição, inclusive dos direitos fundamentais, não pode em absoluto ser vista como um questão teórica superada.[485] Existe, ainda, um problema filosófico fundamental por resolver, e a filosofia do direito de Kant deve ser entendida como uma forma de pensar o direito que se opõe à supremacia judicial, porque ela viola o princípio racional a *priori* da autonomia pública dos indivíduos, que só pode ser efetivamente assegurada em uma república constitucional na qual o poder legislativo detenha a primazia na concretização jurídica dos valores constitucionais.

A ideia de que a constituição deve ser entendida como uma "árvore viva", que deve crescer e se adaptar a novas circunstâncias políticas e crenças normativas mais evoluídas sobre a justiça[486] é a essência do pensamento constitucional de Kant, um resultado do modo como ele articula a filosofia do direito e da política com a filosofia da história. No entanto,

---

[483] Kant, MC, p. 179 (Ak 6.314).

[484] Idem, ibidem, p. 183 (Ak 6.316).

[485] Após ressaltar que "o Supremo Tribunal Federal pode, sim, ser uma Casa do povo, tal qual o parlamento", "um lugar onde os diversos anseios sociais e o pluralismo político, ético e religioso encontram guarida nos debates procedimental e argumentativamente organizados em normas previamente estabelecidas", ele declarou: *"Não há como negar, portanto, a legitimidade democrática da decisão que aqui tomamos hoje"* [grifei].

[486] Sobre a tese da constituição como "árvore viva", ver W. J. Waluchow, *A common law theory of judicial review: the living tree*, especialmente o quinto capítulo.

vimos também que o filósofo alemão não outorga a tarefa de promover o aperfeiçoamento constitucional a reis filósofos como Platão ou a juízes míticos como Dworkin. Em uma república constitucional, na qual as instituições representativas estejam funcionando adequadamente, compete primariamente ao poder legislativo a implantação das leis necessárias para conduzir o Estado na direção da constituição ideal. Esse processo desenvolve-se historicamente, isto é, as mudanças constitucionais que promovem o aperfeiçoamento da república devem ser realizadas pelos próprios cidadãos no exercício da soberania popular, ao longo do processo histórico de consolidação do ideal republicano. As imperfeições constitucionais não podem ser corrigidas pela intervenção de órgãos que não representam diretamente a soberania popular. A concretização dos princípios metafísicos do direito não é transcendente à política; ao contrário, é inerente a ela. Por isso, nem deuses *ex macchina* nem juízes constitucionais podem subrrogar-se no papel dos cidadãos.

Mas repita-se: se a interpretação da teoria do direito de Kant defendida neste estudo está correta, não é necessário compreendê-la como uma teoria que proscreve completamente a jurisdição constitucional e a revisão judicial das leis. Ela não nos leva a recusar *tout court* a legitimidade da jurisdição constitucional, como em última análise pretende Waldron. É perfeitamente possível depreender dela um conjunto bem definido de argumentos filosóficos que mostram que em uma república constitucional o exercício do controle judicial da constitucionalidade das leis deve ser sempre e necessariamente limitado, a fim de respeitar na maior medida possível a autonomia pública dos cidadãos. Kant não é um autor que possa ser invocado para combater pura e simplesmente a jurisdição constitucional, mas sim para enfrentar, no campo filosófico, qualquer teoria que sustente a supremacia judicial na interpretação e na concretização dos princípios fundamentais das constituições. Portanto, é evidente que o estudo das suas concepções filosóficas pode ser proveitosa nos grandes debates da teoria constitucional contemporânea.

No parágrafo final de *Justice in Robes*, Dworkin afirma que "as obras de ícones filosóficos são ricas o suficiente para permitir a apropriação delas através da interpretação" e que "cada um de nós tem o seu próprio Immanuel Kant".[487] Pode ser, mas os argumentos formulados neste trabalho procuram mostrar que todos os que interpretam a filosofia do direito de Kant como se ela respaldasse teoricamente a tese da supremacia judicial estão com o Immanuel Kant errado. A filosofia política e a teoria do direito de Kant suscitaram e continuarão suscitando dúvidas, perplexidades e polêmicas pelas diversas razões que examinamos ao longo do texto. Mas nenhuma teoria que o apresente como um jusnaturalista que

---

[487] Ronald Dworkin, *Justice in Robes*, p. 261.

advogava em favor da criação judicial do direito ou da supremacia do poder judiciário na defesa da constituição pode ser sustentada com base na obra do filósofo alemão. Se Kant merece ser hoje lembrado e até mesmo estudado pelos teóricos do direito, então ele deve ser reconhecido como o jusnaturalista moderno que fundou as bases filosóficas da dignidade da legislação.

Referências

1. Obras de Kant

Metaphysische Anfangsgründe der Rechtslehre. Hamburg: Felix Meiner Verlag, 1998.
Über den Gemeinspruch: Das mag in der Theorie richtig sein, taugt aber nicht für die Praxis. Hamburg: Felix Meiner Verlag, 1992.
Zum ewigen Frieden. Hamburg: Felix Meiner Verlag, 1992.
Metafísica dos Costumes. Tradução de José Lamego. Lisboa: Fundação Calouste Gulbenkian, 2005.
Métaphysique des Moeurs. Tradução de Alan Renaut. Paris: GF Flammarion, 1994.
The Metaphysics of Morals. In *Kant: Political Writings*. Tradução de H.B. Nisbet. Cambridge: Cambridge University Press, 2005.
Lectures on Ethics. Tradução de Peter Heath. Cambridge: Cambridge University Press, 2001.
Crítica da Razão Pura. Tradução de Manuela Pinto dos Santos e Alexandre Fradique Morujão. Lisboa: Fundação Calouste Gulbenkian, 1997.
Fundamentação da Metafísica dos Costumes. Tradução de Leopoldo Holzbach. São Paulo: Martins Claret, 2005.
Idéia de uma História Universal de um Ponto de Vista Cosmopolita. Tradução de Rodrigo Naves e Ricardo R. Terra. São Paulo: Martins Fontes, 2003.
Resposta à Pergunta: O que é o Iluminismo? In Immanuel Kant. *A Paz Perpétua e outros Opúsculos*. Tradução de Artur Mourão. Lisboa: Edições 70, 2004.
Crítica da Razão Prática. Tradução de Valério Rohden. São Paulo: Martins Fontes, 2002.
Sobre a expressão corrente: isto pode ser verdadeiro na teoria, mas nada vale na prática. In Immanuel Kant. *A Paz Perpétua e outros Opúsculos*. Tradução de Artur Mourão. Lisboa: Edições 70, 2004.
A Religião nos Limites da Simples Razão. Tradução de Artur Mourão. Lisboa: Edições 70, 1992.
À Paz Perpétua. In Immanuel Kant. *A Paz Perpétua e outros Opúsculos*. Tradução de Artur Mourão. Lisboa: Edições 70, 2004.
Sobre um suposto direito de mentir por amor à humanidade. In Immanuel Kant. *A Paz Perpétua e outros Opúsculos*. Tradução de Artur Mourão. Lisboa: Edições 70, 2004.
O Conflito das Faculdades. Tradução de Artur Mourão. Lisboa: Edições 70, 1993.
Antropologia de um Ponto de Vista Pragmático. Tradução de Clélia Aparecida Martins. São Paulo: Iluminuras, 2006.
Lógica. Tradução de Guido Antônio de Almeida. Rio de Janeiro: Tempo Brasileiro, 2003.
Reflexiones sobre Filosofia Moral. Tradução de José G. Santos Herceg. Salamanca: Ediciones Sigueme, 2004.

2. Literatura geral

Alexy, Robert. *The Argument from Injustice: A Reply to Legal Positivism*. Clarendon Press: Oxford, 2002.
Allison, Henry E. *Kant's Trancendental Idealism: An Interpretation and Defense*. New Haven: Yale University Press, 2004.

——. *Kant's Theory of Freedom*. Cambridge: Cambridge University Press, 1990.
——. "Kant on freedom of the will". *In* Paul Guyer (ed.). *The Cambridge Companion to Kant and Modern Philosophy*. Cambridge: Cambridge University Press, 2006, p. 381-415.
Almeida, Guido Antônio de. "Sobre o princípio e a lei universal do direito em Kant". *Kriterion*, Belo Horizonte, n. 114, dez. 2006, p. 209-222.
Arendt, Hannah. *Lectures on Kant's Political Philosophy*. Chicago: The University of Chicago Press, 1982.
Austin, John. *The Province of Jurisprudence Determined*. New York: Prometheus Books, 2000.
Banham, Gary. Kant's Practical Philosophy: From Critique to Doctrine. New York: Palgrave MacMillan, 2006.
Barzotto, Luís Fernando. "Levando o direito (demasiado) a sério: o imperialismo do direito em Immanuel Kant". *Anuário do Programa de Pós-Graduação em Direito da UNISINOS*, São Leopoldo, 2002, p. 69-99.
Beck, Gunnar. "Kant's Theory of Rights". *Ratio Juris*. Vol. 19, n. 4, dez. 2006, p. 371-401.
Beck, Lewis White. *A Commentary on Kant's Critique of Practical Reason*. Chicago: The University of Chicago Press, 1960.
Beckenkamp, Joãosinho. "O Direito como Exterioridade da Legislação Prática em Kant". *Ethic@*. Florianópolis, v. 2, n. 2, p. 151-171, dez. 2003.
——. "O lugar sistemático do conceito de liberdade na filosofia crítica kantiana". *Kant e-prints*. Campinas, Série 2, v. 1, n. 1, p. 31-56, jan-jun 2006.
Beiser, Frederick. *German Idealism: The Struggle against Subjectivism, 1781-1801*. Cambridge, MA: Harvard University Press, 2002.
Bielefeldt, Heiner. "Autonomy and Republicanism: Immanuel Kant's Philosophy of Freedom". *Political Theory*, vol. 25, n. 4, agosto 1997, p. 524-588.
Bobbio, Norberto. *Direito e Estado no Pensamento de Emmanuel Kant*. Brasília: UNB, 1997.
Caenegem, R. C. Van. *An Historical Introduction to Western Constitutional Law*. Cambridge: Cambridge University Press, 1995.
Carbonell, Miguel (editor). *Neoconstitucionalismo(s)*. Madrid: Editorial Trotta, 2005.
——. (editor). *Teoria del neoconstitucionalismo*. Madrid: Editorial Trotta, 2007.
Coleman, Jules. "Negative and Positive Positivism". *In* Marshall Cohen. *Ronald Dworkin and Contemporary Jurisprudence*. New Jersey: Rowman & Allanheld, 1983.
Campbell, Tom. Prescriptive Legal Positivism: Law, Rights, and Democracy. London: UCL Press, 2004.
Cassirer, Ernst. *The Philosophy of Enlightenment*. Princeton: Princeton University Press, 1979.
Cattaneo, Mario A. *Metafisica del diritto e ragione pura: studio sul "platonismo giuridico" di Kant*. Milano: Giuffrè Editore, 1984.
Christiano, Thomas. "Waldrom on Law and Desagreement". *Law and Philosophy*, n. 19, 2000, p. 513-543.
Deleuze, Gilles. *A Filosofia Crítica de Kant*. Lisboa: Edições 70, 2000.
Dimoulis, Dimitri. *Positivismo Jurídico*. São Paulo: Método, 2006.
——; Duarte, Écio Oto (coordenadores). *Teoria do Direito Neoconstitucional: Superação ou Reconstrução do Positivismo Jurídico?*. São Paulo: Editora Método, 2008.
——; Martins, Leonardo. *Teoria Geral dos Direitos Fundamentais*. São Paulo: Editora RT, 2008.
Duarte, Écio Oto e Pozzolo, Susana. *Neoconstitucionalismo e positivismo jurídico*. São Paulo: Landy Editora, 2006.
Dworkin, Ronald. *Taking Rights Seriously*. Cambridge, MA: Harvard University Press, 1977.
——. *A Matter of Principle*. . Cambridge, MA: Harvard University Press, 1986.
——. *Law's Empire*. . Cambridge, MA: Harvard University Press, 1986.
——. *Freedom's Law: The Moral Reading of American Constitution*. . Cambridge, MA: Harvard University Press, 1996.
——. *Justice in Robes*. . Cambridge, MA: Harvard University Press, 2006.
Dyzenhaus, David. "The Genealogy of Legal Positivism". *Oxford Journal of Legal Studies*, vol. 24, n. 1 (2004), p. 39-67.

Ferry, Luc. *Kant: une lecture de trois "Critiques"*. Paris: Editions Bernard Grasset, 2006.
Fichte, Johann Gottlieb. *Foundations of Natural Law*. Cambridge: Cambridge University Press, 2000.
Finnis, John. *Natural Law and Natural Rights*. New York: Oxford University Press, 1980.
——. "Natural Law: The Classical Tradition". *In* Jules Coleman e Scott Shapiro (eds.). *The Oxford Handbook of Jurisprudence and Philosophy of Law*. New York: Oxford University Press, 2002, p. 1-60.
Flickschuh, Katrin. "On Kant's *Rechtslehre*". *European Journal of Philosophy*, 5: 1, 1997, p. 50-73
——. *Kant and the modern political philosophy*. Cambridge: Cambridge University Press, 2000.
Gardner, John. "Legal Positivism: 5 ½ Myths". *American Journal of Jurisprudence*, vol. 46, 2001, p. 199-227.
Geismann, Georg. "World Peace: Rational Idea and Reality: On the Principles of Kant's Political Philosophy". *In* Hariolf Oberer (ed.). *Kant. Analysen – Probleme – Kritic*. Bd II: Würzburg, 1996, p. 265-319.
——. "Recht und Moral in der Philosophie Kants". *Jahrbuch für Recht und Ethik*, n. 14 (2006), p. 3-124.
Gerhardt, Volker. *Immanuel Kants Entwurf 'Zum ewigen Frieden: eine Theorie der Politik*. Wissenschaftliche Buchgesellschaft: Darmstadt, 1995.
Gomes, Alexandre Travessoni. *Os Fundamentos de Validade do Direito: Kant e Kelsen*. 2ª ed. Belo Horizonte: Mandamentos, 2004.
Goyard-Fabre, Simone. *Kelsen e Kant: saggi sulla dottrina pura del diritto*. Napoli: Edizioni Scientifique Italiane, 1993.
——. *Philosophie critique et raison juridique*. Paris: PUF, 2004.
Green, J. Everet. *Kant's Copernican Revolution: The Transcendental Horizon*. Lahham: University Press of America, 1997.
Gregor, Mary. "Kant on 'Natural Rights'". *In* Ronald Beiner e William James Booth. *Kant & Political Philosophy: The Contemporary Legacy*. New Haven: Yale University Press, 1993, p. 50-75.
Guyer, Paul. *Kant on Freedom, Law and Happiness*. Cambridge: Cambridge University Press, 2000.
——. "Kant's Deductions of the Principles of Right". *In* Mark Timmons (ed.). *Kant's Metaphisics of Morals: Interpretative Essays*. Oxford: Oxford University Press, 2002, p. 23-64.
——. *Kant*. New York: Routledge, 2006.
Habermas, Jürgen. *Faktizität und Geltung. Beiträge zur Diskurstheorie des Rechts und des demokratischen Rechtsstaats*. Suhrkamp Verlag: Frankfurt, 1992.
Hanna, Robert. *Kant e os fundamentos da filosofia analítica*. São Leopoldo: Editora Unisinos, 2005.
Hart, Herbert L.A. *The Concept of Law*. New York: Oxford University Press, 2ª edição, 1994.
——. "Are There Any Natural Rights?". *In* Jeremy Waldron. *Theory of Rights*; Oxford: Oxford University Press, 1984, p. 77-90.
Heck, José N. *Direito e Moral: duas lições sobre Kant*. Goiana: Editora UFG e Editora da UCG, 2000.
——. *Da Razão Prática ao Kant Tardio*. Porto Alegre: EDIPUCRS, 2007.
Hegel, Georg Wilhelm. *Princípios da Filosofia do Direito*. São Paulo: Martins Fontes, 2000.
Herbert, Gary B. *A Philosophical History of Rights*. New Jersey: Transaction Publishers, 2002.
Herrero, Francisco Javier. *Religião e História em Kant*. São Paulo: Edições Loyola, 1991.
Himma, Kenneth Einar. "Inclusive Legal Positivism". *In* Jules Coleman e Scott Shapiro (eds.). *The Oxford Handbook of Jurisprudence and Philosophy of Law*. New York: Oxford University Press, 2002, p. 125-165.
Hirschl, Ran. *Towards Juristocracy: The Origins and Consequences of the New Constitutionalism*. Cambridge, MA: Harvard University Press, 2004.
Hobbes, Thomas. *Leviathan*. London: Penguin Books, 1968.
Höffe, Otfried. *Justiça Política*. Rio de Janeiro: Vozes, 1991.
——. *Zum ewigen Friedem* (ed.). Berlin: Akademie Verlag, 1995.
——. *Categorical Principles of Law*. Pennsylvania: The Pennsylvania State University Press, 2002.
——. *Immanuel Kant*. São Paulo: Martins Fontes, 2005.
——. *Kant's Cosmopolitan Theory of Law and Peace*. Cambridge: Cambridge University Press, 2006.

Holtman, Sarah Williams. "Revolution, Contradiction, and Kantian Citizenship". *In* Mark Timmons (ed.). *Kant's Metaphisics of Morals: Interpretative Essays*. Oxford: Oxford University Press, 2002, p. 209-232.

Hume, David. *Investigações sobre o entendimento humano e sobre os princípios da moral*. São Paulo: Editora UNESP, 2003.

Kelsen, Hans. *Reine Rechtslehre*. 1ª edição (1934). Tubingen: Mohr Siebeck, 2008.

———. *Teoria Pura do Direito*. 2ª edição (1960). São Paulo: Martins Fontes, 2000.

Kersting, Wolfgang. "Kant's Concept of the State". *In* Howard Lloyd Williams. *Essays on Kant's Political Philosophy*. Chicago: The Chicago University Press, 1992, p. 143-165.

———. "'Die bürgerliche Verfassung in jedem Staate soll republikanisch sein'". *In* Otfried Höffe. *Zum ewigen Friedem* (ed.). Berlin: Akademie Verlag, 1995, p. 87-108.

———. "Politics, freedom, and order. Kant's political philosophy. *In* Paul Guyer. The Cambridge Companion to Kant. Cambridge: Cambridge University Press, 1997, p. 342-366.

———. *Kant über Recht*. Paderborn: Mentis, 2004.

Kuehn, Manfred. *Kant: a biography*. Cambridge: Cambridge University Press, 2002.

———. "Kant's critical philosophy and its reception – the five first years (1781-1786). *In* Paul Guyer (ed.). *The Cambridge Companion to Kant and Modern Philosophy*. Cambridge: Cambridge University Press, 2006, p. 630-663.

Lamego, José. "*Metafísica dos Costumes*: a apresentação sistemática da filosofia prática de Kant". *In* Immanuel Kant. *A Metafísica dos Costumes*. Lisboa: Fundação Calouste Gulbenkian, 2005.

Lebrun, Gérard. "Uma escatologia para a moral". *In* Immanuel Kant. *Idéia de uma História Universal de Ponto de Vista Cosmopolita*. São Paulo: Martins Fontes, 2003.

Loparic, Zeljko. *A Semântica Transcendental de Kant*. Centro de Lógica, Epistemologia e História da Ciência – UNICAMP: Campinas, 2002.

———. "Os problemas da razão pura e a semântica transcendental". *In* Daniel Omar Perez. *Kant no Brasil*. São Paulo: Editora Escuta, 2005, p. 213-230.

———. "O problema fundamental da *semântica jurídica de Kant*". *In* Daniel Omar Perez. *Kant no Brasil*. São Paulo: Editora Escuta, 2005, p. 273-313.

———. "Kant e o pretenso direito de mentir", *Kant e-prints*, Série 2, vol. 1, n. 2 (2006), p. 57-72.

———. "Kant's Semantic Turn". *Kant e-prints*. Campinas, Série 2, vol. 2, n. 1., p. 104-115, jan-jun 2007.

Ludwig, Bernd. "Einleitung". *In* Immanuel Kant. *Metaphysische Anfangsgründe der Rechtslehre*. Hamburg: Felix Meiner Verlag, 1998.

———. "Whence Public Right? The Role of Theoretical and Practical Reasoning in Kant's *Doctrine of Right*". *In* Mark Timmons (ed.). *Kant's Metaphisics of Morals: Interpretative Essays*. Oxford: Oxford University Press, 2002, p. 159-184.

Marmor, Andrei. "Exclusive Legal Positivism". *In* Jules Coleman e Scott Shapiro (eds.). *The Oxford Handbook of Jurisprudence and Philosophy of Law*. New York: Oxford University Press, 2002, p. 104-124.

Masek, Lawrence. "How Kant's View of Perfect and Imperfect Duties Resolves an Alleged Moral Dilemma for Judges". *Ratio Juris*, vol. 18, n. 4, dez. 2005, p. 415-428.

Maus, Ingeborg. *Zur Aufklärung der Demokratietheorie*. Frankfurt am Main: Suhrkamp Verlag, 1994.

Mello, Cláudio Ari. *Democracia Constitucional e Direitos Fundamentais*. Porto Alegre: Livraria do Advogado Editora, 2004.

Mendes, Conrado Hübner. *Controle de Constitucionalidade e Democracia*. Campus Jurídico: Rio de Janeiro, 2008.

Michelon Jr., Cláudio. *Being Apart from Reasons: The Role of Reasons in Public and Private Moral Decision-Making*. Dordrecht: Springer, 2006.

———. "Politics, Practical Reason and the Authority of Legislation". *Legisprudence*, vol. 1, N. 3, 2007, p. 263-289.

Miguel, Alfonso Ruiz. *Una filosofía del derecho en modelos históricos*. Madrid: Editorial Trotta, 2002.

Mulholland, Leslie A. *Kant's System of Rights*. New York: Columbia University Press, 1990.

Murphy, James Bernard. *The philosophy of positive law: foundations of jurisprudence*. New Haven: Yale University Press, 2005.

Murphy, Jeffrie G. *Kant: The Philosophy of Right*. Macon, Georgia: Mercer University Press, 1994.
Niebling, Christian. *Das Staatrecht in der* Rechtslehre *Kants*. München: Martin Meidenbauer Verlagbuchhandung, 2005.
Nour, Soraya. *À Paz Perpétua de Kant. Filosofia do direito internacional e das relações internacionais*. São Paulo: Martins Fontes, 2004.
Oliveira, Marcelo Andrade Cattoni de. "Jurisdição Constitucional: Poder Constituinte Permanente?", *in* José Adércio Leite Sampaio e Álvaro Ricardo de Souza Cruz, *Hermêutica e Jurisdição Constitucional*. Belo Horizonte: Del Rey, 2001, p. 67-92.
Oliveira, Nythamar. "O problema da fundamentação filosófica dos direitos humanos: por um cosmopolitismo semântico-transcendental". *Ethic@*, Florianópolis, vol. 5, n. 1, jun. 2006, p. 21-31.
O'Neill, Onora. *Constructions of Reason: Explorations of Kant's Practical Philosophy*. Cambridge: Cambridge University Press, 1990.
———. *Em direção à justiça e à virtude*. São Leopoldo: Editora Unisinos, 2006.
Patrone, Tatiana. *How Kant's Conception of Reason Implies a Liberal Politics*: An Interpretation of the 'Doctrine of Right' (Rechtslehre). Lampeter, Wales: The Edwin Mellen Press, 2008.
Perez, Daniel Omar. *Kant e o problema da significação*. Curitiba: Editora Champagnat, 2008.
Pfordten, Dietmar von der. "Kants Rechtsbegriff". *Kant-Studien*, 98, 2007, p. 431-442.
Pievatolo, Maria Chiara. "The Tribunal of Reason: The Juridical Nature of Pure Reason". *Ratio Juris*, vol. 12, n. 3, set. 1999, p. 311-327.
Pippin, Robert. "Mine and Thine? The Kantian State". *In* Paul Guyer (ed.). *The Cambridge Companion to Kant and Modern Philosophy*. Cambridge: Cambridge University Press, 2006, p. 342-380.416-446.
Pogge, Thomas W. "Is Kant's *Rechtslehre* a 'Comprehensive Doctrine'". *In* Mark Timmons (ed.). *Kant's Metaphisics of Morals: Interpretative Essays*. Oxford: Oxford University Press, 2002, p. 133-158.
Puffendorf, Samuel. *Os Deveres do Homem e do Cidadão de acordo com as Leis do Direito Natural*. Rio de Janeiro: Topbooks, 2007.
Radbruch, Gustav. *Filosofia do Direito*. Martins Fontes: São Paulo, 2004.
Rawls, John. *Uma Teoria da Justiça*. Martins Fontes: São Paulo, 1997.
———. *Lectures on the History of Moral Philosophy*. Cambridge, MA: Harvard University Press, 2000.
———. *Justice as Fairness*. . Cambridge, MA: Harvard University Press, 2001.
Raz, Joseph. *The Authority of Law*. Oxford: Clarendon Press, 1979.
———. *Ethics in the Public Domain*. New York: Clarendon Press Oxford, 1994.
Renaut, Alain. "Présentation". *In* Immanuel Kant. *Métaphysique des Moeurs*. Paris: GF Flammarion, 1994.
Ripstein, Arthur. "Authority and Coertion". *Philosophy and Public Affairs*, vol. 32, n.01, 2004, p. 1-34.
———. "Kant's on Law and Justice". disponível em www.law.utoronto.ca/documents/Ripstein, acessado em 27.02.2008.
Rohden, Valério. *Interesse da Razão e Liberdade*. São Paulo: Ática, 1981.
Rosen, Allen D. *Kant's Theory of Justice*. Ithaca: Cornell University Press, 1993.
Rousseau, Jean-Jacques. *O Contrato Social*. São Paulo: Martins Fontes, 1999.
Salgado, Joaquim Carlos. *A Idéia de Justiça em Kant*. Belo Horizonte: Editora UFMG, 1995.
Scarpelli, Uberto. *Cos'è il positivismo giuridico*. Milano: Edizioni Scientifique Italiane, 1997.
Schiavello, Aldo. *Il positivismo giuridico dopo Herbert L. A. Hart*. Torino: Giappichelli, 2004.
Schmitt, Carl. *Teoría de la Constitución*. Madrid: Alianza Editorial, 2003.
Schneewind, J. B. *A invenção da autonomia*. São Leopoldo: Editora Unisinos, 2001.
Simmonds, Nigel. "Rights at the cutting edge". *In* Matthew Kramer, N. E. Simmonds e Hillel Steiner. *A debate over rights: philosophical enquiries*. New York: Oxford University Press, 2002, 113-232.
———. *Law as a Moral Idea*. Oxford: Oxford University Press, 2007.
Souki, Nádia. *Behemoth contra Leviatã: guerra civil na filosofia de Thomas Hobbes*. São Paulo: Edições Loyola, 2008.
Souza Neto, Cláudio Pereira. *Teoria constitucional e democracia deliberativa*: um estudo sobre o papel do direito da garantia das condições para a cooperação na deliberação democrática. Rio de Janeiro: Renovar, 2006.

Strauss, Leo. *Natural Rights and History*. Chicago: The University of Chicago Press, 1965.

Struchiner, Noel. "A primazia do positivismo conceitual". *In* Dimitri Dimoulis e Écio Oto Duarte. *Teoria do Direito Neoconstitucional: Superação ou Reconstrução do Positivismo Jurídico*. São Paulo: Editora Método, 2008, p. 317-338.

Terra, Ricardo. *Passagens: estudos sobre a filosofia de Kant*. Rio de Janeiro: Editora UFRJ, 2003.

——. "Algumas questões sobre a filosofia do direito em Kant". *In* Immanuel Kant. *Idéia de uma História Universal de Ponto de Vista Cosmopolita*. São Paulo: Martins Fontes, 2003.

——. *Kant e o Direito*. Rio de Janeiro: Jorge Zahar Editor, 2004.

——. "A distinção entre direito e ética na filosofia kantiana". *In* Daniel Omar Perez. *Kant no Brasil*. São Paulo: Editora Escuta, 2005, p. 87-108.

——. "Notas sobre o conceito de passagem (*Übergang*) no pensamento kantiano. ". *In* Daniel Omar Perez. *Kant no Brasil*. São Paulo: Editora Escuta, 2005, p. 109-120.

——. "Juízo político e prudência em *À paz perpétua*". ". *In* Daniel Omar Perez. *Kant no Brasil*. São Paulo: Editora Escuta, 2005, p. 121-133.

Tierney, Brian. *Religion, Law, and the growth of constitutional thought: 1150-1650*. Cambridge: Cambridge University Press, 1982.

"Kant on Property: The Problem of Permissive Law". *Journal of the History of Ideas*, vol. 62, n. 2 (abril 2001), p. 301-312.

——. "Permissive Natural Law and Property: From Gratian to Kant". *Journal of the History of Ideas*, vol. 62, n. 3 (julho 2001), p. 381-399.

Thompson, Kevin. "Kant's Transcendental Deduction of Political Authority". *Kant-Studien* 92 Jahrg., 2001, p. 62-78.

Tushnet, Mark. *Taking the Constitutions Away from the Courts*. Cambridge, Mass: Harvard University Press, 1999.

Villa, Vittorio. *Il positivismo giuridico: metodi, teorie e giudizi di valore. Lezioni di filosofia del diritto*. Torino: G. Giappichelli Editore, 2004.

Villey, Michel. *Leçons d'histoire de la philosophie du droit*. Paris: Dalloz, 1962.

——. *La Formation de la pensée juridique moderne*. Paris: PUF, 2003.

Waldron, Jeremy. *Law and Desagreement*. Oxford: Oxford University Press, 1999.

——. *The Dignity of Legislation*. Cambridge: Cambridge University Press, 1999.

——. "Normative (or Ethical) Positivism". *In* Jules Coleman (ed.). *Hart's Postscript*. New York: Oxford University Press, 2001, p. 410-434.

——. "Legal and Political Philosophy". *In* Jules Coleman e Scott Shapiro (eds.). *The Oxford Handbook of Jurisprudence and Philosophy of Law*. New York: Oxford University Press, 2002, p. 352-381.

——. "The Core of the Case Agaist Judicial Review", 115 *The Yale Law Journal*, abril 2006, p. 1346-1406.

Waluchow, W. J. *Inclusive Legal Positivism*. New York: Clarendon Press Oxford, 1994.

——. *A Common Law Theory of Judicial Review: The Living Tree*. Cambridge: Cambridge University Press, 2007.

Weber, Thadeu. *Ética e Filosofia Política: Hegel e o Formalismo Kantiano*. Porto Alegre: EDIPUCRS, 1999.

Weinrib, Ernest. "Law as Idea of Reason". *In* Howard Lloyd Williams. *Essays on Kant's Political Philosophy*. Chicago: The Chicago University Press, 1992, p. 15-49.

Westphal, Kenneth R. "A Kantian Justification of Possession". *In* Mark Timmons (ed.). *Kant's Metaphisics of Morals: Interpretative Essays*. Oxford: Oxford University Press, 2002, p. 89-110.

Whittington, Keith, "In Defense of Legislatures". *Political Theory*, vol. 28, n. 5, outubro de 2000, p. 690-702.

Wieacker, Franz. *História do Direito Privado Moderno*. Lisboa: Fundação Calouste Gulbenkian, 1980.

Willaschek, Marcus. "Which Imperative for Right? On the Non-Prescriptive Character of Juridical Laws in Kant's *Metaphysics of Morals*". *In* Mark Timmons (ed.). *Kant's Metaphisics of Morals: Interpretative Essays*. Oxford: Oxford University Press, 2002, p. 65-88.

Williams, Howard. *Kant's critique of Hobbes*. Cardiff: University of Wales Press, 2003.

Wintgens, Luc J. "Legisprudence as a New Theory of Legislation". *Ratio Juris*, vol. 19, n. 1, março 2006, p. 1-25.

Wit, Ernst-Jan C. "Kant and the Limits of Civil Obedience". *Kant-Studien* 90 Jahrg., 1999, p. 285-305.

Wood, Allen W. *Kant's Ethical Thought*. Cambridge: Cambridge University Press, 1999.

——. "The Final Form of Kant's Practical Philosophy". *In* Mark Timmons (ed.). *Kant's Metaphisics of Morals: Interpretative Essays*. Oxford: Oxford University Press, 2002, p. 1-22.

——. *Kant*. Malden, MA: Blackwell Publishing, 2005.

——. "The Supreme Principle of Morality". *In* Paul Guyer (ed.). *The Cambridge Companion to Kant and Modern Philosophy*. Cambridge: Cambridge University Press, 2006, p. 342-380.

——. *Kantian Ethics*. Cambridge: Cambridge University Press, 2008.

Impressão e Acabamento
Rotermund
Fone/Fax (51) 3589-5111
comercial@rotermund.com.br